U0809279

Course in General Linguistics

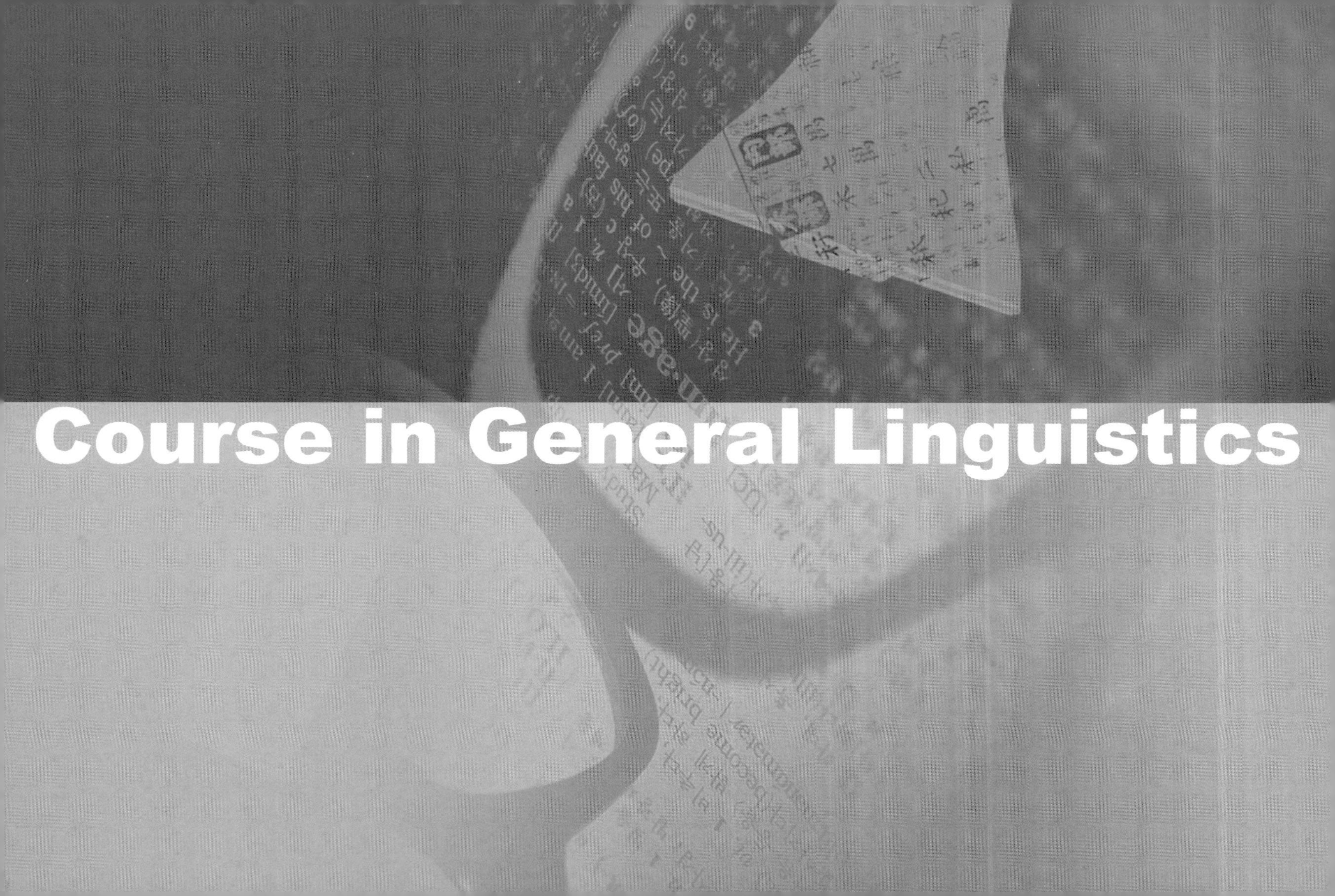

教材编号：2014-2-03

"十二五"江苏省高等学校重点教材

【面向二十一世纪的高等学校文科教材系列】

普通语言学教程

曹　炜　编著

暨南大學出版社
JINAN UNIVERSITY PRESS

中国·广州

图书在版编目（CIP）数据

普通语言学教程/曹炜编著．—广州：暨南大学出版社，2015.6
（面向二十一世纪的高等学校文科教材系列）
ISBN 978-7-5668-1617-7

Ⅰ.①普…　Ⅱ.①曹…　Ⅲ.①普通语言学—高等学校—教材　Ⅳ.①H0

中国版本图书馆 CIP 数据核字（2015）第 212611 号

出版发行：暨南大学出版社

地　址：中国广州暨南大学
电　话：总编室（8620）85221601
营销部（8620）85225284　85228291　85228292（邮购）
传　真：（8620）85221583（办公室）　85223774（营销部）
邮　编：510630
网　址：http：//www.jnupress.com　http：//press.jnu.edu.cn

排　版：广州良弓广告有限公司
印　刷：佛山市浩文彩色印刷有限公司

开　本：787mm×960mm　1/16
印　张：18.5
字　数：350 千
版　次：2015 年 6 月第 1 版
印　次：2015 年 6 月第 1 次
印　数：1—2000 册

定　价：40.80 元

（暨大版图书如有印装质量问题，请与出版社总编室联系调换）

前　言

综合性大学文科高年级的课程，在解决基本知识点的前提下，应该更多地展现所在领域、学科前沿的成果，从而提高课程的学术含量，凭借学术的前沿性和思想的深刻性去吸引学生，而不是在所谓的教学手段与方法上下太多的功夫——由此产生的吸引力长久不了。但目前普遍的情形是，文科高年级的课程大多缺乏学术的前沿性，一方面是教材的老化现象严重，十几年甚至几十年前编就的教材一成不变地在用，另一方面是教师根据老教材编就的教案或讲义也是一成不变地在用，这种情形在“语言学概论”课程中表现得尤其明显。

我是20世纪90年代开始执教“语言学概论”课程的，当时采用的教材是北京大学叶蜚声、徐通锵两位先生于20多年前所著的《语言学纲要》。与我一同执教这门课程的李明教授，将讲授过程中的点点滴滴记录下来，形成了数万字的材料。2001年，我赴北京大学中文系陆俭明先生门下做访问学者，李明教授就将其整理出来的关于《语言学纲要》需要完善之处的数万字材料托我转呈尚健在的徐通锵先生。其时，徐先生正给北京大学语言学专业的博士生们、硕士生们开设一门叫作“语义学”的课程，我接受陆先生的建议全程聆听了该门课程，并得以在听课过程中多次去北京大学畅春园徐先生家中请教问题，顺便也把李明教授托我转交的材料交给徐先生。未曾想徐先生并不接受这份材料，他说，《语言学纲要》中的一些话语并不是他想说的，是当时的环境使然，他想说的都写在他一人独著的《基础语言学教程》中了，他不想看这份关于《语言学纲要》的材料。徐先生是我在北京大学访学期间除我的访学导师陆俭明先生之外给我帮助最多的教师，这倒不是说，他将我请他指导的论文《汉字字形结构分析和义素分析法》直接推荐给了我心仪已久的刊物《语文研究》，也不是说他与陆先生一起分别为我的《现代汉语词汇研究》一书写了很长的序言（按：徐先生一再强调他很少给别人的书作序，他要看了我的书稿之后才决定是否作序），而是他的真、他的执着、他观察事物的独特视角，深深地影响、启发了我。

从北京大学访学回到苏州之后，我就开始对“语言学概论”课程的教学内容逐步进行较大幅度的调整。主要体现在以下几大板块：

（1）在语言的本质模块，我们增加了语文学、历史比较语言学、结构主义语言学以及转换生成语言学的基本内容与主要成果；

（2）在语义学模块，我们增加了词义的本质、义素分析和语义场理论、模糊语义学、词义派生的多样性、句义等内容；

（3）在语言的产生、发展、演变模块，我们增加了语言起源诸学说，世界语言的各种分类，语言规划、语言政策等内容；

（4）在语言与心理模块，我们增加了语言能力和语言获得，语言与认知活动的关系，语言与民族社会心理等内容；

（5）增设了“语用”这一章，全面介绍了语用学中的一些基本概念和理论，如指示、言语行为理论、会话含义理论等；

（6）增设了“计算语言学”这一章，简要介绍了计算语言学的发展历程、研究范围、应用领域及发展前景等。

2002年，应北京大学出版社之邀，我为全国高等教育自学考试汉语言文学专业（本科阶段）的“语言学概论”课程编写了一本《语言学概论导学》，以指导学生的学习与应考。在这部教材中，我已经将上述（1）～（4）项的教学内容融合了进去。

2014年，我在《语言学概论导学》基础上编撰而成的《普通语言学教程》被江苏省教育厅列为2014年度江苏省高等学校重点建设教材。在这部教材中，我不但将上述（5）（6）项的教学内容融合了进去，还编写了“课程教学大纲”“课程考试大纲”及两份课程样卷与教材相辅而行，以便教学者使用该教材。

这部《普通语言学教程》体现了我们以下的一些思考：

（1）强调了文科高年级课程的学术含量。

我们对教学内容的调整是建立在这样的理念之上的：文科高年级主干课程不应该只是对某门课程基本知识点进行简单的、初步的介绍，还应尽可能反映所在领域当前关注的前沿问题，从而体现学术的前沿性和思想的深刻性。教师在讲解相关知识点的时候有必要向学生们介绍和展示关于该知识点的最新研究动态，应该让学生了解在该知识点上目前尚未解决好的问题，了解在这些问题的研讨中我们的前哲时贤们做了哪些工作，我们还可以做什么等。

（2）对目前“语言学概论”课程实施中存在的问题提出了我们的意见。

我们在课程的探索与实践中发现：目前，在不少高校，“语言学概论”课程往往成了“现代汉语”课程的延续，稍好一点的，是现代汉语与古代汉语两门课程的重新演绎，有些教师还美其名曰“在做拾遗补阙的工作”，似乎责任心很强，功德无量，而实际上是在抹杀一门课程的独立品格。这样的“语言学概论”课程不开也罢，自然招致学生的唾弃。“语言学概论”课程应该是一门具有较高学术品位的课程，有其鲜明的特色，在课程演绎的过程中淋漓尽致地展现其独特的学术魅力及理论光辉，是一位“语言学概论”课程教师永远的追求。

从第一次讲授人类语言与动物“语言”的本质区别至今，一晃 20 年过去了。我也从而立之年到了知天命之年，廉颇老矣！I think，therefore I am.（我思故我在。）这是我很喜欢的一句名言，并非因为它出自法国伟大的哲学家笛卡尔之口，而是因为它体现了一种生存的优雅姿态，学者尤应具备这种生活态度。

我们关于“语言学概论”课程的思考，是否完美无缺、天衣无缝并不重要，重要的是这种思考能否引起大家对这门课程的独特思考。众人拾柴火焰高，大家都来思考“语言学概论”课程的建设与发展，这门课程才会永葆青春，充满活力。这正是我们所期望的。

曹炜

于苏州大学独墅湖校区苏州大学

汉语及汉语应用研究中心办公室

2015 年 5 月

The Textbook about
Course in General Linguistics

目录

目录

第一章 语言学导论

第一节　语言学的历史

语言学作为一门独立的学科，一般认为是19世纪以后随着历史比较语言学的建立而创建起来的。而语言研究的历史则可以追溯到公元前四五世纪甚至更早。人们习惯上把19世纪以前的这段语言研究史称为语文学时期，这是因为无论在东方或是西方，这一段时期的语言研究只有一个目的，那就是为读懂前代经典服务。

一、语文学时期的语言研究

这时期的语言研究主要有三大派系，也被称为三大传统，即古希腊—罗马的语言研究、古代印度的语言研究和古代中国的语言研究。

1. 古希腊—罗马的语言研究

古希腊—罗马的语言研究主要以逻辑学，尤其是亚里士多德的逻辑学为基础，重点研究词类、词形变化和句法，同时也涉及词源学。

柏拉图在公元前4世纪首次根据逻辑学对词进行分类，他把词分为两类：静词和动词。

柏拉图的学生亚里士多德进一步把词分成三大类：静词、动词和连词（包括代词和冠词），还讨论了静词、动词的格、性、数的问题。

其后的斯多葛学派又进一步发展了亚氏的学说，他们把词分为静词、动词、冠词和连词等，并且对静词的格的变化和动词的时态变化作了细致、深入的研究。

公元前3世纪到公元前2世纪，亚历山大大帝占领了埃及的都城亚历山大里亚，在古希腊文化的影响下形成了亚历山大里亚学派，其中的代表人物是公元前1世纪的特拉克斯和2世纪的狄斯考鲁。前者主要研究词类，把词分成八大类：静词、动词、分词、冠词、代词、前置词、副词和连词；后者主要研究希腊语的句法，分析描写静词、动词同其他词类的各种关系。

从公元前2世纪开始，罗马占领了希腊。罗马人全盘接受了古希腊的文化和艺术，其中也包括古希腊的语言研究成果。古罗马早期最具影响力的语言学家瓦罗在吸收了希腊人的语言研究成果的基础上，对拉丁语作了详细的研究，写下了《论拉丁语》（*De Lingua Latina*）一书，共25篇，但只有第五篇和第十篇两篇保留至今。他第一次把语言研究划分为词源学、形态学和句法学三个部分，并首次区分了附加法和内部屈折法两种语法手段。其后的多纳图斯（4世纪）和普里西安（6世纪）也都是罗马著名的语言学家。总的来看，古罗马的语言研究基本上沿袭了古希腊语言研究的模式，在理论和方法上没有太大的突破和建树。

2. 古代印度的语言研究

印度有文献记载的最早的书面语就是公元前1000年的《梨俱吠陀》的吠陀梵语。这种经文主要靠口耳相传来诵读。随着时间的推移，后代的语言同吠陀时代的语言已有了很大的不同，这就给经文的诵读和理解带来很大的麻烦。为了解决这些麻烦，对此种语言的研究也就应运而生了。公元前5世纪前后，耶斯迦（Yaska）撰写了《尼录多》，这本书对梵语的词源作了深入的解析，同时也涉及若干语法问题。而最具有代表性的还是稍后问世的《巴尼尼语法》。巴尼尼（Panini，亦译“波你尼”）是人名，据《大唐西域记》记载，他于公元前4世纪左右出生于娑罗睹罗，即今巴基斯坦沙瓦一带。其所著的《八章书》（又名《八卷书》）用3 996条经文详细地描写了梵语的语音结构和语流音变现象，也分析了词的结构、词形变化、词类和句子。《巴尼尼语法》体现了古代印度语言研究的最高成就。

3. 古代中国的语言研究

古代中国的语言研究萌芽于先秦时期，主要有两大系统：一是伴随哲学问题的讨论而产生的一些朴素的语言学思想体系，这一点同古希腊—罗马的语言研究相似。先秦诸子曾进行过一场关于名实问题的大讨论，其中涉及了不少语言学的基本命题，如语言与思维的关系命题、语言符号的音义关系问题、名词和谓词的类别问题以及语言的稳固性和变异性问题。[①] 所以洪诚先生指出：“中国古代的语言理论是孕育在名辩学里面，因名辩学的发展而产生的。”[②] 可惜的是，先秦这种涉及语言本体的探讨仅是昙花一现，在以后的岁月中没有得到发展。[③] 另一个系统是有关文字形义的分析、解释，这种分析、解释往往是为更好地理解前代经典而服务的，这一点又同古代印度的语言研究相似。这一系统由于具有较大的实用性，在以后得到了继承和发展，形成了独特的体系，

---

① 参见曹炜：《先秦汉语史料概论》，《吴中学刊》1993年第2期。

② 见洪诚选注：《中国历代语言文字学文选》，江苏人民出版社1982年版，第25页。

③ 参见曹炜：《先秦汉语史料概论》，《吴中学刊》1993年第2期。

这便是历经数千年而不衰的“小学”。它以字为中心，研究文字的形、音、义，从而形成三个既独立又密切联系的子学科：文字学、音韵学、训诂学。但由于“小学”的目的是解经，正如王念孙在段注《说文解字》序言中所说的“训诂声音明而小学明，小学明而经学明”，所以它没有自己独立的品格，而只是经学的附庸。古代中国的“小学”有这么一个传统，即重视一字一义的研究，而忽视方法和理论上的总结和建树，即使在它的鼎盛时期——清乾隆至嘉庆时期（1736—1820），也依然如此。

二、历史比较语言学：从语文学到语言学

19 世纪历史比较语言学的诞生和发展为延续了两千多年的传统语言研究——语文学画上了一个圆满的句号，语言研究掀开了崭新的一页：从其他学科的附庸转变为一门独立的科学。

历史比较语言学是从古希腊—罗马的语言研究以及古印度的梵语研究中汲取营养，从而建立了自己的理论体系的。18 世纪末，梵语连同它的语法体系传到欧洲，欧洲的语言学家将梵语同古希腊语、拉丁语和其他一些欧洲语言进行比较研究，从而确定这些语言具有共同的来源，存在一种“亲属关系”，并进而在此基础上对语言进行了谱系分类。从 19 世纪初施勒格尔《论印度人的语言和智慧》（1808）一文的发表到 19 世纪中叶施莱赫尔《印度日耳曼语言比较语法纲要》（1861）一书的出版，历史比较语言学经历了从起步到彻底成熟的过程。

历史比较语言学的基本观点是：①每种语言均有与其他语言不同的特点，这些特点可以通过比较而被认识；②比较可以揭示某些具有共同来源的语言的亲属关系，亲属语言可组成语族和语系；③语言的历史变化具有不平衡性，其中语音的变化最快，而且在同一语系中，语音变化是遵循严格的规律进行的，而语言中的一些基本要素，如词根、词缀、内部形态变化，则具有较强的稳固性；④原始的基础语可以通过比较而得以重建和构拟，重建和构拟是历史比较语言学的灵魂。

19 世纪是历史比较语言学主宰的世纪，涌现了一大批现代意义上的语言学家，代表人物有葆朴（德）、拉斯克（丹麦）、格里木（德）、伏斯托可夫（俄）、施莱赫尔（德）等，他们取得了丰硕的研究成果，人们将之同哥伦布发现新大陆这一伟绩相媲美。

三、索绪尔和结构主义语言学

19 世纪，人们陶醉在历史比较语言学的丰硕成果中，以为语言研究到达

了顶峰，科学的语言研究方法就是历史比较法。而20世纪初索绪尔的结构主义语言学的出现，又给昌盛了一百多年的历史比较语言学画上了句号。人们将“现代语言学之父”这顶桂冠赠给了瑞士的这位杰出的语言学家。

费尔迪南·德·索绪尔（1857—1913）原本也是从事历史比较语言学研究的，而且取得了令人称道的成果。但从20世纪初开始，他在语言的研究上开始走向一条与历史比较语言学完全不同的路。1907—1911年，他在日内瓦大学开设“普通语言学”课程。1913年索绪尔去世，享年56岁。他的两个学生查尔斯·巴利（Charles Bally）和阿尔伯特·塞斯艾（Albert Sechehaye）根据听课笔记，整理出了《普通语言学教程》这部不朽的著作，并于1916年出版。

作为结构主义语言学的鼻祖，索绪尔在语言研究中的主要贡献在于：①区分语言与言语；②区分共时与历时；③认为语言是符号系统，语言符号的构成关系存在于组合、聚合两种关系之中；④认为语言是形式而不是实体。

此外，在儿童语言的习得问题上，索绪尔赞成17世纪英国唯物主义哲学家洛克的“白板说”。

其后，出现了许多后学支脉：

（1）布拉格学派，又称功能语言学派。主要代表人物：马特修斯（捷）、特鲁别茨科伊（俄）、雅克布逊（俄）。主要成就：把语音学同音位学区别开来，阐明了音位学的任务、原理和研究方法。代表作是特鲁别茨科伊的《音位学原理》（1939）。

（2）哥本哈根学派，又称丹麦学派或语符学派。代表人物：布龙达尔（丹）、乌尔达尔（丹）和叶尔姆斯列夫（丹）。主要成就：提出了语符学理论。代表作是布龙达尔的《结构语言学》（1939）和叶尔姆斯列夫的《语言理论导论》（1943）。

（3）美国描写语言学派。代表人物：布龙菲尔德。1933年，他的著作《语言论》出版，该书被称为美国描写语言学派的“圣经”。主要成就：美国描写语言学派发展了索绪尔的理论，在语法研究中完全排斥语义，“要采取完全火星人的行为”（奈达），并提出了所谓的“发现”程序：①用替换、分布的方法确定语素；②用层次分析法（又名“直接成分分析法”）切分语流；③用组合、聚合关系确定语言单位。

总之，结构主义语言学开始了语言研究的新纪元——语言研究由历史比较语言学时代跨入结构主义语言学时代。

四、乔姆斯基和转换生成语法学

正当结构主义语言学风靡全球之际，一场针对结构主义的新的革命又在酝酿之中，那便是被称作“乔姆斯基革命”的转换生成语法学的建立。

乔姆斯基，1928 年生于美国宾夕法尼亚州的费城，中学毕业后，就读于宾夕法尼亚大学，专攻语言学、数学和哲学，是描写语言学派后期主要代表人物哈里斯的学生。1945 年起开始进行学术研究，即运用结构主义的方法研究现代希伯来语。在研究中，乔姆斯基发现结构主义有较大的局限性，于是就试图建立一种新的语言研究方法和理论。1957 年，在麻省理工学院任教的乔姆斯基推出了他的《句法结构》。该书的问世，标志着转换生成语法学的初步建立。

转换生成语法学在研究的方法和目标上均同结构主义决裂，主要表现在：

（1）结构主义采用归纳的方法，目标是描写；而转换生成语法学采用演绎的方法，目标是解释。前者研究语言事实，后者研究造成语言事实的原因。

（2）区分语言能力和语言行为，强调研究人类的语言能力。在儿童语言习得的问题上，转换生成语法学赞成 17 世纪法国哲学家笛卡儿的“天赋观念说”，反对结构主义的“白板说”，认为人的大脑中天生就有一个“语言装置”，语言能力是人类与生俱来的。

（3）批评结构主义只注重表层描写，而转换生成语法学提出了“深层结构”的概念，认为表层结构说明语音，深层结构说明语义。

乔姆斯基的引例：

① John knew the boy studying in the library.

② John found the boy studying in the library.

①与②的表层结构相似：NP + verb + NP + ing + VP，但深层结构存在差异。

乔姆斯基的实验是，添加 not running around in the streets，或者转换为 The boy was found（known）studying in the library by John.[①] 又如：

③ John is easy to please.（约翰易于取悦。）

④ John is eager to please.（约翰急于取悦。）

③与④的表层结构相同，而深层结构不同：

③的深层结构是：To please John is easy.

④的深层结构是：John is eager to please someone.

---

① 详见［美］乔姆斯基著，邢公畹译：《句法结构》，中国社会科学出版社 1979 年版，第 82～83 页。

（4）反对结构主义语言学一味排斥语义，主张在语法分析中引进语义。转换生成语法学从建立到现在，也处于不断的修订和发展过程之中，共分为四个阶段：

①初期理论阶段，1957—1965 年，以《句法结构》为代表。

②标准理论阶段，1965—1972 年，以《句法理论的各个方面》为代表。

③扩展的标准理论阶段，1972—1977 年，以《深层结构、表层结构和语义解释》为代表。

④修正的、扩展的标准理论阶段，1977 年至今，以《关于形式和解释的论文集》为代表。

转换生成语法学的理论问世后，在国际语言学界引起了很大的反响，有人赞成，有人反对，争论在相当长的一段时间里持续。不管怎么说，它是继结构主义语言学后出现的最具影响力的语言学理论，它的出现，虽然并没有宣告结构主义语言学的终结，但打破了结构主义语言学一统天下的格局，从而使语言学进入了多极化、多格局的新时代。

第二节　语言的性质

一、语言和言语

1. 语言和言语的区别与联系

“语言”和“言语”是一对逆序词，在交际中，它们常被当作同义词来使用，但在语言学领域，它们有着本质的区别。最早发现并明确指出这种区别的便是结构主义语言学的创始人索绪尔。

我们天天在说话，“说话”若从语言学角度来剖析，可以分为以下三个层面：

（1）“说话”的动作、行为，我们称之为语言动作或言语行为。

（2）“说话”所使用的词语、规则。

（3）“说话”的结果，即所说的话语。

其中，（1）（3）属于言语，（2）属于语言。

可见，言语是说话的行为和结果，语言则是说话所使用的一种工具、一套符号。

若用数学运算类比，语言相当于运算所使用的数字和规则，言语则相当于使用这些数字和规则进行运算的过程和结果。

语言和言语的区别是很明显的：

（1）言语是个人的，而语言是社会的。19 世纪末，一些历史比较语言学家，如德国的赫尔曼·保罗认为语言是一种个人现象，每个人都有自己的语言，有多少人就应当分出多少种语言，而共同语则是不存在的，是虚构的。若承认共同语，则显然是将语言同文字混为一谈了。言语是一种个人现象，在一个社会群体中，不同的人说的话自然有别，但他们所使用的词语和规则是相同的，不然就无法交流。

（2）言语是具体的，语言是抽象的。所以，由言语单位构成的作品是无限的，而由语言单位构成的语言系统则是概括的、有限的。例如言语中的句子之多是无法统计的，而反映到语言中的句子类型则是高度概括的、极为有限的。可以这么说，语言是由有限的语言单位及规则构成的有限的集合。正是这种有限性，才使语言具有可学习性。

（3）言语具有阶级性，而语言则具有全民性，没有阶级性。言语是有阶级性的，所谓“什么阶级说什么话”，这“话”便是言语。而苏联马尔学派的语言学家则断言，语言具有阶级性，甚至指出：在社会结构相同的情况下，不同国家的同一阶级的语言，比同一国家同一民族的不同阶级的语言在类型上的共同性更大。这同样也是将语言同言语混为一谈。不错，英国的资本家说的话，同本国的农民说的话差异很大，而同法国资本家说的话就可能相似，但这是言语的“差异”和“相似”，就语言而言，英国的资本家倒是与本国的农民使用的是同一种语言——英语，而与法国的资本家所使用的法语则大相径庭。

尽管语言和言语有着本质的区别，但它们之间也确实存在着密切的联系，具体表现在：

（1）语言存在于言语之中，言语是语言的存在形式。没有言语，就没有语言。

（2）言语是运用语言的行为和结果。语言规则及语词均对言语形成制约，给予规范。如果说话时使用的是一些谁也不懂的语词，或者不合语法，那么言语活动就会无法进行下去。因此，语言规则及语词是言语活动的基础。

最后来谈谈言语。言语有两种形式：一种是外部言语，即人们可以听到或看到的话语；一种是内部言语，即人们听不到的内心独白。它们都是运用语言的过程和结果，但存在着差异：

（1）外部言语有交际功能，而内部言语则没有交际功能。

（2）外部言语往往比较完整、准确，有条理，而内部言语则相对粗糙，也缺乏条理性。

2. 区分语言和言语的意义

索绪尔严格区分语言和言语的目的是纯化语言学的研究对象。索绪尔认为：语言科学必须在没有言语要素掺杂的情况下才能够建立起来。而区分语言和言语，正好可以把一切跟语言的组织、语言的系统无关的东西剔除出去，把一些“个人的”“从属的”“偶然的”等属于言语的因素离析出来，从而使语言学研究的对象得以纯化。我们在前面已经指出，没有明确的研究对象，也就没法形成现代意义上的科学所必须具备的要素——完整的理论体系和方法论体系。从这个意义上说，区分语言和言语具有划时代的意义，因为它使语言研究成为一门现代意义上的科学的起点和开端。

我们这样来谈论区分语言和言语的意义，丝毫没有贬损言语研究的意思；相反，我们认为研究人类的言语活动及与之相关的其他因素很重要，也很有需要。只是这些研究不属于语言的本体研究，我们在对语言的本体部分加以研究时，可以暂时不考虑它们。

二、语言是一种符号

1. 什么是符号

用甲事物代表乙事物，甲事物便是乙事物的符号。符号由形式和内容两部分构成，形式是符号的载体，内容是形式所表达的意义。在红绿信号灯中，红灯、绿灯均是形式，而其所代表的“停”和“行”的意义便是内容。

符号的种类很多，有视觉符号，如文字、旗语等；有听觉符号，如车号、汽笛等；也有触觉符号，如盲文等。

符号不同于征候。征候同其所代表的事物之间有因果联系，是事物的表征，如烟和火的关系、脉息和身体的关系等，而符号同其所代表的事物间没有必然的联系。

2. 能指和所指

语言是一种听觉符号。语言符号也由形式和内容两部分构成。语言符号的形式是语音，即索绪尔所说的能指；语言符号的内容即语义，即索绪尔所说的所指。两者须臾不可分离。索绪尔曾经这样形象地说明语言符号的形式和内容的联系：“比较正确的是把它比作化学中的化合物，例如水。水是氢和氧的结合；分开来考虑，每个要素都没有任何水的特性。”“语言还可以比作一张纸，思想是正面，声音是反面。我们不能切开正面而不同时切开反面，同样，在语言里，我们不能使声音离开思想，也不能使思想离开声音。”①

3. 语言符号的任意性

同一切符号一样，语言符号的形式和内容的结合具有任意性的特点，即用什么音去记录什么义，完全是语言使用者约定俗成的，不具有必然的、本质的联系。

关于这一点，自古以来就存在分歧：

（1）“规定说”：音义之间具有某种天然的联系。

中国古代的哲学家老子、管子、孔子以及西汉的董仲舒均持此说。所谓“名号之正，取之天地”（董仲舒《春秋繁露》）。古希腊的斯多葛学派亦偏重此说。19 世纪德国语言学家洪堡特也强调了音义结合的理据性，提出了词的“内容形式”的问题。“规定说”的依据：在同一语系中，各种语言的拟声词大体相似；一些事物的命名有理据，如梵语中，大象的命名取自“饮两次水的动物”和“用一只手做事的动物”之义。

（2）“约定说”：音义之间具有约定性。

中国古代的荀子指出：“名无固宜，约之以命，约定俗成谓之宜，异于约则谓之不宜。”（《荀子·正名》）古希腊的亚里士多德也持此说。19 世纪结构主义语言学的创始人索绪尔更是阐发了此观点。“约定说”的依据：相同的事物，在各种语言里的命名不同。如“水”，汉语为“shuǐ”，英语为“water”。今天看来，“约定说”是可以被接受的，语言符号的任意性特点是不可否定的。但是，“规定说”提出的拟声词和一部分词音义之间存在的理据关系问题也是值得关注的。确实，有极少数的语言符号并不完全是任意的，如“知了”表蚱蝉，“布谷”表杜鹃，“蛐蛐”表蟋蟀，均是有一定理据的。② 一些拟声词音义也是有关联的。只是应该指出的是，这种情况在语言符号中所占的比例极小，而绝大多数的语言符号音义之间是不存在必然的联系的。

语言符号的任意性特点是就其单纯的初始符号而言的，至于由单纯符号构成的复合符号一般来说是有理据的。③

4. 语言符号的强制性和可变性

语言符号的音义关系是约定俗成的，具有任意性。但是这对使用者来说并不意味着用什么音去表什么义，因为它是随意的，不受制约的。事实上恰恰相

---

① 见［瑞士］费尔迪南·德·索绪尔著，高名凯译：《普通语言学教程》，商务印书馆 1980 年版，第 147、158 页。

② 参见曹炜：《现代汉语词义学》（修订本），暨南大学出版社 2009 年版，第 78 ~ 79 页。

③ 参见曹炜：《现代汉语词义学》（修订本），暨南大学出版社 2009 年版，第 73 ~ 78 页。

反，对使用同一种语言的任何个人来说，语言符号具有强制性，即每个人均得遵守所在社会的约定俗成，而不能任意地改变，否则便无法交际。正如公孙龙子所说："彼彼止于彼，此此止于此，可；彼此而彼且此，此彼而此且彼，不可。"①

但是，语言符号又不是一成不变的，它也会随着时间的推移和社会的发展而悄悄地、不为人所觉地发生着变化。其中变化相对较为频繁的是词汇，社会的动荡、变革，外来文化的渗透与影响，均会在语言的词汇层面留下痕迹，并促发词汇系统内部的调整。不同地区人们的交往、大规模的移民、社会的分化等均会带来语音层面的细微变化，这种细微变化，在一代又一代人的语言习授中会逐渐强化，越往后，差异越明显。如我国南方的客家人原为中原一带的百姓，东晋以后先后五次大规模地向南迁徙，他们原先说的话属于北方方言，据有关记载，在宋代，他们说的话变化还不大，可一千年后的今天，中原一带的人根本无法听懂他们说的话。

5. 语言符号的离散特征和线性特征

语言符号的离散特征是指语言符号结构、单元的可析性，即语言符号是可以分解的。

大量研究证明，一些动物，如海豚、黑猩猩、长臂猿等，也会使用不同的叫声来传递不同的信息，或惊恐，或高兴，或恫吓，或爱恋，这就是所谓的"动物语言"。"动物语言"同人类语言最本质的区别之一就是动物发出的那一串串代表一定意义的声音是囫囵的，没法分析出清晰的结构单元，是不可分解的。

人类语言符号的离散特征对语言系统的结构特点具有重要意义。正因为人类语言具有离散性，所以人类发出的一串串代表一定意义的声音可以被分解，从而形成大大小小的音义结合体，这些音义结合体可以被反复使用，它们可以根据一定的规律和不同的需要组合起来，表达各种意思，传递各种信息。而不是像"动物语言"那样，每一次发出的一串声音，只能固定地表示某一种意思，传递某一种信息。可以这样说，人类语言符号的离散性特征大大提高了人类语言传情达意的效力，使得人类可以通过掌握有限的语言符号来表达无限的意思，传递不同的信息。

语言符号的线性特征指的是在交际过程中，语言符号只能一个接一个地依次出现，在时间的线条上绵延，而不能在空间的平面上铺开。例如"苏州大学中文系师资力量很强"这个句子，我们只能按照"sū zhōu dà xué zhōng wén

---

① 详见庞朴译注：《公孙龙子译注》，上海人民出版社 1974 年版，第 42 ~ 43 页。

xì shī zī lì liàng hěn qiáng”的顺序把它说出来，而不能同时说出“sū”和“zhōu”。

语言符号的线性特征使离散的语言符号得以构成大大小小的音义结合体，也使单个的语言符号组合成连续的语流。

三、语言是一个系统

1. 语言符号的系统性

语言符号并不是相互之间没有联系、一盘散沙似的东西，而是一个组织严密、互相制约的复杂系统。这个复杂系统由语音系统、词汇系统、语法系统等子系统组合而成，而这些子系统又都是由不同层次的更小的子系统组合而成的。语言系统内部这些大大小小的子系统不仅相互支撑、互相关联，往往还相互交叉、相互纠缠，俨然一部精密仪器，各个构成部分协同配合才能顺利运转；否则，任何一部分的不合作都会使之瘫痪。而实际上，语言系统较之当今世界上任何一部精密仪器都要复杂、精妙得多。

语言具有系统性，语言系统内部的各个子系统也都具有系统性。但需要说明的是，语言系统的各个子系统的系统性是不平衡的，有的强，有的弱。其中语音系统的系统性最强，任何局部的调整均会带来整体的变化，所以类推性极强，一般极少有例外。语法系统的系统性居其次，有些语言现象会不受规则的控制，呈现出一些“例外”，但是，语法的系统性特征却是不容置疑的。词汇系统的系统性相对来说弱一些，表现得也没有语音、语法那么明显，以至于有一段时间国内词汇学界还为词汇是否具有系统性进行过讨论，发生过舌战。①当然，现在大家的看法基本趋于一致，即词汇也具有系统性，只是词汇的系统性较之语音、语法要略为逊色一些。

2. 语言系统的相对封闭性和自主性

语言系统的相对封闭性和自主性是语言的系统性的表现之一。所谓相对封闭性，是指语言系统是在封闭状态下运作的，即一般情况下不需要从外界寻找依托，也不受语言系统之外的因素的影响。所谓自主性，是指语言系统内部的各种规律都可以通过语言系统本身来加以实现或得到阐释，而无须到语言系统外部去寻找答案。语言系统的这两种特质是相互依存、密切相关的。一方面，语言系统的自主性使其可以在不依托外界因素的封闭状态下运作，从这个意义上说，自主性是封闭性的前提和基础，没有自主性就不可能有封闭性；另一方面，语言系统的封闭性使其只能通过自身的调整和约束来实现内部各种规律的

---

① 参见曹炜：《现代汉语词义学》（修订本），暨南大学出版社 2009 年版，第 288 页。

联系，从这个意义上说，封闭性又是促成乃至强化自主性的基础和前提，没有封闭性就不会有自主性。

3. 语言系统的层次性

语言系统的层次性是语言符号系统性的又一表现。

语言是一个层级装置，语言内部的各种单位并非都处在同一个平面上，而是分为不同的层级。语言可以分为两个层面，一个属于底层，即一套音位，有人称之为音位层；一个属于上层，即一个个音义结合体，有人称之为语法层。底层的音位系统又可以分为音段音位系统和超音段音位系统等下位层次，音段音位系统还可以分为元音音位系统和辅音音位系统等下位层次。上层的音义结合体又可以分为不同的层级：层级最低的是语素，语素和语素可以构成词，词是语素的上位层次；词和词也可以构成短语，短语是词的上位层次；词或短语还可以组成句子，句子是短语的上位层次；句子和句子可以构成句群，句群是句子的上位层次；句子或句群可以构成语篇，语篇是最大的音义结合体。

4. 组合关系和聚合关系

任何一个语言符号均处在既可以和别的语言单位组合，又可以被别的语言单位替换这两种关系当中，小到语素，大到句子，前者便是组合关系，后者便是聚合关系。

明确地说，所谓组合关系，即是语言符号同符号组合起来的关系。如“看书”这个结构，“看”和“书”这两个语言符号在“看书”这个结构中发生动宾关系，实际上就是组合关系。

所谓聚合关系，是指在语言结构的某一点上具有某种相同作用、能够互相替换的 组语言符号所形成的关系。如在“看书”这个结构中，“看”可以被“写”“借”“买”替换，且具有相同的语法作用，如带上宾语“书”，它们就具备聚合关系。

语言就是由组合关系和聚合关系构成的系统。

组合关系和聚合关系是不可分割的有机的统一的整体。这是因为聚合关系是在组合关系中体现出来的，没有语言单位的组合，便无法归纳出聚合的类；而组合关系又体现为聚合类的线性序列，没有聚合类的有机组合，便没有各种各样的组合关系。

四、语言是人类最重要的交际工具和思维工具

这里涉及三个命题：一个是关于语言是最重要的交际工具这个命题，一个是关于语言是人类的交际工具这个命题，还有一个是关于语言是人类的思维工具这个命题。

我们先谈第一个命题：语言是最重要的交际工具。

自古以来，人类有很多种传递信息的媒介，俗称“交际工具”。诸如中国古代汉民族防御外敌所使用的烽燧，军队里所使用的虎符和金鼓等，世界各民族所使用的文字，世界各国航海中使用的灯语、旗语等，以及现代文明所产生的数学公式、化学分子式等，均是人们耳熟能详的交际工具。其中的一些交际工具，不仅是跨人类的，而且是跨星际的：苏联科学家为了探测宇宙中是否存在人类以外的智能生物，将勾股定理公式及直角三角形的配图一起发往茫茫宇宙，期冀有朝一日人类以外的智能生物能够收阅并解读。

但是，就人类而言，语言是所有交际工具中最为重要的一种。语言是与人类朝夕相处的伙伴，人类的很多交际工具均是在语言的基础上形成的，虽然有些具有语言所不具备的某种特质。

接着，我们谈第二个命题：语言是人类的交际工具，即语言是人类独有的。动物之间也有传递信息所使用的方式，如猫、狗、鸟之间传递信息的叫声。有些动物传递信息的叫声比较丰富，可以表达较为复杂的情感、信息，如长臂猿、海豚等，但是动物的这些用于交际的“语言”，与人类所使用的语言有着本质的差别，主要表现在以下这些方面：

（1）人类语言具有结构单位的可析性，即人类语言的结构及单位均可以作层层分析，可以拆解，可以组装；而动物语言往往是囫囵一块，既不能作层层分析，又不能拆解组装，不具有可析性。

（2）人类语言具有传递信息的易境性，即人类语言的表达不受具体语境的限制，既可以传递与此时此地相关的信息，也可以传递与彼时彼地相关的信息，在时空上具有任意切换、纵横跨越的特点；而动物的“语言”则具有即景性，即动物语言受语境的限制，它只能表示此时此地的信息。

（3）人类语言的音义具有任意性，即用什么样的声音去表达什么样的语义，没有因果关系，不具有必然性；而动物的语言音义往往具有关联性，即动物发出的声音与其所表示的语义是关联的，具有匹配性。

（4）人类语言具有文化传授性，即人类语言的获得是靠后天的传授完成的，如果没有后天的传授，人类纵然有语言能力，也照样无法掌握语言；而动物的语言不具有文化传授性，因为它是与生俱来的，是一种本能，从出生之日起，动物就具备了这种本能。

至于第三个命题——语言是人类的思维工具，我们将在第九章第一节中加以讨论，这里就不再展开了。

五、语言是一种特殊的社会现象

世界上的现象可分为两大类，一类属于自然现象，另一类属于社会现象。语言属于哪一类现象呢？

1. 语言不是自然现象

19 世纪的一些历史比较语言学家，如德国的施莱赫尔，把语言归为自然现象，认为语言同一切生物一样，也要经历生、长、老、死的生物生命史的过程。这显然是错误的。语言虽然也有产生、发展或死亡的过程，但这同生物的生、长、老、死有着本质的区别，具体表现在：

（1）生物有生长，必有老死，具有必然性；而语言的所谓“老死”只是一种可能，不具有必然性，只要一种语言能一如既往地为某一社会服务，它就不会死亡。

（2）生物的生、长、老、死过程中，母体同子体可以同时存在；而语言的发展和消亡过程中，一种新的语言的诞生就意味着旧的语言的消亡，母体同子体不可能并存。

（3）语言确实具有自然属性，但自然属性不是语言的本质属性。语言的社会属性才是其本质属性。

2. 语言是一种社会现象

我们把语言看作一种社会现象的依据是：

（1）语言成分都是音义结合体，但是什么样的语音承载什么样的语义，不是某个人赋予的，也不是天生的，而是社会赋予的，是使用这种语言的社会群体约定俗成的。

（2）世界上之所以有各种各样的语言，就是因为世界上有各种各样的社会群体，社会群体不同，各自的约定不同，所使用的语言也不同。

（3）语言随着人类社会的产生而产生，没有人类以前是不存在语言的。语言也会随着人类社会的瓦解而灭亡，社会不存在了，语言也就不存在了。

（4）语言是人类社会不可或缺的要素之一。人类的思维成果依赖语言才得以贮存、得以交流，人类的生产活动、生存发展依赖语言才得以协调、得以维系。诚如斯大林所指出的，一旦失去了语言，“社会便会停止生产，便会崩溃，便会无法继续生存”①。

3. 语言是一种特殊的社会现象

社会现象一般分为基础和上层建筑两大类。语言属于哪一类呢？所谓基

---

① 见［苏］斯大林著，李立二等译：《马克思主义与语言学问题》，人民出版社 1957 年版。

础，是指社会经济制度①，语言显然不属于基础。那么语言是否就属于上层建筑呢？苏联马尔学派的语言学家们把语言归入社会的上层建筑，并预言语言将随着上层建筑的革命而产生变革，其实不然。

（1）每一个基础都有适合它的上层建筑，上层建筑将随着基础的变化而变化；可语言不然，它不会随着基础的改革而变化。

（2）一定的上层建筑只为一定的基础服务，为一定的阶级服务，而语言则不是为某种基础、某个阶级服务的，它是一视同仁地为不同的基础、不同的阶级服务的。

（3）上层建筑是由基础产生的，所以是一个时代的产物，随着特定的基础存在的时代的终结而消亡，生命力不长久；而语言是许多时代的产物，一个社会的基础及上层建筑可以经历几番更替，而该社会的语言则可以一直存在下去，生命力长久。

综上所述，语言既不属于基础，也不属于上层建筑，它是一种特殊的社会现象。

第三节　语言和语言学

一、语言的两种客观存在形式

语言有两种客观存在形式：一种是有声的口头语言，一种是以文字作为载体的书面语言。

语言不是一种可以触摸的物质实体，但它是客观存在的。语言存在于人类的言语交际中。人类的言语交际是一个编码和解码的过程：如果我们把语言看作一套约定俗成的符号规则——代码②的话，那么说话一方在头脑中选词组句、准备说话的过程就是一个编码的过程；而听话一方在头脑中对所听到的句子进行分析、加工从而理解句子意义的过程就是一个解码的过程。所以，人类

① 见［苏］斯大林著，李立三等译：《马克思主义与语言学问题》，人民出版社 1957 年版。

② 参见戚雨村等编：《语言学百科词典》“代码”条，上海辞书出版社 1993 年版，第 129 页。

的言语交际过程，即编码、解码的过程，毫无疑问，是客观存在的。

语言的客观存在形式上同语言学家研究的语言不完全一样。这是因为口头语言中客观存在的词、句子等是非常复杂且很不规整的，有时候简直可以说是乱七八糟、杂乱无章的。如“上课”这个词的客观存在形式就极其复杂，具体的发音因人而异，北方人念“上”字时会将其发成翘舌音，南方人则发成平舌音；而且在日常会话中，“上课”并不是非连着说不可的，中间往往会插入各种词语，如“了、着、过、一次、三天、一个月、什么、中文系一年级的……”而把“上课”的这些复杂的客观存在形式概括为“上课”这个词就是一种主观认识。语言的客观存在形式同主观认识并不完全等同，而语言学家研究的则恰恰是这种经过语言学家主观概括了的，并在一定程度上理想化和简单化了的语言，这种语言由于融入了语言学家的主观认识，因此往往同现实生活中处于原生状态的语言不完全一致。理解了这一点，我们也就不难理解为什么不同的语言学家对同一种语言现象的描写概括会有所不同，那都是因为在描写、概括这种语言现象时，不同的语言学家各自融入了他们不同的主观认识。

二、口语和书面语

口语，也叫“口头语”，是人们口头交际使用的语言。口语是说的语言、听的语言，是语言的客观存在形式之一。

书面语，也叫“笔语”“文字语”，是在文字创制以后逐渐形成的、人们在书面上交际使用的语言。书面语是写的语言、看的语言，是语言的又一种客观存在形式。

口语是第一性的，书面语是第二性的。这是因为：①任何一种语言，总是先有口语，然后才有书面语；②任何一种书面语都是在口语的基础上产生的，并随着口语的发展而发展；③一种语言可以没有书面语，但不能没有口语，事实上，古往今来，只有极少数语言既有口语，又有书面语，绝大多数的语言只有口语，并不存在书面语。

口语和书面语虽然是同一种语言的两种存在形式，但是由于两者交际环境不同，物质条件有别，所以无论在表现方式还是在表达效果上均具有明显的差异。

在口语交际中，交际双方处于同一时间、同一地点，说话人可以随时根据对方的反应来调整自己的语言，听话人也可以随时要求对方作出必要的解释，而且交谈时往往没有多少思考的余地，常常是想到哪里就说到哪里，这就使口语具有以下的一些特点：语气词、口语词使用频率高，有时候还可使用方言俚语；多用短句、散句及各种省略式；话题经常转换，跳跃性大、连贯性小，且重复多，同时还往往伴随有各种面部表情、手势、体态等非语言成分。

而在书面语中，交际双方往往并不处于同一时间、同一地点，没法依赖现实的语境，也不能借助各种非语言成分对语言交际予以补充，因此，往往要求发话的一方把事情交代得完整些，把意思表达得清楚些。书面语写作有比较充裕的时间来反复推敲，这就使书面语具有以下一些特点：如文言词、成语等使用较多，一般不用方言俚语；常用长句、整句及完全句；话题集中，连贯性强。

如果说，口语通常具有松散、自由、通俗、活泼的总体特征的话，那么书面语的总体特征则可以概括为：严密、规范、典雅、庄重。

口语和书面语既存在明显的差异，又相互影响、相互促进。一方面，书面语是在口语的基础上产生并发展起来的，必然要以口语为源泉，不断吸收口语中的新鲜成分来充实自己、丰富自己；另一方面，书面语一旦形成，便具有相对的独立性及相对独立的发展史，在语汇的丰富性和表述的严密性上具有相当大的优势，所以它可以影响口语，促进口语的发展和规范化。

书面语和口语在多数情况下是基本一致的。所谓基本一致，指的是基本的语言成分，即基本词汇和语法结构大体相同。但也有脱节的时候，所谓脱节，指的是口语已经发生了巨大的变化，而书面语则可以长期保持不变。当然，这种情形多发生在生产力水平低下、文化教育落后、只有极少数人会使用书面语的社会，如我国漫长的封建社会和西方的中世纪，前者表现为书面语——文言文同口语的脱节，后者则表现为书面语——拉丁文同口语的脱节。

书面语的产生具有极为重大的社会历史意义，具体表现在：

（1）口语是转瞬即逝的，只能口耳相传，在时间和空间上都受到很大的限制。因此，在一个只有口语而没有书面语的社会里，人和人的交际范围是非常有限的，人类的许多知识和经验得不到广泛的传播。书面语的产生突破了人类口头交际的时空限制，拓宽了人类的交际范围，使得人类的知识和经验的传播速度大大加快，从而促进了社会的快速发展。所以，世界各国都把书面语的产生作为文明史的开端。

（2）口语转瞬即逝的特点使得人们几乎不可能对它进行加工、提炼。而书面语的产生使得语言的加工成为一种可能，人们可以对写下来的东西仔细琢磨，精雕细刻，使语言表达更加完美，从而也可促进语言的发展，使语言更加严密和丰富。

三、语言和民族

1. 语言是民族的重要标志，但不是最可靠的标志

语言是民族的重要标志，在绝大多数情况下，一个民族使用同一种语言，如汉族使用汉语、藏族使用藏语、西班牙人使用西班牙语、俄罗斯人使用俄语等。

但是，语言并不是判断民族最可靠的标志，绝对地认定“一个民族，一种语言”或“一种语言，一个民族”，以致依赖所操语言的同异来划分民族，是很容易犯错误的，也是与现实情况相乖违的。因为在现代社会中，同一个民族使用两种或多种语言，不同民族使用同一种语言的现象是客观存在的，也绝非个案。如在法国、德国、俄罗斯长大的华人，他们不会汉语，而只会法语、德语或俄语，难道我们可以仅凭其所操语言而认定他们是法兰西人、德意志人、俄罗斯人吗？这显然是荒谬的，他们还是中国人。这种情况在任何国家、任何民族均存在。

同一个民族使用两种或多种语言的情况很多，不同的民族由于长期生活居住在一起，渐渐地，人口多的，经济、文化、科技发展水平高的那个民族的语言就会“吃掉”其他民族的语言，而呈现几个民族共同使用同一种语言的现象。如我国历史上，先后有许多少数民族，如魏晋南北朝时期的匈奴、鲜卑、羯、氐、羌等民族，唐宋时期的契丹、女真等民族，它们都先后放弃了本族语言，而使用汉语。清代的统治民族——满族，到了清末时也几乎不说满语，改用汉语，但他们还是满族人。

因此，虽然语言是最直观、最容易识别的民族标志，但绝不是最可靠的民族标志。

2. “相互理解程度”原则和语言、方言的识别

西方的语言学家往往把“相互理解程度”原则作为区分“语言”和“方言”的唯一标准，认为：凡是能相互理解的，便是同一语言的不同方言；凡是不能相互理解的，便属于不同的语言。他们进而主张：凡是使用能相互理解的语言的人属于同一个民族，凡是使用不能相互理解的语言的人属于不同的民族。这显然是把复杂的问题简单化了。

诚然，这种观点并非空穴来风，它同西方那些自罗马帝国解体以后，在8世纪到16世纪先后建立起来的新兴的民族国家，如法国、德国、西班牙、葡萄牙、英格兰等的语言和民族的对应状况相吻合，因为这些国家基本上是“一个民族，一种语言，一个国家”，“语言、民族、国家”几乎是同义词。同

一国家不同地区的人可能会有口音的差异，但相互理解是不成问题的。问题是这种观点不具有周遍性，它并不能反映世界各国的语言和方言、语言和民族的复杂状况。而且这种观点的持有者在发现自己的理论漏洞时，不是积极地修正，而是采取“双重标准”：对弱国坚持自己的主张，不惜割裂原本属于同一民族而在语言上相互理解程度偏低的各个群体，不承认这些群体所使用的是方言，而坚持认为是不同的“语言”，从而认定这些群体分属不同的民族。例如，不少西方的语言学家将现代汉语中的七大方言统统看作不同的语言，而不承认它们是方言。但是在处理自己国家或强国的类似问题时，就不再坚持“相互理解程度”原则了，而更多地考虑了这些国家的主权和民族感情。因为如果按照“相互理解程度”来区分语言和方言，从而确定是同一个民族还是不同的民族的话，如英格兰人、美利坚人、澳大利亚人、加拿大人等，他们的语言虽略有不同，但相互理解程度极高，彼此可以交谈，理应定为同一种语言的几个方言，使用这些方言的人理应确认为属于同一个民族。这当然是“相互理解程度”原则的创始者们在感情上所不能接受的。于是，他们挖空心思地“创造”了所谓英语的“不列颠变体”“美利坚变体”“澳大利亚变体”“加拿大变体”等。可见，按“相互理解程度”原则来识别语言和方言，不仅在理论上捉襟见肘，破绽百出，不具有普遍意义，而且在实践上也动辄得咎，举步维艰，无法贯彻到底。

四、语言和种族

语言和种族没有必然的联系，这几乎已成为一种共识，因为无论从理论上还是具体操作上均不能将两者对应起来。

从理论上讲，种族指的是具有共同起源和共同遗传特征的人群，这是从生理学角度对人类所作的分类。人的语言能力固然同生理因素、心理因素有关，但语言能力同语言不是一码事。语言不是一种生理现象，也不是一种心理现象，同遗传也无关，它是一种社会现象，是人们在一定的语言环境中后天获得的。如果语言同种族有必然的联系，那么什么种族的人生下来就该会说什么种族的语言，可这显然同现实情况相背离，我们也就无法解释为什么一个在法国长大的中国人（蒙古人种）会讲一口流利的法语，而不会讲汉语；为什么一个在日本长大的英国人（欧罗巴人种）会讲一口流利的日语，而不会讲英语。这种现象不胜枚举。可见，语言同种族的确没有必然的联系。

从具体操作上讲，我们也很难把种族同语言对应起来。因为世界上的主要人种极其有限，能确定的有尼格罗人种（即黑种）、蒙古人种（即黄种）、欧罗巴人种（即白种）。而这三大种族所覆盖的语言有成百上千种，两者在数量上悬殊，如何一一对应？所以，从实践上看，要寻找某一种族同某种语言的必然联系，是极为困难的，也是徒劳的，更是荒谬的。这也就再一次证明语言同种族不存在天然的联系。

当然，我们也应该注意到，语言并非同种族没有任何联系，尤其是根据语言的亲属关系归纳出来的语系，同种族的联系似乎更为明显一些。因为随着研究的深入，现有的各种语系可能会归并为少数几个更古老的原始语系，这些原始语系同人类的原始种群之间的联系是不言而喻的。但是，这同样并不意味着语言和种族具有某种必然的联系。

五、语言学的研究对象

首先碰到的问题是，研究语言究竟是应研究口语还是应研究书面语？

从理论上讲，研究语言首先应研究口语，尤其是当口语和书面语在某些问题上出现严重分歧的时候，应以口语为准，因为口语是第一性的，书面语是第二性的。

但是，事实上，人们长期以来始终将研究的重点放在书面语上面，究其原因主要是书面语是在口语的基础上加工、提炼而成的，而且往往又是官方文书和学术经典的载体，在社会上较之口语具有更高的权威性；同时，口语材料通常又很难搜集。但是这并不意味着语言研究只需研究书面语，而不必研究口语。

语言存在于社会的各个领域、各个方面，各个行业的人可以从不同的角度，根据不同的需要去研究语言。而事实上，在相当长的一段时间内，语言研究一直处于一种从属地位，它只是被当作一种工具为其他专业提供服务，因而，往往会成为某一专业的附庸。如汉语研究在很长一段时期内是为解经或阅读古籍服务的，古希腊和古印度的语言研究也大多如此。由于以往的语言研究者一向对语言本身关注甚少，所以便无法搞清楚，语言除了为其他专业提供服务之外，作为一门科学，而不是工具，它究竟应该研究什么，它真正的研究对象是什么。因为这个问题长期得不到解决，就使得语言学科始终没有具备现代意义上的科学所必须具备的要素——完整的理论体系和方法论体系，这种状况一直持续到20世纪初瑞士语言学家索绪尔《普通语言学教程》的问世才有了根本的也是彻底的改观。

第四节　语言学的分支和类别

一、语言学的分支

按照现代西方的观念，语言学主要由四个分支学科构成：语音学、语义学、语法学和语用学。

语音学是19世纪才从语言学大家庭中独立出来的一门分支学科，它主要研究的是语言符号的载体形式。

语义学是20世纪初才从语言学大家庭中独立出来的一门分支学科，它主要研究的是语言符号的意义。在一些国家（比如中国），语义学这门学科包含在词汇学中，不再单列。

语法学是语言学中最古老的一门分支学科，它是研究语言符号之间排列和组合规律的一门分支学科。

语用学是20世纪中叶才诞生的一门分支学科，它主要研究语言符号与语言符号使用者之间的关系。它与一些国家所盛行的修辞学有相同之处，也有不同之处。

二、语言学的类别

语言学总体上可以分为理论语言学和应用语言学两大类。

1. 理论语言学

理论语言学是从理论上研究语言的性质、功能和结构的一门二级分支学科。根据研究对象的不同又可分为一般语言学和个别语言学。

（1）一般语言学，通常称为普通语言学，它以人类所有的语言作为研究对象，研究人类语言的普遍性质、共同规律及一般原理。目前各高校开设的“语言学概论”课程便属于一般语言学的范畴。

一般语言学从研究对象上，又可分为宏观研究和微观研究两类。其中，微观研究可以分为普通语音学、普通词汇学、普通语法学等四级分支学科。

（2）个别语言学，又叫具体语言学，是针对某一种具体语言的结构体系和规律而展开研究的一门三级分支学科，如汉语语言学、英语语言学等。

个别语言学也可分为宏观研究和微观研究两类。微观研究可以分为如汉语语音学、汉语词汇学、汉语语法学等四级分支学科。

个别语言学从研究方法上，还可分为共时研究和历时研究两类。共时研究，主要是研究某种具体语言在某一阶段的结构体系和规律，如现代汉语、近代汉语等。历时研究，是一种纵向的研究，研究某种语言在其历史发展的各个阶段的基本情况，从而揭示其历史沿革。

2. 应用语言学

关于应用语言学的内部学科分支，目前分歧较大。比较普遍的看法是：应用语言学分为广义、狭义两种。

（1）狭义的应用语言学专门研究语言教学的理论和方法，是一门有关语言教学方法的学科，如英语教学法、对外汉语教学的理论和实践等。

（2）广义的应用语言学也可分为两大类。一类是用语言学理论去指导一些与同语言有关的实际工作而形成的学科，如词典编纂学、翻译学等；另一类是将语言学原理运用到一些学科的研究中而形成的边缘性交叉学科，如社会语言学、心理语言学、病理语言学、神经语言学、广告语言学、数理语言学、工程语言学、篇章语言学、逻辑语言学等。

第五节　“语言学概论”课程设置的意义及目的

一、“语言学概论”课程设置的意义

“语言学概论”课程是高校在开设了“现代汉语”“古代汉语”等学位基础课程的基础上开设的一门学位专业课程，是一门具有高屋建瓴特质的，从个别到一般、从具体到抽象的理论课程。这一门课程的开设，可以让学生在更高的层面上解读现代汉语、古代汉语中的一些语言现象，理解现代汉语、古代汉语中的一些基础理论知识。同时，这门课程还可以为学生提供一个全球化的视野，了解世界各国语言所存在的普遍性、共通性和独特性，从而更好地把握语言学中的一系列基础理论和基本知识。

二、“语言学概论”课程设置的目的

“语言学概论”课程的设置，将使学生的知识结构更趋合理，使学生在了解了“现代汉语”“古代汉语”这两门有关个别语言学的课程之后，进一步了解语言学的一般原理，使学生在今后的学习中可以从容地面对汉语以外的任何一种个别语言学，以提高他们的理论素养和专业水准。同时，教师们也可以借助这门课程，向学生及时介绍西方语言学的最新研究成果，让学生实时掌握西方语言学的研究进程和热点问题，以避免做井底之蛙。

本章建议阅读书目及问题思考

一、建议阅读书目

1. ［瑞士］费尔迪南·德·索绪尔著，高名凯译：《普通语言学教程》，商务印书馆 1980 年版。

2. 刘润清编著：《西方语言学流派》，外语教学与研究出版社 1995 年版。

3. ［英］R. H. 罗宾斯著，上海外国语学院外国语言文学研究所译：《语言学简史》，安徽教育出版社 1987 年版。

4. ［苏］H. A. 康德拉绍夫著，杨余森译：《语言学说史》，武汉大学出版社 1985 年版。

5. 何九盈：《中国古代语言学史》，广东教育出版社 2000 年版。

二、问题思考

1. 语文学时期语言研究的特点是什么？
2. 历史比较语言学的主要建树有哪些？
3. 索绪尔的《普通语言学教程》在语言学史上具有怎样的意义？
4. 乔姆斯基的转换生成语言学具有哪些创新点？
5. 语言和言语的联系与区别有哪些？
6. 为什么说语言是一种符号系统？
7. 为什么说语言是人类最重要的交际工具？
8. 为什么说语言是一种特殊的社会现象？
9. 语言学下设哪些子学科？各有什么特点？
10. 什么是描写语言学？什么是历史语言学？两者各有什么特点？

第二章 语音

第一节 语音的性质

一、语音是什么

语音是语言的物质外壳，它由人类发音器官发出，并代表一定的意义。这个定义的前半句揭示了语音在语言中的作用，后半句则廓清了语音同一般声音的界限。

1. 语音在语言中的作用

语音是语言的物质外壳，是语言符号的物质形式，也是语言符号的内容——语义的载体。人类的语言只有借助语音这种具体的、可以被感知的物质形态，才能实现其作为交际工具的价值。一旦离开了语音这种物质形式，人类的那些无形的思想与信息便会因为没有可依附的载体而无法顺利传递。所以，语音在语言中的地位、作用是举足轻重的。

2. 语音和一般声音的本质区别

语音是一种声音，具有声音所包含的一切物质形式。但语音又不是一般的声音，两者的本质区别体现在：

（1）语音是人类的发音器官发出的声音，有别于风声、雨声、铃声、琴声，也有别于其他动物发出的代表一定意义的声音。

（2）语音是代表一定意义的声音，它同语义紧密地联系在一起，须臾不可分离。它有别于同样是人类发音器官发出而无意义的声音，如咳嗽、喷嚏、呼噜、呻吟等。当然，这类声音不排除有成为语音的可能，当它们用于某些特殊约定或与一定的意义联系起来时，就会上升为语音。比如，在执行某项群体行动时，事先约定由某个人发出特定的咳嗽声，那么这种声音就可以称为语音。

（3）一种语言的语音与其所代表的意义之间的联系是使用该语言的全体社会成员约定俗成的；一种语言的语音系统所包含的所有构成成分和要素也是使用该语言的全体社会成员约定俗成的。所以，语音是一种社会现象，而语音之外的其他声音则属于自然现象。

二、语音的物理属性

1. 声音的形成

一切声音均是由物体振动产生的。具体来说，物体的振动产生声波，声波传入人耳，刺激听觉神经，从而被人感知。下图是一种由单纯振动而产生的声波（即音叉的发音）：

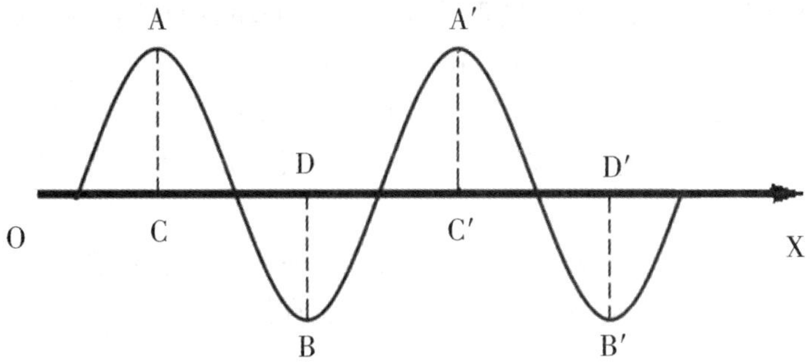

图中反映的是两个完整的声波，代表两次完整的振动。其中，A 或 A′叫波峰，B 或 B′叫波谷，AA′或 BB′之间的距离叫波长，AC、A′C′、BD、B′D′叫振幅。发音体每秒钟振动的次数叫频率，频率的单位是赫兹（Hz）。振幅的大小决定声音的强弱，频率的高低决定声音的高低，发音体振动时间的长短决定声音的长短，而声波结构形式的差异决定声音的不同品质。

2. 语音的四要素

但凡声音均具有音高、音强、音长和音质四个要素，语音是声音的一种，当然也不例外。

（1）音高。

音高指的是声音的高低，它取决于发音体的振动频率。小的、细的、薄的、短的、紧的物体振动快，声音高，而大的、粗的、厚的、长的、松的物体振动慢，声音就低。这就是女人的声音高而男人的声音低的原因，前者声带短而薄，后者声带长而厚。

音高在语言中具有重要作用。音高在汉语等有声调的语言中是形成声调的基础；同时，在任何语言中，音高都是语调的主要构成要素。

（2）音强。

音强指的是声音的强弱，它取决于发音体的振幅。而振幅的大小又取决于发音时用力的大小。用力大，振幅大，声音就强；用力小，振幅小，声音就弱。

音强与响度关系密切，但两者又不是一码事。响度指的是人们在听觉上所感到的声音的强弱，一个强度大的音听起来并不一定比一个强度小的音响亮。也就是说，音强同响度并不构成正比关系，音强只是响度的影响因素之一，音高等也会对响度产生影响。

音强在语言中同样具有重要的作用，它是形成英语、俄语中具有区别意义作用的词的重音以及汉语中的轻声等的基础。

(3) 音长。

音长指的是声音的长短，它取决于发音体振动时间的长短。振动时间越长，声音就越长；振动时间越短，声音就越短。

音长在不少语言和方言中具有区别意义的作用，如英语中“eat（吃）”就读作［iːt］，“it（它）”就读作［it］，前者［iː］为长音，后者［i］为短音。

需要说明的是，对于语言来说，重要的、能起区别意义作用的是相对的音高、音强、音长，而不是绝对的音高、音强、音长。

(4) 音质。

音质指的是声音的品质、特色，所以也叫“音品”，又叫“音色”。音质取决于声波的结构形式。

音质（或声波的结构形式）主要取决以下三个方面的因素：

① 发音体不同。如钢琴的音质不同于口琴，是因为前者的发音体是钢丝弦，而后者的发音体为小簧片。不同的人发同一个音音质有别，是因为两人的声带等发音体不同。

②发音方法不同。同样的发音体，若发音方法不同，也会产生不同的音质。如小提琴，用手指弹奏的音质同用弓演奏的音质就有区别。普通话辅音声母中“b”和“p、d”的不同等，均是因为发音方法略有差异，“b、d、g、j”类发音时不送气，而“p、t、k、q”类发音时要送气。

③发音时共鸣器形状不同。任何物体均有其固有的振动频率。一个静态物体，遇到与其固有振频相同的振动频率的音波，就会受到感应而振动发音。这就叫“共鸣”。

一定频率的声波通过共鸣器，受到共鸣作用，陪音中与共鸣器振动频率相同或相近的频率就会加强，形成振幅高峰，即共振峰。如果通过的共鸣器形状不同，经过改变形成的共振峰自然就不一样，听起来就成了不同的声音。

因此，同样的发音体，同样的发音方法，若共鸣器形状不同，也会造成音质的不同。如小提琴和二胡同是弦乐器，同是用弓演奏，但由于共鸣器形状不同，我们一听就能分辨出是哪种乐器演奏的。普通话舌面元音“ɑ、o、e、ê、 i、u、ü”的音色不同，主要也是由发音时口器这个共鸣器形状的变化造成的。

至于音质在语言中的作用，那是不言而喻的。因为音质是一个声音区别于其他声音的基本特征，是声音的四要素中最为重要的一个，尤其是对人类语言而言。

3. 噪音、乐音、基音、陪音等

前面我们已经指出，声音是由物体振动形成的。而发音体振动有不规则振动和规则振动之分。不规则振动形成噪音，如雷声、枪声、锯声。语音中声带不振动的清辅音也是噪音。

规则振动有简单、复杂之分：前者形成纯音，如音叉发的音；后者形成乐音，如乐器奏出的音。语音中的元音都是乐音。

复杂音由简单音构成，乐音由纯音构成。构成乐音的若干个纯音中频率最低的那个音叫“基音”，其余的都是“陪音”。基音的频率叫“基频”，强度最大，决定着整个乐音的调子（音高变化），陪音的频率是基音的整数倍，陪音决定整个乐音的音质。

三、语音的生理属性

在这个部分，我们主要是弄清人类发音器官的基本构造、主要功能及发音机理，为后面元音、辅音等的发音描写及训练打好扎实的基础。

1. 人类发音器官的构造及其功能

人类的发音器官及其运动是语音的生理基础，决定着语音的生理特征。人类的发音器官根据其所在的位置和不同的功能可以分为三个部分：声门下系统——动力系统、声门系统——调控兼成音系统、声门上系统——深加工系统。下面是人类的发音器官图：

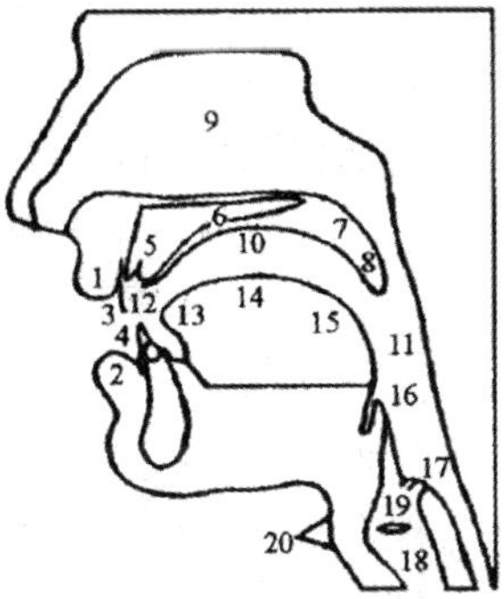

（1,2）上下唇 （3,4）上下齿 （5）齿龈 （6）硬腭 （7）软腭
（8）小舌 （9）鼻腔 （10）口腔 （11）咽腔 （12）舌尖 （13）舌叶
（14）舌面前和舌面中 （15）舌面后或舌根 （16）会厌软骨
（17）食道 （18）气管 （19）声带 （20）喉结

（1）声门下系统——动力系统。

声门下系统主要由肺和气管构成。这是一个动力系统，肺上面有许多肺泡，肺泡的张合产生发音所需的气流，这些气流通过气管输送到声门系统。

（2）声门系统——调控兼成音系统。

声门系统主要由喉头和声带构成。这是一个调控兼成音系统。调控，指的是由气管输送上来的气流在这里得到调节控制，从而形成人类成音所需的语言基本声源脉动气流；成音，指的是借助从肺部上来的气流对声带的冲击使声带振动发音。

（3）声门上系统——深加工系统。

声门上系统主要由三腔构成：咽腔、口腔、鼻腔。其中，咽腔犹如二居室的“客厅”，从声门上来的气流在这里分流，一部分将去“大房间”——口腔，一部分将去“小房间”——鼻腔。这是一个深加工系统，人类语音中所需的各种音素均在这里加工形成，其中舌头的贡献最大，因为舌头最自由灵活，由它深加工而形成的音无论在何种语言中均是最多的，所以我们平时说某人有辩才，善于辞令，就称为“三寸舌”或“三寸不烂之舌”，言语争辩也叫“舌战”。

2. 主动的发音器官和被动的发音器官

人类的发音器官可以根据其能否活动分为两大类：一类是能够活动的，如唇、舌头、软腭、小舌、声带等，我们称之为“主动的发音器官”；一类是不能够活动的，如上齿、齿龈、硬腭等，我们称之为“被动的发音器官”。发音时常由主动的发音器官接触或靠近被动的发音器官，从而发出各种不同的声音。

3. 口音、鼻音、鼻化音

语音可从发音时以什么作为共鸣器的角度而将它分为口音、鼻音和鼻化音三类。

所谓口音，是指发音时气流只从口腔通过并以口腔作为共鸣器的那些音素，如汉语普通话中的“ɑ、o、b、p”等都是口音。

所谓鼻音，是指发音时气流只从鼻腔通过并以鼻腔作为共鸣器的那些音素，如汉语普通话中的“m、n”等都是鼻音。

所谓鼻化音，是指发音时气流同时从口腔、鼻腔通过并以口腔和鼻腔作为共鸣器的那些音素。如汉语苏州话中的“防”读作［bã］，就是一个鼻化音。

四、语音的心理属性

语言不但是人类的交际工具，也是人类的思维工具。因此，语音与人类的心理活动有着极为密切的联系，这就是所谓的“语音的心理属性”。具体表现在以下两个方面：

（1）作为心理现象的主观听觉和语音的客观声学效果之间并不总是一一对应的，同样的，语音声学要素的变化，有时能被感知，有时则并不能被感知，这从语音的物理属性、生理属性中均不能找到答案，而只能从语音的心理属性中得到解释。如人们在主观听觉上对音高的感知与客观的声波频率并不一致，如一个300赫兹的声音，若提高1赫兹，人们就可以感觉得到；而一个3 000赫兹的声音，若提高1赫兹或2赫兹，人们根本感觉不到声音的变化。

（2）人们的听觉感知具有很强的选择性和概括性，当人类的听觉器官在感知语音时，大脑的听觉中枢并非无所作为，而是积极地参与语音的识别，它往往会对听觉器官传递过来的声波进行一定的过滤和筛选，只选择和提取与语音识别有关的声波特征，而舍弃其他的东西。这就是为什么虽然不同的人发同一个音时声波特征大不同，却不会影响人们对其的正确感知——忽略其中的差异，将之听成同一个音。

五、语音的社会属性

语音除了具有物理属性、生理属性和心理属性之外，还具有社会属性。而且语音的社会属性是语音的本质属性，因为语音从本质上看，是一种社会现象。之所以说语音具有社会属性，是因为：

（1）用什么样的语音形式去表达什么样的意义，不是由个人决定的，而是由社会约定俗成的。不同的社会群体，其社会约定各不相同，因此，同一个意义又可以采用不同的语音形式去表达，如“鸡”，汉语普通话读［tɕi］，广东话读［kai］；而同一种语音形式也可以表示不同的意义，如［fei］这个音节，在汉语普通话中可以表示“飞”“非”“妃”等意义，而在英语中则可以表示“fay”，它具有“小妖精、仙女”和“接合、恰好吻合”等意义。

（2）语音具有民族性。各民族语言均有自己的语音系统，在不同的语音系统中，一些相同的语音现象所起的作用也会有所不同。如汉语普通话中的清塞音和清塞擦音可分“送气的”和“不送气的”两组，因为“送气”和“不送气”有区别意义的作用：［pau^{55}］和［p^{h}au^{55}］有别，［tɕiɛn^{214}］与［tɕ^{h}iɛn^{214}］不同；而在英语中，清辅音的这种“送气”和“不送气”却无区别意义的作用，如“stand［stænd］”即使说成［st^{h}ænd］，也不会改变意义，更不会造成误解。

语音的社会属性是其本质属性，其地位高于自然属性。这是因为，在确定某种语言语音的区别意义的作用时，最主导的标准是该语言通行地区的社会约定。例如，汉语辅音“n”和“l”对于南京人和兰州人来说，虽然这两个音的生理属性（发音方式）、物理属性（音质）完全不同，却在社会属性上可以对等，可见社会约定的力量可以超越甚至无视生理属性和物理属性的差异。

第二节 语音学和音素

一、什么是语音学

1. 语音学的研究内容和历史

语音研究是语言学的一个重要组成部分，一般分为两大学科：语音学（Phonetics）和音系学（Phonology）。语音学是一门研究语音产生、传递和感知的科学。它以人类所有语言的语音为研究对象，分析和描写语音的成分和结构，归纳各种语音的发音特点，探究其发展变化的规律。

在语言研究史上，对语音的关注可以上溯到古希腊时期。古希腊人根据听觉印象，分出辅音的强弱、元音的长短，但是仅依靠主观听觉，很难把语音类型区分得细致、科学。真正创立语音的科学描写体系的是古印度的语言学家，他们主要从发音器官的角度研究语音，取得了极高的成就。比如，根据口腔的开合度，把梵语语音分为元音、半元音、摩擦音和闭塞音四大类，并区分出塞音的有声无声（即浊音与清音）、送气与否；甚至对梵语的发音部位已进行了明确的分类，如唇音、齿音、头音（即舌尖音）、腭音（相当于今天所谓的舌叶音、卷舌音）、喉音（即舌根音）等。

由于东汉末年各译师翻译的佛教经典传入我国，中国的语音研究在梵语语音分析方法的影响下开始起步。以佛教大师为首的中国学者们逐渐创立起一套适合汉语音节结构的语音分析法，并发展为一门别具一格的语音学——汉语音韵学。

在近代欧洲，首先对语音学领域作出开拓性贡献的是自然科学家而非人文学家。德国的生理学家布律克最早对欧洲多种主要语言的语音作了详细的发音分析；德国物理学家赫尔姆霍兹从物理学角度，指出元音的主要区别在于音色，而音色则是由共鸣腔的形状决定的。而在16世纪的英格兰，埃利斯、贝尔、斯威特和琼斯等学者的研究工作，促进了不列颠语音学派的建立。19世纪中期，在各国的共同努力下，近代语音学逐渐建立起来。

2. 现代语音学的分类

现代语音学从研究内容来说，主要可以分为发音语音学、听觉语音学和声学语音学三类。发音语音学立足于说话者的角度，主要研究发音的过程，即研究人类各种发音器官如何相互配合，共同发出语音；听觉语音学立足于听话者的角度，主要研究语音的听觉感知过程，即听话者是如何通过耳朵、听觉神经和大脑依次感知语音、理解含义的；声学语音学则研究语音的物理性质，使用示波器和声谱仪等仪器，对语音进行频率和振幅测试，用图谱将语音的物理性质直观地表示出来。

二、音素及其类别

1. 什么是音素

音素是从音质角度划分出来的最小的语音单位。音素的不同取决于音质的不同，“i”和“ü”音质不同，所以是两个音素。

2. 音素的分类

人们往往从发音方法的角度将音素分为元音和辅音两大类。

所谓元音，是指气流振动声带，在口腔或喉头不受阻碍时而形成的音，如汉语拼音方案中的字母“ɑ、o、e、i、u、ü”。元音又叫“母音”。

所谓辅音，是指气流在口腔或喉头受阻碍时而形成的音，汉语拼音方案中除元音以外的音都是辅音。辅音又叫“子音”。

元音和辅音的主要区别在于：

（1）气流受阻与否。发元音时，气流在喉头、口腔畅行无阻，不受任何阻碍；而发辅音时，气流在喉头或口腔受到阻碍，只有冲破这种阻碍才能发出音来。这是元音与辅音发音时最主要的区别。

（2）气流强弱与否。发元音时，气流振动声带发音，已有所消耗，所以气流较弱；而发辅音时，必须冲破阻碍，所以气流较强。

（3）发音器官紧张均衡与否。发元音时，发音器官各部分保持均衡的紧张程度；而发辅音时，只有形成阻碍的那一部分器官保持紧张，如发汉语拼音“bɑ”时，只有上、下唇特别紧张。

三、音标和国际音标

1. 什么是音标

为了准确地把语音记录下来，便于分析研究，必须有一套语音的标写符号，这种用来标写语音（主要是音素）的书面符号，就叫“音标”。比如我国的注音字母就是标写现代汉语语音的音标，汉语拼音方案则是其使用规范。

2. 国际音标

国际音标是国际语音协会（最初叫“语音学教师协会”）于 1888 年 8 月公布并开始使用的，后来经过多次增补和修订，成为国际上通用的音标。

国际音标是根据“一个音素只用一个音标表示，一个音标只标写一个音素”的原则制定的，它具有以下的优点：

（1）遵循“一音一符，一符一音”的原则，将音素与标写符号一一对应，从而避免了混淆。

（2）以世界上很多民族通用的拉丁字母的小写印刷体为基础，便于学习和掌握；而且必要时可采用拉丁字母的大写、倒写、草写、合体或添加特殊符号等办法来加以补充，还可借用希腊字母，从而增强了这套符号的灵活性和应变性。

（3）符号相当完备，能够比较精确地记录世界上各种语言的语音。

国际音标有严式标音和宽式标音两种。

所谓严式标音，是一种精确详尽地反映发音的细微特色和差别的标音方法；所谓宽式标音，则是一种不注意发音的细微特征和差别、相对概括的标音方法。前者需要对同一音位中不同音位变体间那些不具有区别意义作用的发音特征给予反映，不同的变体采用不同的符号；而后者则不必，同一系统的不同音位变体均采用同一个符号。

我国的语言学者也都使用这套国际统一的记音符号，为了避免其同汉语拼音字母或其他符号相混，在使用国际音标时一般加［ ］标注。

四、元音的分类及其描写

1. 元音的分类

元音音质的不同主要取决于共鸣器的形状，而共鸣器的形状又取决于舌头活动的位置及唇形的变化。其中舌头活动的位置又包含三种状态：①发音时舌头起作用的部位；②舌位的前后变化；③舌位的高低变化。元音的音质就取决于上述三种状况，而且无论是哪种状况，均可给元音分类：

（1）从发音时舌头起作用的部位来看，可把元音分为舌面元音、舌尖元音和卷舌元音。

舌面元音是由舌面起作用发出的元音。舌面元音有高低、前后、圆唇不圆唇的区别。语言中的元音绝大多数是舌面元音。如汉语普通话中的［A］［o］［ɤ］［i］［u］［y］［ɛ］等都是舌面元音。

舌尖元音是由舌尖起作用发出的元音。舌尖元音有前后、圆唇不圆唇的区别。如汉语普通话中的［ɿ］（“子”的韵母）和［ʅ］（“师”的韵母）就是舌尖元音。

卷舌元音是由舌面和舌尖同时起作用发出的元音，即发舌面元音的同时舌尖向硬腭翘起而发出的音。如汉语普通话中的［ɚ］（“儿”字的读音）。

（2）从发音时舌位的前后变化来看，可把元音分为前元音、央元音和后元音。

前元音是发音时舌位在前，即舌面前部抬起而形成的元音，如汉语普通话中的［i］［y］［ɛ］［a］等就是前元音。

央元音是发音时舌位居中，即舌面中部抬起而形成的元音，如汉语普通话中的［ᴀ］（“啊”字的读音）、［ə］（“根”字的韵腹）、［ɚ］等。

后元音是发音时舌位在后，即舌面后部抬起而形成的元音，如英语中的［u］［ʌ］［ɔ］［o］等就是后元音。

（3）从发音时舌位的高低变化来看，可把元音分为高元音、次高元音、半高元音、中元音、半低元音、次低元音和低元音。

其中，高元音是发音时舌位抬到最高时形成的元音，如汉语普通话中的［i］［y］［u］等就是高元音。由于要抬高舌位，就必须把嘴闭小，即缩小开口度，所以高元音又叫“闭元音”。

低元音是发音时舌位降到最低时形成的元音，如汉语普通话中的［a］（“甘”字的韵腹）、［ɑ］（“高”字的韵腹）就是低元音。由于降低舌位，就必须把嘴张大，即增加开口度，所以低元音又叫“开元音”。

（4）从发音时唇形的变化来看，可把元音分为圆唇元音和不圆唇元音。

圆唇元音是发音时两唇收圆而形成的元音，如汉语普通话中的［y］［u］［o］等就是圆唇元音。

不圆唇元音是发音时两唇展平不收圆而形成的元音，如汉语普通话中的［i］［ɛ］［ᴀ］［ɤ］等就是不圆唇元音。

（5）此外，元音还可根据发音所依赖的共鸣器的不同，分为口元音和鼻化元音。

口元音是单纯利用口腔作为共鸣器发出的元音，前面我们在讨论舌面元音、前元音、高元音、卷舌元音等时所列举的例子均为口元音。

鼻化元音是同时利用口腔和鼻腔两个共鸣器发出的元音，如汉语北京话“灯儿”［tə̃r］、上海话“党”［tã］。国际音标用“～”符号放在元音音标上头，表示鼻音化。

2. *元音的描写*

上面我们已经说过，元音音质的不同取决于共鸣腔的不同形状，取决于舌位的高低、前后的差异，取决于唇形的圆展，因此，任何元音的描写均可以从上述三个方面着手。我们需要掌握的是下面这张“舌面元音舌位图”中的14个元音及舌尖元音［ɿ］［ʅ］的发音特征的描写。

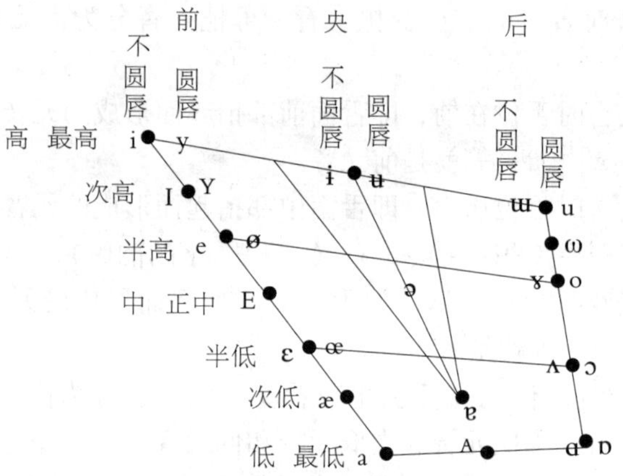

其中，［i］［e］［ε］［a］［u］［o］［ɔ］［ɑ］八个元音被称为“标准元音”或“基本元音”，因为它们可以作为其他元音舌位描写的基准。

下面我们提供一些元音的描写分析，①打＊号者为必须掌握的元音。

［ɿ］* 舌尖前、高、不圆唇元音。主要见于汉语中，如“资、雌、思”的韵母便是，日语假名“す［sɿ］、つ［tsɿ］、ず［dzɿ］、づ［dzɿ］”中的元音也接近于［ɿ］。［ɥ］是［ɿ］的相对圆唇元音，主要见于汉语的方言中。

［ʅ］* 舌尖后、高、不圆唇元音。主要见于汉语中，如“知、吃、诗、日”的韵母便是，［ɥ］是［ʅ］的相对圆唇元音，主要见于汉语的方言中。

［i］* 舌面前、高、不圆唇元音，各语言中都有，如汉语“衣”字为“yi［i］”、俄语“И［i］（和）”、法语“vie［vi］（生命）”、日语“い［i］”段假名所含的元音。英语和德语的这个音素主要是长元音［iː］，如英语“eat［iːt］”、德语“Biene［ˈbiːnə］（蜜蜂）”。

［y］* 舌面前、高、圆唇元音，是［i］的相对圆唇元音。如汉语普通话的“迂”字为“yu［y］”、法语“vue［vy］（视觉）”。德语中这个音素主要是长元音［yː］，如“Düne［ˈdyːnə］（沙滩）”。

［I］舌面前、次高、不圆唇元音。主要是英语和德语中的短“i”，如英

① 下面这部分内容摘自戚雨村主编的《语言学引论》（上海外语教育出版社1985年版）附录一“常见基本元音释例”，引用时作了一些删改。

语“it [ɪt]”、德语“Kind [kɪnt]（小孩）”。

[Y] 舌面前、次高、圆唇元音，是 [ɪ] 的相对圆唇元音。主要是德语的短“Y”，如“Füllen [ˈfYlən]（装满）”。

[e]* 舌面前、半高、不圆唇元音。如英语“pen [pen]”、德语“Beet [beːt]（花坛）”、法语“été [ete]（夏天）”。其中，法语和德语的 [e] 舌位较高，英语的 [e] 舌位略低。汉语普通话二合元音“ei [ei]”也含这个元音，如“飞”字为“fei [fei]”。

[ø] 舌面前、半高、圆唇元音，是 [e] 的相对圆唇元音。主要见于德语和法语中，如德语“Löwe [ˈløːvə]（狮子）”、法语“deux [dø]（二）”。汉语方言中也能见到这个元音。

[ɛ]* 舌面前、半低、不圆唇元音。如德语“Bett [bɛt]（床）”、法语“fait [fɛ]（行为）”。俄语音位 [e] 的典型变体（前后没有腭化辅音并重读时）也发这个元音，如“этот [ˈɛtʌ]（这个）”。汉语普通话感叹词“唉”ê 的音素 [ɛ] 和二合元音“耶 ye [iɛ]”与“约 yue [yɛ]”。英语二合元音 [ɛ] 中的主要元音也是这个音素，如英语“air [ɛə]”。

[æ] 舌面前、次低、不圆唇元音。主要见于英语中，如“man [mæn]”。汉语普通话韵母“ian”与“üan”中的主要元音也发这个音素，如“天”字为“tian [tʰæn]”、“宣”字为“xuan [ɕyæn]”。

[a]* 舌面前、低、不圆唇元音。法语的 [a] 是较典型的“前 a”，如“patte [pat]（爪子）”。俄语非腭化辅音间重读的“a [a]”也接近于 [a]，如“там [tam]（那里）”。汉语普通话韵母“ai，an”（如“爱、安”）中的韵腹（主要元音）也是 [a]。

[u]* 舌面后、高、圆唇元音。各语言都有，如汉语“乌”字为“wu [u]”、俄语“рука [ruˈka]（手）”、法语“bouche [buʃ]（嘴）”。英语和德语中这个元音主要是长元音，如英语“two [tuː]”、德语“Hut [huːt]（帽子）”。

[ʊ] 舌面后、次高、圆唇元音。主要是英语和德语的短“u”，如英语“book [bʊk]”、德语“Hund [hʊnt]（狗）”。

[o]* 舌面后、半高、圆唇元音。如汉语普通话“bo [po]”、德语（多是长音）“Hof [hoːf]（庭院）”、法语“beau [bo]（美丽的）”。

[ɤ] 舌面后、半高、不圆唇元音，是 [o] 的相对不圆唇元音。主要是汉语普通话单元音 e 的发音，如“e [ɤ]、de [tɤ]、ge [kɤ]、zhe [tʂɤ]”。

[ɔ]* 舌面后、半低、圆唇元音。如德语“Dock [dɔk]（船坞）”、法语“pomme [pɔm]（苹果）”。英语中有长短两个 [ɔ]，短 [ɔ] 的舌位略低于长 [ɔː]，接近于 [o]，如“law [lɔː]”和“dog [dɔg]”。俄语重读的“o”中

的基本成分也是［ɔ］，如“тот［tʰɔt］（那个）”。汉语方言中也能见到这个元音。

［ʌ］* 舌面后、半低、不圆唇元音，是［ɔ］的相对不圆唇元音。主要见于英语中，如“study［ˈstʌdɪ］”。汉语普通话音节“weng［uʌŋ］”中的主要元音也是这个音素。俄语非重读“о、а”的读音之一，如“вода́［vʌˈda］（水）”“ва́за［ˈvazʌ］（花瓶）”。

［ɑ］* 舌面后、低、不圆唇元音。如英语“car［kɑː］”、法语“pate［pɑːt］（面团）”。德语中有长短两个舌位略偏前的［ɑ］，如“Staat［ʃtɑːt］（国家）”和“Stadt［ʃtɑt］（城市）”。汉语普通话韵尾“-ng”和“-u”前的“ɑ”也发成［ɑ］，如汉语拼音“dɑng、dɑo”中的主要元音为［ɑ］。［ɒ］是［ɑ］的相对圆唇元音，汉语方言中能见到。

［ɨ］舌面央、高元音。主要见于俄语中，如“мышь［mɨš］（老鼠）”。

［ə］* 舌面央、中元音。发这个元音时，唇、舌最接近于静止的状态，因此这个元音主要出现在非重读或轻声的弱化位置，如英语“again［əˈgein］”、俄语“хорошо［xərʌˈšɔ］（好）”、德语“Löwe［ˈløvə］（狮子）”、法语“celui［səˈlɥi］（这个）”。汉语普通话轻声的“de、le”等中的元音以及韵母“ou、en”（如“藕、恩”的发音）的主要元音也都是［ə］。此外，还有一个舌位略高于［ə］的音素，如英语的长［əː］，如“bird［bɜːd］”。汉语普通话韵母“uo”中的主要元音“o”（如“我”）及 er 等卷舌元音（如“二、耳、尔”）的舌面也都接近这个较高的［əː］。

［A］* 舌面央、低元音。汉语普通话中，“ɑ”作为单音词或作为单元音与非舌面辅音组合时都发成［A］，如汉语拼音“ɑ［A］”“bɑ［pA］”。

五、辅音的分类及其描写

1. 辅音的分类

气流在发音时受阻是辅音最主要的特征，所以通常将辅音的发音过程分为成阻、持阻、除阻三个阶段。辅音音质的不同自然就同形成阻碍的部位及阻碍的方式有关。

所谓成阻，是指发音器官从静止状态进入发某个辅音所必须构成阻碍的状态。如发舌尖音“d［t］”时软腭上升，舌尖抵住上齿龈；发唇音“b［p］”时软腭上升，双唇紧闭。

所谓持阻，是指发音器官保持成阻的状态，即发音器官从开始成阻到最后除阻的一种中间过程。

所谓除阻，是指发音器官解除阻碍，恢复到原来的静止状态。如发“d

[t]”时舌尖离开上齿龈，发“b [p]”时嘴唇由闭而开。

依据成阻的部位，可以把辅音分为：唇音、唇齿音、齿间音、舌尖前音、舌尖后音、舌叶音、舌面前音、舌面中音、舌面后音、小舌音、喉音十一类。我国古代所谓的五音：唇、舌、齿、牙、喉音，也是着眼于成阻部位的分类。

依据阻碍的方式，可以把辅音分为：塞音、塞擦音、擦音、鼻音、边音、颤音、闪音、半元音八类。

有些辅音，成阻部位相同，阻碍方式也相同，可音质却有异，主要有下列两种情形：

①[p]类和[pʰ]类。后者在发音时气流要强于前者。

②[b]类和[p]类。前者发音时声带振动，后者不振动。

于是，人们又依据气流强弱的程度，将辅音分为送气音、不送气音两类。还依据声带振动与否，将辅音分为清音和浊音两类。

这四种状况，又构成辅音音质描写的全部内容。辅音的描写同样也是辅音部分最重要的话题。

唇音：下唇和上唇接触形成阻碍而发出的辅音。如汉语普通话中的“b [p]、p [pʰ]、m [m]”，英语“baby [beibi]”中的[b]。

唇齿音：下唇和上齿接触，形成阻碍而发出的辅音。如汉语普通话中的“f [f]”，英语“vest [vest]”中的[v]。

齿间音：舌尖置于上下齿之间形成阻碍而发出的辅音。如英语“think [θiŋk]”中的[θ]，“this [ðis]”中的[ð]。

舌尖前音：舌尖和上齿背或上齿龈接触形成阻碍而发出的辅音。① 如汉语普通话中的“z [ts]、s [s]、d [t]”。

舌尖后音：舌尖和硬腭前部接触形成阻碍而发出的辅音。如汉语普通话中的“zh [tʂ]、sh [ʂ]”。

舌叶音：舌叶（舌尖与舌面前部之间的一小段）和上齿龈后部以及硬腭前部接触形成阻碍而发出的辅音。如英语“choice [tʃɔis]”中的[tʃ]，“joke [ʤəuk]”中的[dʒ]。

舌面前音：舌面前部和硬腭前部接触形成阻碍而发出的辅音。如汉语普通话中的“j [tɕ]、x [ɕ]”。

舌面中音：舌面中部和硬腭后部接触形成阻碍而发出的辅音。如英语“yellow [ˈjeləʊ]、yet [jet]”中的[j]。

---

① 舌尖抵住上门齿背发出的音为舌尖前音，由舌尖和上齿龈对发音气流构成阻碍而发出的音为舌尖中音，本书将两者统称为“舌尖前音”。

舌面后音：又叫“舌根音”，舌面后部和软腭接触形成阻碍而发出的辅音。如汉语普通话中的“g［k］、h［x］”，英语“get［get］”中的［g］。

小舌音：舌根和小舌接触形成阻碍而发出的辅音，如威宁苗语“［qau］（庄稼）”中的［q］，浙江永康话“［χu］（虎）”中的［χ］。

喉音：声带靠拢或靠近形成阻碍而发出的辅音，如苏州话“［ɦɒ］（鞋）”中的［ɦ］，英语“help［help］”中的［h］。

塞音：也叫“爆发音”“破裂音”“闭塞音”，发音时，发音器官阻塞气流，然后突然放开，让气流骤然冲出而成音，如［p］［b］［k］［g］等均为塞音。

擦音：也叫“摩擦音”，发音时，发音器官不完全闭塞，从而造成缝隙，让气流从中摩擦而出成音，如［f］［ǿ］［x］等均为擦音。

塞擦音：由塞音、擦音紧密结合而成。发音时，发音器官先是完全闭塞气流，然后渐渐放开，形成缝隙，让气流从中摩擦而出成音，如［ts］［tɕ］［ʤ］等均为塞擦音。

边音：发音时，舌尖和上齿龈或硬腭接触，使口腔中部或一边形成阻碍，然后让气流从舌头两边或一边的空隙中流出而成音，如“l［l］”。

颤音：发音时，由带有弹性的舌尖或小舌多次颤动而成音，如俄语的“ɲ［pɛ］”和法语的“r［ɛːr］”。

闪音：一种变相的颤音，发音时，由带有弹性的舌尖或小舌颤动一次而成音。如英语“very［veɾi］”中的［ɾ］。

半元音：发音时，声带颤动，开口度略大于擦音，阻碍很小，气流通过时只有极轻微的摩擦，是介于元音和辅音之间的一种辅音，如英语“yet［jet］”中的［j］、“walk［wɔːk］”中的［w］。

清音：也叫“不带音”，发音时声带不振动的辅音，如汉语普通话中的“p［pʰ］、t［tʰ］、g［k］”等。

浊音：也叫“带音”，发音时声带振动的辅音，如汉语普通话中的“m［m］、n［n］、r［ʐ］”。

送气音：塞音、塞擦音中除阻时外出气流较强的那部分，如汉语普通话中的“p［pʰ］、q［tɕʰ］、ch［tʂʰ］”等。

不送气音：塞音、塞擦音中除阻时外出气流较弱的那部分，如汉语普通话中的“b［p］、j［tɕ］、zh［tʂ］”等。①

---

① 从阻碍的方式来分类，辅音还有鼻音这一类，因已在前面讨论过，这里就不赘述了。

2. 辅音的描写

关于辅音发音特征的分析、描写，可以依据我们在本节末提供的辅音表来进行，为了便于初学者理解和掌握，我们在这里提供一些常见辅音的分析、描写①供参考。

[r] 舌尖前、浊、颤音。如俄语“роза [ˈrɔzʌ]（玫瑰）”、德语“Rübe [ˈryːbə]（萝卜）”、法语“rond [rɔ̃]（圆的）”。

[ʂ] 舌尖后、清、擦音。主要见于汉语普通话中，如“诗”字“shi [ʂʅ]”。

[ʐ] 舌尖后、浊、擦音。是 [s] 的相对浊辅音，主要见于汉语普通话中，如“日”字“ri [ʐʅ]”。

[tʂ] 舌尖后、不送气、清、塞擦音。主要见于汉语普通话中，如“知”字“zhi [tʂʅ]”和“吃”字“chi [tʂʰʅ]”。

[ɕ] 舌面前、清、擦音。如汉语普通话“希”字“xi [ɕi]”。

[tɕ] 舌面前、不送气、清、塞擦音。如汉语普通话“基”字“ji [tɕi]”。

[j] 舌面中、浊、半元音。在较多语言中，[j] 是浊辅音，如英语“yes [jes]”、俄语“юношеский [ˈjunɨj]（少年的）”、法语“fille [fij]（女儿）”。汉语普通话中“i [i]”在零声母后也接近于 [j]，如“烟”字“yɑn [jæn]”。德语的 [j] 是浊辅音，如“Jung [juŋ]（年轻的）”。

[x] 舌根、清、擦音。如汉语普通话“花”字“huɑ [xua]”、俄语“хор [xɔr]（合唱队）”。

[k] 舌根、不送气、清、塞音。多数语言中都有，如汉语普通话“光”字“guɑng [kuɑŋ]”、英语“school [ɛkuːl]”、俄语“клубок [kluˈbɔk]（线团）”、德语“Kunst [kunst]（艺术）”、法语“cuvette [kyvɛt]（脸盆）”、日语“か [ka]”行假名的辅音。

[ɡ] 舌根、浊、塞音，是 [k] 的相对浊辅音。如英语“gay [ɡei]”、俄语“гайка [ˈɡajkʌ]（螺帽）”、德语“Gut [ɡuːt]（财富）”、法语“garçon [ɡaʀˈsɔ̃]（男孩）”。

[ŋ] 舌根、浊、鼻音。如汉语普通话“明”字“ming [miŋ]”、英语“finger [ˈfiŋɡə]”、德语“Jüngling [ˈjyŋlɪŋ]（青少年）”。

[χ] 小舌、清、擦音。主要见于德语中，如“Macht [maχt]（力量）”。

[ʀ] 小舌、浊、颤音。德语和法语中“r”较普遍的发音是小舌浊颤音，

---

① 下面这部分内容摘自戚雨村主编的《语言学引论》（上海外语教育出版社 1985 年版）附录一“常见基本辅音释例”，引用时作了一些删改和修订。

如德语“Recht［ʀɛçt］（权利）”、法语“rire［ʀiːʀ］（笑）”。

［ʔ］喉、清、塞音。这个辅音是由声带爆破发出的，所以没有相对的浊辅音。德语中以元音开始的词，包括构成复合词时，在首元音前常有这个音素的成分（叫作“强成阻”），如“Akzent［ʔakˈtsɛnt］（重音）”“Unordnung［ʔunʔɔrdnʊŋ］（紊乱）”。汉语方言中有以这个辅音作声母或入声韵尾的。

［h］喉、清、擦音。如英语“home［həum］”、德语“Haben［ˈhaːbn］（有）”。［ɦ］是喉浊擦音，是［h］的相对浊辅音，汉语方言中能见到。

辅音表

发音方法＼发音部位			双唇	唇齿	齿间	舌尖前	舌尖后	舌叶	舌面前	舌面中	舌面后	小舌	喉
塞音	清	不送气	p			t					k		ʔ
		送气	p^h			t^h					k^h		
	浊	不送气	b			d					g		
		送气	b^h			d^h					g^h		
塞擦音	清	不送气				ts	tʂ	tʃ	tɕ				
		送气				ts^h	$tʂ^h$	$tʃ^h$	$tɕ^h$				
	浊	不送气						dʒ					
		送气						$dʒ^h$					
鼻音	浊		m	ɱ		n			ȵ		ŋ		
颤音	浊					r						R	
闪音	浊					ɾ	ɽ						
边音	浊					l	ɭ						
擦音	清		Φ	f	θ	s	ʂ	ʃ	ɕ	ç	x	χ	h
	浊		β	v	ð	z	ʐ	ʒ	ʑ				
半元音	浊		w	ʋ			ɻ			j（ɥ）	（w）		

第三节 音系学和音位

一、什么是音系学

1. 音系学的研究内容

音系学是研究特定语言中的语音系统及其分布状况的学科。它与语音学不同的是，语音学研究人类所有语音的各种具体特点，而特定的语言只能利用这些特点中的很小一部分，将其组织成一个对立且统一，并与意义紧密关联的系统，这种语音的区别性系统正是音系学研究的重点。

一种语言的语音系统包括这种语言的全部音位、音位的聚合和组合关系。专门研究音位理论，提取和归纳特定语言的音位，并探究其组织形式、变化规律的学科就叫作音位学。结构主义语言学对音位理论极为重视，认为一种语言语音系统的所有方面都可以用音位来分析解释。因而，今天我们所说的“音系学”，基本等同于“音位学”，这两个概念可以通用。

2. 布拉格学派和音位学的建立

音系学的研究始于19世纪晚期。波兰语言学家博杜恩·德·库尔德内和他的学生克鲁舍夫斯基最早提出了“音位”的概念，在欧洲许多语言学家开拓性的努力下，音系学开始与语音学区分开来。

1926年，布拉格学派成立，这是音系学史上的大事。该学派以音位研究著称，因而又被称为“音位学派”。学派代表作是特鲁别茨科依的《音位学原理》，其中明确提出音位学是一门独立的学科，并主要以对立原则来研究音位的辨义功能。布拉格学派首次阐明了音位学的学科地位和研究范围，提出了一整套音位研究的理论原则和方法论，从而使音位研究在欧美得以迅速推广，音位学于20世纪二三十年代被稳固地建立起来。

二、什么是音位

音位是在特定的语言或方言中从语音的社会功能角度划分出来的具有区别意义作用的最小的语音单位。从这个定义我们可以推知以下几点：

（1）音位具有辨义功能。

每种语言中都有一定数量的音素，这些音素从音质角度看均存在差异。这些音质有差异的音素从社会功能看，有两种不同的性质：一种仅仅是音质差异，与意义的差异无关，如汉语北京话中［uA^{55}］（“wɑ”音）常读成［vA^{55}］，［u］同［v］仅是音质不同，并不具有区别意义的功能；另一种则不仅是音质的差异，而且还能表示不同的意义，如汉语普通话中［tA^{55}］（答）同［t^{h}A^{55}］（他）词义的不同就是靠［t］和［t^{h}］来区别的。后者就是我们这里所讨论的音位，它们具有区别意义的作用，这种区别意义的作用就叫“辨义功能”。

音位不仅具有辨义功能，而且还是具有辨义功能的最小的语音单位。具有辨义功能的语音单位除音位之外，还有音节以及长短不一的音节组合。但无论是音节还是音节组合，都不是最小的语音单位，因为它们还可以切分出更小的语音单位。只有音位不能再切分出更小的语音单位，所以是具有辨义功能的最小的语音单位。

（2）音位是由一组彼此的差别没有辨义作用而音感上又相似的音素概括而成的音类。

音位是由一组音素概括而成的，从这个意义上说，音素是构成音位的基础，但音位同音素有别：音素是从音质角度划分出来的语音单位，音质的不同能表明音素的不同；而音位则是从辨义功能角度划分出来的语音单位，所以音质的不同并不能表明音位的不同。而只有当这种音质差异赋予了区别意义的功能，这时候具有不同音质的音素才能成为不同的音位；否则，纵然音质差异明显，也会因没有区别意义的功能而归并为同一个音位，所以音位同音素并不对等。

（3）音位是属于特定的语言或方言。

音位总是属于特定的语言或方言，不存在超语言或超方言的音位。不同的语言所具有的音位以及音位的内容也各不相同，所以不少表面上看来相同的音位实际上并不对等。在特定的语言里，属于不同音位的音素，即使外人听起来差别很小，也能彼此区别意义，并为使用该语言的人们所感知；而属于同一音位的几个音素，有时候外人听起来差别很大，也并不能区别意义，该语言的使用者对此也不敏感。可见，离开特定的语言或方言，是无法从音素中概括出音位来的。

音位的标写方式是在国际音标符号的两侧各加一条斜线，如“a”音位就标为/a/。

音位理论对特定语言或方言里的所有音素并非一视同仁，而是根据它们在语言中的作用区分出重要与否。凡是具有辨义功能的，就是重要的，即使它们之间的音质差异不大，也须设立为不同的音位，以便严加区分；凡是不具有辨义功能的，就是不重要的，即使音质差异明显，也不必严加区分，而将它们归在同一个音位里。这样，特定语言或方言中数目不菲的音素就可以归纳成一套数量有限的音位，从而使语音系统的结构特征得以呈现出来。这便是音位理论的基本原理。

三、归纳音位的原则和方法

归纳音位的原则通常有三种，即语音的辨义功能、互补分布和音感差异。需要说明的是，这三种标准的立足点是截然不同的。

（1）辨义功能。辨义功能着眼的是音位的对立，如果两个音素的语音差异可以造成意义的不同，那么这两个音素就可以考虑划为两个不同的音位。所以，所谓辨义功能，讲的是音位的“分”。依据辨义功能确定音位，我们常采用替换法。

例如，要确定［n］［l］在汉语普通话或南京话里是一个音位还是两个音位，可以作如下操作：

①先设置一个语音环境，如“-ɑo”；

②然后分别将［n］［l］置于此环境中，形成“nɑo”和“lɑo”两个音节；

③考察这两个音节中的［n］和［l］有无区别意义的作用。

其结果是，在普通话里，［n］和［l］有区别意义的作用，应分为两个音位。而在南京话里，［n］和［l］没有区别意义的作用，应归属同一个音位。

（2）互补分布。互补分布着眼于音位的同一性，亦即非对立性。即使两个音素有语音差异，它们也往往处于互补分布的状态，在甲出现的位置不会出现乙，那么这两个音素就可以考虑归为同一个音位。所以，互补分布讲的是音位的“合”。

（3）音感差异。有些处于互补分布状态的音素，人们似乎很难接受将它们归为同一个音位。于是，音感差异便作为对互补分布的补充、约束的标准：如果处于互补分布中的两个音素，在这种语言的使用者听来音感差异明显，那么这两个音素还是要考虑分属于两个不同的音位。所以，音感差异讲的也是音位的“分”。

四、音位和音位变体

不具备辨义功能的音素或处在互补分布状态、音感差异不大的音素归属同一个音位，这些同属一个音位的不同音素就是音位变体。

音位变体中的变体同通常意义上的变体，如邮票变体，并不一样。邮票变体有母体（或称“标准体”）存在，它是因为母体漏色、颠倒、漏印等而形成的；而音位变体则没有母体存在，每一个音位变体均是该音位的代表，均是标准体。音位同音位变体的关系是抽象与具体、一般与个别的关系，类似于语言同言语的关系，即音位是从音位变体中抽象概括而来的，而音位变体则是音位的具体体现。音位存在于音位变体之中，没有音位变体也便无所谓音位。

音位变体依据其划分标准的不同，可以分为自由变体和条件变体两类。

可以出现在同一位置却不具有辨义功能的几个音素叫“自由变体”。如南京话中的［n］和［l］，普通话里的［u］和［v］。

处于互补分布状态而同属一个音位的几个音素叫“条件变体”。如英语中/p/的两个音位变体——［p］和［p^h］，普通话里的/a/的几个音位变体——［a］［ε］［A］［ɑ］等。

五、音质音位和非音质音位

音位依据其构成的材料来划分，可分为两大类。一类是音质音位，是由音素构成的，也叫“音段音位”。其中由元音音素构成的叫“元音音位”，由辅音音素构成的叫“辅音音位”。另一类是非音质音位，又叫“超音段音位”，它们不是以音质作为基础构成的，而是以音高、音强、音长作为基础构成的。

其中，以音高作为基础构成的音位叫“调位”。如现代汉语的阴平、阳平、上声、去声等，均有区别意义的作用，均为调位。

以音强、音长、音高等综合因素作为基础而构成的音位叫“重位”。如俄语中，“Мýка［ˈmuka］”，表痛苦之义。“Мукà［muˈka］”，表面粉之义。汉语中的轻声也是一种重位。

以音长作为基础而构成的音位叫“时位”。如英语中，“feel”念［fiːl］，表感觉之义。“fill”念［fil］，表装满之义。又如广州话中，“三”念［sàːm］；“心”念［sàm］；“街”念［kaːi］；“鸡”念［kai］。

六、区别性特征和音位聚合

语言中的每一个音位之所以能互相区别意义，是因为每一个音位都有一些特殊的、不同于其他音位的语音特征。这种具有区别音位作用的语音特征叫“区别（性）特征”。不同的音位正是通过其区别特征来实现其区别意义的功能的。如汉语普通话中，/t/通过“不送气”与/t^h/相区别，通过“舌尖前”同/k/相区别，通过“闭塞”同/n/相区别，所以“舌尖中”“闭塞”“不送气”三个语音特征便是/t/的区别特征。

语言中每一个音位都可以分解为几个区别特征。音位之间的对立实际上是音位的区别特征的对立，也就是说，音位的辨义功能归根结底是由区别特征来承担的，从这个意义上说，音位完全可以定义为一组区别特征的集合。

音位的区别特征可以根据语音的声学特征来确定，也可以根据语音的生理特征来确定。但后者比较容易让人领会，因为我们已经大致掌握了发音原理。例如，每个元音都有自己的舌位和唇形，每个辅音都有自己的发音部位和发音方法，这些都可以作为确定区别特征的依据和基础。我们所举的/t/的区别特征就是根据语音的生理特征来确定的。

音位的区别特征通常表现为二项对立，即每个方面的特征总是具有“是”与“非”两个对立项，所以音位的区别特征一般都是按照二元的偶分法来确定的，也就是把音位的区别特征划分为若干个二元偶分组，每个二元偶分组都表示某一方面两个彼此对立的语音特征，如“清音/浊音”“口音/鼻音”“送气/不送气”“带音/不带音”等。

正因为区别特征往往表现为二项对立，所以一种语言或方言的部分或全部音位的区别特征的分析就可以用矩阵表来反映，用“ + ”表示“是”，或表示斜线前的特征，用“ - ”表示“非”，或表示斜线后的特征。下面是英语辅音的区别特征矩阵表：

	r	l	m	v	f	b	p	n	ð	θ	d	t	z	s	ǰ	č	ž	š	ŋ	g	k	h
元音的	+	+	−	−	−	−	−	−	−	−	−	−	−	−	−	−	−	−	−	−	−	−
辅音的	+	+	+	+	+	+	+	+	+	+	+	+	+	+	+	+	+	+	+	+	+	+
高	−	−	−	−	−	−	−	−	−	−	−	−	−	−	+	+	+	+	+	+	+	−
后	−	−	−	−	−	−	−	−	−	−	−	−	−	−	−	−	−	−	+	+	+	−
低	−	−	−	−	−	−	−	−	−	−	−	−	−	−	−	−	−	−	−	−	−	+
前部的	−	+	+	+	+	+	+	+	+	+	+	+	+	+	−	−	−	−	−	−	−	−
舌尖音	+	+	−	−	−	−	−	+	+	+	+	+	+	+	+	+	+	+	−	−	−	−
延续的	+	+	−	+	+	−	−	−	+	+	−	−	+	+	−	−	+	+	−	−	−	+
鼻音	−	−	+	−	−	−	−	+	−	−	−	−	−	−	−	−	−	−	+	−	−	−
边音	−	+	−	−	−	−	−	−	−	−	−	−	−	−	−	−	−	−	−	−	−	−
粗糙的	−	−	−	+	+	−	−	−	−	−	−	−	+	+	+	+	+	+	−	−	−	−

注：引自徐通锵《基础语言学教程》。

语言中的音位不但以自己的区别特征同其他的音位相对立，同样也以自己的区别特征同其他有共同特征的音位相联系，并聚合成群。如汉语普通话的/p/同时处在两个聚合群中，从发音部位来看，它应是双唇聚合群/p p^h m/的成员；从发音方法来看，它又是不送气塞音聚合群/p t k/的成员：

p	t	k
p^h	o	o
m	o	o

纵行是双唇聚合群，横行是不送气塞音聚合群，/p/处于这两个聚合群的交汇处。处于上述聚合关系中的音位，结构上具有对称性的特点：/p/的双唇聚合群中既然有送气的塞音/p^h/和鼻音/m/与之对立，那么/t//k/两行肯定也会有相应的同部位的送气塞音/t^h//k^h/和鼻音/n//ŋ/与之对立，相互间呈现出平行的、对称的系列。这样上表中的“o”就可以分别用/t^h//n/和/k^h//ŋ/去填补，成为：

p	t	k
p^h	t^h	k^h
m	n	ŋ

纵行与纵行平行、对称，横行与横行平行、对称。我们只要知道某一个音位的特征，就能大体推知和它处于同一聚合群中的其他音位的特征了。

第四节　音位的组合

一、音节及其划分

1. 什么是音节

音节是由音位和音位构成的最小的语音结构单位，也是人们听觉上能感觉到的最小的语音结构单位。一个音节可以由一个音位构成，如汉语中的“阿[a]”，也可以由两个或两个以上的音位构成。在汉语中，一个音节最多可以包含四个音位。

2. 音节的划分

音节的划分一直是一个困扰语音学家的难题，比较著名的有古希腊人的“元音说”和丹麦叶斯泊森的“响度说”。目前国内比较通行的是“肌肉紧张度说”，这一理论是苏联语言学家谢尔巴院士提出的。该理论认为：人们每发一个音节，喉部肌肉就出现一次紧张。肌肉的每一次紧张过程又可以分为渐强、最强、渐弱三个阶段，其中最强阶段叫“音峰”；渐弱阶段和下一次紧张的渐强阶段的交界之处紧张程度最低，叫“音谷”，音谷所在的地方便是音节之间的分界处。比如汉语普通话［ɕian］这一串音，如果发音时肌肉紧张一次，就形成一个音节［ɕian^{55}］（先）；如果发音时肌肉紧张两次，就形成两个音节［$\text{ɕi}^{55}\text{an}^{55}$］（西安）。

3. 音渡及其作用

人们说话时，音位与音位是连接在一起形成连续的语流的。在一定的语流中，音位之间为了更好地衔接，会根据自身性质的不同而采取不同的过渡和连接方式，这些方式就叫“音渡”。由于发生在音节内部的音渡和发生在音节之间的音渡有所差异，所以音渡可以帮助我们分辨音节的界限。如汉语普通话［fanan］这一串音，如果中间的［n］对前面的元音起了一定的鼻化作用，那就表明它前属，这串音应该是［$\text{fan}^{55}\text{an}^{51}$］（翻案）；如果没有发生这种现象，这串音应该是［$\text{fa}^{55}\text{nan}^{51}$］（发难）。因为这种音渡现象只发生在音节内部，一般不会发生在音节之间。

4. 语音的社会性和音节的划分

音节的划分还要受到语音的社会性的影响，因为不同的语言均有自己独特的音节结构，而不同的音节结构会使音节划分产生不同的结果。如听到［p^{h}eid］这一串音，说英语的人会认为是一个音节“paid”，说汉语普通话的人则会认为是两个音节［$\text{p}^{h}\text{ei}^{51}\text{d}$］（配的），因为英语中允许塞音出现在一个音节的末尾，而汉语普通话则不允许。

二、音节的基本结构类型

一般的音节都以元音作为音节的核心，而以辅音作为音节核心的却很少，所以我们这里讨论的是以元音作为核心的音节结构类型。

若以字母 V 代表元音，以字母 C 代表辅音，那么以元音为核心的音节共有以下四种基本结构类型：①V 型；②C－V 型；③V－C 型；④C－V－C 型。其中，像 V 型和 C－V 型这种以元音收尾的音节叫“开音节”；像 V－C 型和 C－V－C 型这种以辅音收尾的音节叫“闭音节”。

这四种基本结构类型可以通过添加若干元音或辅音而扩展成各种不同的结构类型，如 V 可以扩展成 VV 或 VVV 这样的元音群，C 也可以扩展成 CC 或 CCC 这样的辅音群。举两个例子：汉语普通话音节［tiɑu^{51}］（掉）就是由 C－V 扩展成 C－VVV；［kuan^{55}］（关）就是由 C－V－C 扩展成 C－V－V－C；英语音节“frank［fraŋk］”就是由 C－V－C 扩展成 C－C－V－C－C。

不同的语言在音节结构方面都有自己的特点：有的语言只有开音节，没有闭音节，如我国的彝语、纳西语等；大多数语言既有开音节也有闭音节，但分布上还有差异，如法语开音节占优势，汉语普通话也是，而英语、俄语则难分伯仲。即使都有闭音节，汉语普通话闭音节中的 C 只能是鼻音，而英语则没有这样的限制，除鼻音之外，塞音、擦音、塞擦音、边音等都可成为 C。印欧语系的语言中包含辅音群的音节比比皆是，而汉语普通话则没有这种现象。此外，我们在本节开头也已提及，汉语普通话音节中的元音、辅音最多不能超过四个，而英语、法语、俄语则不受这样的限制。

三、音节结构的分析

音节结构的分析有不同的方法。一种是元辅音分析法，即把元音、辅音作为分析的基本单位，如上面我们所讨论的以元音为核心的音节结构四种基本类型所采用的就是这种方法。还有一种方法便是我国传统的“声韵调分析法”。

所谓声韵调分析法，就是将汉语的音节分成三大块：声母、韵母和声调。声母指的是音节开头的辅音。韵母指的是音节中声母后面的部分，又可细分为韵头、韵腹、韵尾三个部分，其中韵腹是韵母的核心，一般由元音充当；韵头又叫“介音”，位于韵腹之前，汉语普通话中共有［i］［u］［y］3 个；韵尾是位于韵腹之后的成分，汉语普通话中共有［i］［u］［n］［ŋ］4 个。任何一个韵母可以没有韵头或韵尾，但不能没有韵腹。此外，音节在一些语言中还包括声调（参见本章第五节）。

汉语的韵母可以按韵头的有无和同异分为四类：没有韵头或韵腹且不是［i］［u］［ü］的韵母，如［a］［ei］等，叫“开口呼”；韵头或韵腹是［i］的韵母，如［i］［ian］等，叫“齐齿呼”；韵头或韵腹是［u］的韵母，如［u］［uən］等，叫“合口呼”；韵头或韵腹是［y］的韵母，如［y］［yn］等，叫“撮口呼”。它们合起来简称为“四呼”。

在汉语中，声母和韵母之间的配合关系不仅是有规律的，而且也是有理据的，这理据就是声母的发音部位和韵母开头的元音的性质。

声韵调分析法和元辅音分析法是两种不同的分析法，前者以元音、辅音为基本分析单位，后者则以“声母”“韵母”“声调”为基本分析单位。但它们也并不是互相对立、相互排斥的，将它们看作是音节结构分析的两个层面是比较恰切的，因为声母是由辅音或辅音的组合构成的，韵母也是由元音或元音的组合以及元音同辅音的组合构成的，对声母、韵母的再分析无疑就得涉及元、辅音分析的问题了。

四、复元音和复辅音

1. 什么是复元音

复元音也叫“复合元音”，是在一个音节内部由两个或两个以上的元音组合后形成的结合体。如汉语普通话［tɕiau］（教）和［ɕyɛ］（学）中的［iau］［yɛ］就是复元音。

复元音同几个相连的单元音不是一码事，主要表现在：

（1）复元音中的几个元音已结合成一个整体，发音时，肌肉只紧张一次，是一个音节；而几个相连的单元音则分属于几个音节。

（2）复元音发音时是从一个元音滑向另一个元音，中间是连续的，口腔形状是渐变的；而相连的单元音发音时，是由一个元音跳到另一个元音，中间是间断的，口腔形状是突变的。

2. 复元音的类型

复元音可以按照所包含的元音的多少，分为二合元音和三合元音两类。所谓二合元音，指的是由两个元音组合而成的复元音，如上面所举的［yɛ］便是。所谓三合元音，指的是由三个元音组合而成的复元音，如上面所举的［iau］便是。

复元音还可按照韵腹位置的前后，分为前响复元音、后响复元音和中响复元音三类。

前响复元音是指韵腹位置在前的复元音，如汉语普通话中的［ai］［ou］等复元音。前响复元音均为二合元音，所以也叫“前响二合元音”。

后响复元音是指韵腹位置在后的复元音，如汉语普通话中的［iA］［uo］等复元音。后响复元音也均为二合元音，所以又叫“后响二合元音”。

中响复元音是指韵腹位置居中的复元音，如汉语普通话中的［iao］［uei］等复元音。中响复元音均为三合元音。

3. 什么是复辅音

同复元音相似，复辅音是在一个音节内部由两个或两个以上的辅音组合而成的结合体。如英语“strain［strein］”中的［str］、“flow［fləu］”中的［fl］。

同样需要注意的是，并非几个相连的辅音就是复辅音，一定是属于同一个音节的几个相连的辅音才是复辅音，否则就不是复辅音。

如英语“jewelry [dʒuəlri]”中的 [l] 和 [r]，分属于两个音节，不在同一个音节内，不能构成复辅音。

复辅音在发音上也同复元音有别。我们前面已经指出，复元音的几个元音已结合成一个整体，发音时从一个元音滑向另一个元音，中间是连续的，没有明确的界限；而复辅音中的几个辅音则不像复元音中的元音那样一体化，它们各有各的发音过程，中间有明确的界限。而且复辅音的音质变化是突变式的，也不像复元音是逐渐过渡的。

五、语流音变

所谓语流音变，是指音素在一定语流中受前后音或者语速、音量等因素的影响而产生发音变化的现象。常见的语流音变现象有同化、异化、弱化、脱落、增音等。

1. 同化

在语流中，一个音素受另一个不同的音素影响而在发音上趋于相同或相近，这种现象叫“同化”。施加影响的那个音叫“同化音”，而接受影响发生音变的那个音叫“被同化音”。

同化音在前，被同化音在后的，叫“顺同化”。如汉语广州话“ [kam^{55} jat^{11}]（今日）”实际读为 [$kam^{55}mat$]，其中 [j] 受前面的同化音的影响而变为 [m]；英语“dogs [dɔgz]”中的清音 [s] 受前面的浊音 [g] 的影响而变为浊音 [z]。

同化音在后，被同化音在前的，叫“逆同化”。如汉语普通话“ [nan^{35} $miən^{214}$]（难免）”实际读为 [$nam^{35}miən^{214}$]，“ [$tɕ^hin^{35}k^hən^{214}$]（勤恳）”实际读为[$tɕ^hiŋ^{35}kən^{214}$]，两个词中的 [n] 分别受后面的同化音 [m] 和 [k^h] 的影响而变为 [m] [ŋ]。

2. 异化

在语流中，两个原本相同或相近的音素，其中一个受另一个影响而在发音上趋于相异，这种现象叫“异化”。不起变化的那个音叫“异化音”，发生变化的那个音叫“被异化音”。

异化音在前，被异化音在后的，叫“顺异化”。异化音在后，被异化音在前的，叫“逆异化”。如法语“militaire [militɛːr]（军事的）”中第一个 [i] 受后面的 [i] 的影响而异化为 [e]，读为 [melitɛːr]。

逆异化较为常见，而顺异化则较为罕见。

3. 弱化

在语流中，一个原来较强的音由于所处的地位或受邻近音的影响而变成一个较弱的音，这种现象叫“弱化”。

汉语普通话中的轻声就是一种弱化现象，如“[lA^{214} · pA]（喇叭）”中的清辅音[p]由于处在轻声音节里而弱化为浊辅音[b]。

具体说来，弱化主要有以下几种情况：

（1）辅音的弱化。主要表现为发音阻力的减小，所以发音阻力大的清辅音往往弱化成浊辅音，阻力相对大的塞音、塞擦音往往弱化成阻力相对小的擦音。

（2）元音的弱化。主要表现为发音的用力程度减小，所以发音用力程度大的复元音往往会弱化为用力程度小的单元音，而单元音则会进一步弱化为较之用力程度更小的央元音。

（3）在有声调的语言里，声调也会伴随弱化音节而发生变化。如汉语普通话的轻声音节中，原有的声调会失去，变得短促而不固定，其调值在上声字后最高，阳平字后次之，阴平字后尤低，去声字后最低。

4. 脱落

在语流中，有些音素因为较弱、不重要等因素或为了发音的方便而被省略，这种现象叫“脱落”。脱落往往是进一步弱化的结果。汉语普通话的轻声中，既存在弱化现象，也存在脱落现象。如“[tsou^{214} · pA]（走吧）”的实际读音为[tsou^{214} · b]，其中“吧”中的[p]弱化为[b]，而[A]则脱落了。英语中有些词的非重读音节在语速较快时也会出现脱落现象，如“factory [ˈfæktəri]”可以脱落[ə]而说成[ˈfæktri]。

5. 增音

在语流中，几个音连读，会产生原本没有的音素，这种现象叫“增音”。

汉语普通话中“啊”的音变就属于典型的增音。如“啊”[A]在“苦”[k^{h}u]后会读成[uA]，在“快”[k^{h}uai]后会读成[iA]。

第五节 韵律特征

一、什么是韵律特征

语音中除音质特征之外的音高、音强和音长方面的变化，即语言运用中的抑扬顿挫的现象，就叫“韵律特征”，也叫“超音质特征”或“超音段的特征”。

韵律特征在不同的语音层次上都有表现：在音位层次上表现为“长短音”；在音节层次上表现为“声调”；在音节组合层次上表现为“轻重音”；在语句层次上表现为“语调”。

韵律特征有两个特点：

(1) 无论是长短音、声调还是轻重音、语调，它们自身不能独立存在，而必须同音质成分同现。

(2) 韵律特征均为对比性特征，对韵律特征而言，重要的不是音长、音高、音强的绝对值，而是它们的相对值，它们相对的变化幅度。

二、长短音

长短音是韵律特征在音位层次上的表现形式，即利用音长的差异来区别意义。这种具有辨义功能的长短音一般出现在元音上。由于长短音可以像元辅音音位一样起区别意义的作用，所以也被看作一种音位——非音质音位，通常叫作“时位”（参见本章第三节）。

三、声调

1. *声调和声调语言、非声调语言*

声调是音节中具有区别意义作用的音高变化。

具有这种可以用来区别词义或语素义的声调的语言就叫“声调语言”。汉藏语系中绝大多数语言都是声调语言，如汉语、藏语、僮语、苗语、泰语、缅甸语、越南语等。西南非洲、北美洲的一些语言也是声调语言。

不具有这种可以用来区别词义或语素义的声调的语言就叫“非声调语言”。印欧语系诸语言一般都是非声调语言，如英语、法语、俄语等。

音节的音高变化在不同的语言中的作用是不同的：在有声调语言中，音节的音高变化形式不同，所表示的意义便不同，如汉语普通话中，“[$mai^{214}i\varepsilon n^{55}$]（买烟）”与“[$mai^{53}i\varepsilon n^{55}$]（卖烟）”的不同、“[$mai^{53}i\varepsilon n^{55}$]（卖烟）”与“[$mai^{53}i\varepsilon n^{35}$]（卖盐）”的不同都是由音高变化不同造成的；在非声调语言中，音节的音高变化只能起改变语气的作用，而不能区别不同的词义或语素义。如英语的“snake”这个音节可以赋予各种音高变化，但无论音高怎样变化，“蛇”这个词义都不会改变。

2. *调值及其描写*

调值指的是音节高低升降的变化形式，也就是声调的实际读法。调值具有如下两个特点：

（1）构成调值的音高是相对音高，不是绝对音高。所谓绝对音高，指的是声音的分贝值，如女人的声音比男人的声音分贝值高，我们就说，女人的音高比男人高，这里的“音高”指的是绝对音高，绝对音高对区别意义没有任何作用。所谓相对音高，指的是音高的升降幅度，或叫“变量”，如同样说“来”，男人同女人的绝对音高固然不一样，但是从最低音到最高音之间的上升幅度（或叫“落差”）是一样的，这一样的就是相对高音，也就是声调。

（2）构成调值的相对音高，在读音上是连续的，中间没有停顿和跳跃，类似于小提琴上的滑音，而不像钢琴，在敲打每一个琴键时有停顿和跳跃。

调值的描写一直是个令人感到困扰的问题。今天所能见到的有关调值的最早的描写是唐代处忠的《元和韵谱》所述的：“平声哀而安，上声厉而举，去声清而远，入声直而促。”到了明代释真空的《玉钥匙歌诀》中则扩充为：“平声平道莫低昂，上声高呼猛烈强，去声分明哀远道，入声短促急收藏。”虽然这些描写可以帮助我们大致了解古代四声调值的概貌，但失之空灵，没法一一落实，所以古代音韵学上只讲调类，不讲调值。

直到20世纪30年代初，著名的语言学家赵元任先生发明了“五度标调法”（又称“五度制调值标记法”）以后，才使调值的描写走上了科学的轨道。

五度标调法的制作原理是：画一条纵轴，将之分成四格五个调域，自下而上用“1、2、3、4、5”代表低、半低、中、半高、高五度；在纵轴上端的左侧，自左至右画一条横轴，把音高随时间而产生的变化描画出来。描画出的线条的高低曲折反映的便是声调的高低变化，也就是声调的调值。（如下图所示）

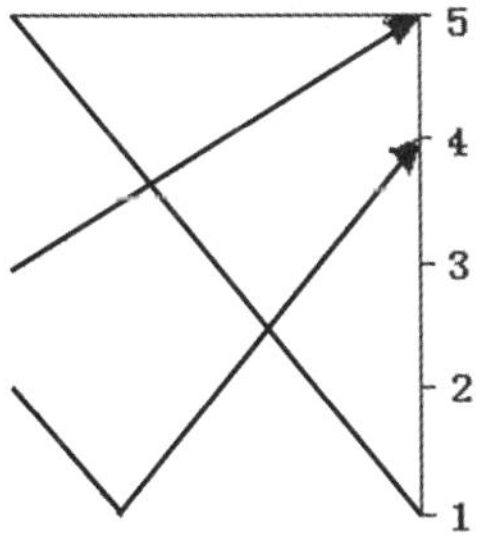

在目前已知的各种语言里，平调的高低不同不超过五种，这证明，把调域分为五度是符合语言的客观实际的。

用五度标调法描写调值，可以有三种方法：①符号式，如普通话的阳平，可以用“ˊ”表示；②数字式，如普通话的阳平，也可以用“35”来表示；

③文字描写式，如普通话的阳平，还可以描写为“高升”。

3. 调类和汉语普通话调类

把一种语言里所有的调值加以归类，得出的类别就是“调类”，也就是把调值相同的字归纳在一起所建立的类。

一种语言中有几种调值，就有几个调类。汉藏系语言中调类最多的可达15个，最少的仅有2个。

汉语普通话的全部字音可分成四种调值，由此归纳出四个调类，依次是：

(1) 阴平，又称“第一声”。调值55，又叫高平调，标记符号为“˥”，在汉语拼音方案中简写为“ˉ”。

(2) 阳平，又称“第二声”。调值35，又叫中升调，标记符号为“˧˥”，在汉语拼音方案中简写为“ˊ”。

(3) 上声，又称“第三声”。调值214，又叫降升调，标记符号为“˨˩˦”，在汉语拼音方案中简写为“ˇ”。

(4) 去声，又称“第四声”。高值51，又叫全降调，标记符号为“˥˩”，在汉语拼音方案中简写为“ˋ”。

调类是根据调值来划分的，但是调类的名称却不一定是由调值决定的。有时候，一种语言里各方言的调类名称虽然相同，但并不意味着它们的调值也相同。如汉语普通话同各方言的调类都沿用了古代汉语的调类名称，那是为了说明古今调类的演变以及各方言调类之间的对应关系，而实际上，同一名称下的调类所对应的调值却是大相径庭的。

4. 连续变调

我们平时讲话，并不是一个音节一个音节地说出来的，而是一连串地发出来的。在音节连读的时候，音节原来固有的调值会互相影响而发生变化，这种现象叫“连续变调”。连续变调有的涉及整个调类，有的只涉及个别词。如汉语普通话中，所有上声音节连读，前一个音节的调值均会变为35，即读如阳平，这是连续变调涉及整个调类的个案；当然也有只涉及个别词的，如汉语普通话中的“一”(阴平) 和“不”(去声) 在去声音节前一律变为35，读如阳平。

四、轻重音

1. 什么是轻重音

重音是指在相连的音节中某个或某些音节发音比较突出的现象。国际音标表示重音的方法是在重音音节的左上角加一小竖“ˈ”，如英语的“daughter

[ˈdɔːtə]”。

重音通常是由音强、音高、音长、音质等多方面的因素综合在一起来表现的，而不是仅仅同音强的增加有关。例如，在英语中，音高较高的音节比音高较低的音节容易被听成重音；音长较长的音节比音长较短的音节容易被听成重音，尤其是在两个音节音长悬殊的时候；音强虽然对重音的表现也能起一定的作用，但不如音高、音长重要；同时音质的变化也会对重音的表现起加强作用，如英语“inland [ˈinlənd]”，重音移到第二个音节时要读成 [inˈlænd]，较弱的央元音 [ə] 的音质发生变化，念成了 [æ]。

2. 重音的类型

重音通常分为“词重音”和“句重音”两种。

词重音是指多音节词里头念得最强的音节。如上面所举的英语“inland”就是词重音。在汉语普通话的词里不念轻声的音节就是重音。

句重音是指出现在句子中的重音，它往往表现在一句话的某个词语上头。关于句重音，我们将在下面的“语调”部分加以讨论（参见本章第五节）。

词重音按照它在词中所处位置的情况分为固定重音和自由重音两种。

有些语言的词重音总是固定地落在词的某个音节上，这种词重音叫“固定重音”。如法语、维吾尔语的词重音总是落在词的最后一个音节上，捷克语、蒙古语的词重音总是落在词的第一个音节上，波兰语、印度尼西亚语的词重音总是落在词的倒数第二个音节上。

有些语言的词重音，就单个的词来说是固定不变的，但就这个语言所有的词来说，是不固定的，因词而异，这种词重音叫“自由重音”，也叫“不固定重音”，英语、德语、俄语里的词重音就是自由重音。

自由重音可以通过重音位置的不同或改变构成对立，因而有时可以有区别意义的作用，英语中就有一部分词通过词重音位置的不同来区别词义，如“export [ikˈspɔːt]（动词，出口）”和“export [ˈekspɔːt]（名词，出口物品）”，“digest [daiˈdʒest]（动词，领会）”和“digest [ˈdaidʒest]（名词，摘要）”等。

有些语言里一个词可以有一个以上的重音，这几个重音的突出程度往往并不相等，有强弱之分，其中那个最突出的词重音叫“主重音”，相对较弱的词重音叫“次重音”。国际音标表示次重音的方法是在该音节前下方加上一小竖“ˌ”。如英语“nomination [ˌnɔmiˈneiʃən]”和“nonintervention [ˈnɔˌintəˈvenʃən]”。

3. 什么是轻音

轻音是指在相连的音节中某个音节发音比较微弱的现象。汉语普通话和许多方言都有轻音现象，一般称为“轻声”。标写轻音的方法是在轻音音节前加上一个小圆点“·”，如汉语普通话“[$ts^hu\eta^{55}$·miŋ]（聪明）”。

与重音一样，轻音也是由音强、音高、音长、音质等多方面的因素综合在一起表现出来的，而并非仅同音强的减弱有关。例如，在汉语中的轻音往往表现为音高变化形式的改变——原有的声调失去，表现为音长的大大缩短——声音变得短促，表现为音质的改变——清辅音变为浊辅音，强势元音变为弱势元音，乃至脱落，当然也表现为音强的减弱。

轻音的作用主要是同重音构成对比，形成对立，从而起区别意义的作用。如在汉语普通话中，“大意”两个音均读重音，表“主要的意见”之义；若将“意”读成轻音，则表“疏忽”之义。

最后，需要指出的是，无论是重音还是轻音，都是相对而言的，只有在几个音节的对比中，才会有轻重音现象，孤立的单个音节无所谓重音或轻音。

五、语调

语调是一个句子中同说话人的情感、态度及全句意思相关的在语音的高低、长短、强弱等方面的变化。语调是句子在语音上的标志，凡是句子均有语调。与声调不同的是，语调是所有语言中都存在的语音现象。语调的构成同音强、音长、音高等因素有关。

1. 句重音

句重音是出现在句子中的重音。它只同全句的意思相关而不涉及词义。句重音是构成语调的重要特征之一。句重音又分为节律重音和强调重音两种。

节律重音，也叫“语法重音”，是一种同全句的中心意思及语法结构关系相关、自然而然地形成的句重音。

节律重音同节拍群关系密切，也同句子中的语法成分相关联。

我们平时说话不可能将所有的音节一口气说出，中间总有停顿，这种停顿往往出现在关系并不密切的音节之间。一个句子中按这种停顿来划分的语音段落就叫“节拍群”。而一般情况下，一个节拍群里作为节拍群中心的那个词语要读得略重一些。如汉语普通话：

我们ˈ班级/ˈ来了一位/ˈ新同学。

这句话有三个节拍群，每个节拍群里有一个节律重音，分别落在“班级”“来”“新”这三个词语上。

此外，在通常情况下，谓语比主语说得重些，表性状和程度的状语和补语比动词说得重些。

强调重音，也叫“逻辑重音”，这是一种为了突出句中某个需要强调的词语，有意识地加以重读而形成的句重音。

强调重音同节律重音的区别在于：前者是说话人根据表达需要有意识地加上去的，而后者则是自然而然地形成的；正因为如此，后者往往是有规律的，而前者则是无规律、不固定的，可以根据说话人的主观愿望随意变动。仍以“我们班级来了一位新同学”为例：

ˈ我们班级来了一位新同学。（不是别的班级）

我们ˈ班级来了一位新同学。（不是我们学校）

我们班级ˈ来了一位新同学。（不是走了一位同学）

我们班级来了ˈ一位新同学。（不是两位或几位同学）

我们班级来了一位ˈ新同学。（不是别的什么同学）

我们班级来了一位新ˈ同学。（不是新老师）

2. 长短

我们这里所说的长短不是指那种有区别意义作用的长短音，而是指用来表达说话人语气或情绪而与区别意义无关的音节发音的长短。

音节的长短也是构成语调的重要特征之一。例如在汉语普通话里，表示命令语气的句子中的所有音节都会发得比较短促。而在心情沉重情绪低落时所说的话语中，句中的各个音节也会有所拉长。

3. 高低

我们这里所说的语调的高低不是指那种有区别意义作用的相对音高变化，而是指贯穿全句的绝对音高的高低升降变化，这是构成语调的重要特征之一。

语调的高低升降变化虽然是贯穿全句的，但在句终部分最为明显，这是语调高低的一大特点。

语调的高低主要有两种情况：一种是低调，也叫“降调”。全句各音节的绝对音高由高到低，这种下降的趋势在句终最为明显，从而能很好地用来表达陈述、祈使、感叹的语气。另一种是高调，也叫“升调”，全句各音节的绝对音高由低到高，这种上升的趋势也是在句终最为明显，从而能很好地用来表达反问的语气。我们平时常说：“××句句末用升调（或降调）。”也正是抓住了语调的高低升降在句终部分最为明显这个特征来表述的。

语调的音高变化在声调语言和非声调语言中的表现形式是有明显差异的。在非声调语言里，由于音节内没有固定的、具有区别意义作用的音高变化，所以允许通过音节内部不同的高低升降变化来构成语调，表达各种语气。如英语“snake”可以按由低到高的升调来读作“snake↑”，也可以按由高到低的降调来读作“snake↓”，不管用升调还是降调，“蛇”的意义均不会改变，不同的是前者表疑问语气，后者表陈述语气或感叹语气。而在声调语言中，每个音节都有固定的、具有区别意义作用的音高变化，所以不允许通过音节内部音高升降变化来构成语调，表述各种语气，而是主要通过各音节调域（即声调音高的变化范围）的整体抬高或压低来形成语调中的高调或低调，从而表达各种不同的语气，否则就会引起混乱。

本章建议阅读书目及问题思考

一、建议阅读书目

1. [英] 罗亨·罗宾斯著，李振麟、胡伟民译：《普通语言学概论》，上海译文出版社 1986 年版。

2. 罗常培、王均编著：《普通语音学纲要》，商务印书馆 1981 年版。

3. [捷] 伊·克拉姆斯基著，李振麟等译：《音位学概论》，上海译文出版社 1993 年版。

4. 戚雨村等编：《语言学引论》，上海外语教育出版社 1985 年版。

二、问题思考

1. 什么是基音？什么是陪音？什么是纯音？三者有何关系？
2. 语音的心理属性表现在哪些方面？
3. 为什么说语音的社会属性是语音的本质属性？
4. 元音和辅音有什么区别？
5. 什么是复元音？什么是复辅音？两者有何异同？
6. 什么是音位的区别性特征？区别性特征有何特点？
7. 归纳音位应该遵循哪些原则？
8. 为什么说音位是属于特定的语言或方言的？
9. 简述汉语与英语在音节上的不同特点。
10. 什么是非音质音位？非音质音位有哪些？举例说明。
11. 什么叫语流音变？常见的语流音变现象有哪些？举例说明。
12. 什么是韵律特征？它有哪些特点？

第三章

词汇

第一节 词汇的性质

在传统语言学中，语义学是包含在词汇学中的，词汇学中最核心的部分就是谈论语义的问题。西方现代语言学认为，在语言学的分支学科中，只有语义学，没有词汇学，但是词汇学讨论的一些问题，如语素及语素的类别、词的类别及构成等，又没法放到语义学的篮子中，因此我们这里设专章来讨论语义学所不能涵盖的问题——词汇。在第一节中我们将讨论词汇的定义、性质和特点，以及词汇学的相关问题。

一、什么是词汇

词汇是一种语言中词和固定短语的总和，也叫“语汇”。如汉语词汇、英语词汇等。

词汇是一个集合概念，它所指的是一种语言中全部的词和固定短语，而不是具体的词或固定短语。不过有时候，词汇也指某个专业、作家、作品等特定范围的词语，如医学词汇、老舍的词汇、《金瓶梅词话》的词汇等，但这里的词汇还是一个集合概念，而不是某个个体词语。

词汇是语言的建筑材料，没有词汇就没有语言，就好像没有建筑材料就没有房子一样。砖瓦、木、石、钢筋、水泥等建筑材料按照一定的方法和不同的设计就可以建成各种各样的房屋供人类使用，而各种各样的词语则可按照一定的规则和不同的构思造出各种各样的句子和语段供人类交际。

二、词汇的性质和特点

1. 词汇的音义关系既具有任意性又具有理据性

关于这个问题，我们在第一章第二节讨论语言符号的任意性问题时已有所涉及。即语词在诞生之初，用什么音去表什么义大多是任意的、不可论证的，如汉语管“装订成册的著作”叫 [$ʂu^{55}$]，而英语则叫 [buk]，这是任意的、不存在理据性的，如果汉语最初管“书”叫 [$ʂi^{55}$]，英语管之叫 [bik]，也未尝不可。但是也有一部分词语，其音义关联有某种理据性，这是可以论证的。以汉语为例，除了我们前面提及的一部分像“知了”“布谷”这样的用摹声造词法造的词以及像“谢幕”“盘菜”这样的复合词之外，还有一些由同一语源衍生而来的词（我国古代小学中所谓的“孳乳字”），如“曷”可表“休止、竭尽”之义，“曷”的音义关系是不可论证的，而由它孳乳产生的“遏（阻止）”“歇（歇息、停止）”“愒（休息）”“喝（声音嘶哑）”“竭（穷尽）”等词均从“曷”得声，它们的音义关系是可以论证的，是有理据性的。因此，词汇音义关系的任意性和理据性是既对立又统一的，两者一起推动着词汇的发展。

2. 词汇对客观事物概念的反映既具有普遍性又具有民族性

客观世界中只要存在某种客观事物，就会形成某种概念，于是就会有某个相应的词语来反映它、记录它，所有的语言都一样，这就是词汇的普遍性。例如客观世界中有黄金、面包、老虎、人类等，所以无论哪种语言都会有反映这些事物概念的语词，汉语中有，英语中也有，如“gold（黄金）、bread（面包）、tiger（老虎）、mankind（人类）”等。但词语对客观事物概念的反映在不同的语言中又存在明显差异，即词语往往会反映某个民族对客观事物的独特认识，这就是词汇的民族性。例如各民族都有某种虚幻的概念，这反映在词汇上，汉语有“阴曹、地府、玉皇大帝”等词语，英语则有“heaven（天堂）、hell（地狱）、the God（上帝）”等。又如同样一个词，汉语的“龙”除指“古代的一种爬行动物”之外，还表“封建帝王”“卓越的人”之义；而英语的“dragon”除表“龙”这种动物之外，还表“凶暴的人”“装甲曳引车”“一种善飞的信鸽”“佩带龙骑枪的士兵”“一种能滑翔的蜥蜴”等意义，除本义相同之外，引申义大不相同，这反映了两个民族不同的思维特点。可见，词汇的普遍性和民族性也是既对立又统一的：普遍性反映了各种语言在词汇上的共性和一致性，民族性则反映了各种语言在词汇上的个性和特殊性。

3. 词汇在发展变化中既具有活跃性又具有稳定性

相对于语音、语法而言，词汇同社会生活的关系更为密切，社会的每一次大变革和大发展均会在词汇中留下深刻的印记，结果往往是淘汰一批旧词语，一批新词语取而代之，所以词汇是处于经常的变动中的，尤其是在社会的急剧发展时期，其变化更替的速度更是惊人，这就是词汇的活跃性。但是，词汇的活跃性并不意味着词汇的变化是随心所欲的，今天一个样，明天又一个样，它要受到社会的约定和词汇系统的严格制约，具有极强的稳定性。所谓社会约定的制约，指的是许多词语的语音形式、结构形式和意义内容一经社会全体成员约定俗成便固定下来，任何个人不能随意改变；所谓词汇系统的制约，指的是处于词汇系统中的词语有相当一部分并不是孤立地存在着的，它们之间有着千丝万缕的联系，往往相互牵连，牵一发而动全身，如英语中“aunt”可指姨妈，也可指姑妈，还可指伯母、婶母、舅母，甚至还可作为“大娘、大妈、阿姨”等的泛称，如果对其中的某一两项另造新词，就会涉及同“aunt”相对应的其他词的指称，所以不能随意增减调整。由此可见，词汇的活跃性和稳定性依然是既对立又统一的，其中，活跃性使词汇能不断适应社会发展的需要，而稳定性则保证了社会交际的正常进行。

三、词汇和词汇学

词汇是语言结构系统的要素吗？关于这个问题，目前还存在分歧。

传统语言学将语音、词汇和语法作为语言结构系统的三个要素，而将语义附在词汇学中。这种观点有一定的道理，因为语言中的意义绝大部分是由词语来承载的，研究语义必须研究词汇。可问题是，不光是词语有意义，词组、句子都有意义，而且有些意义是语法形式或语音形式所赋予的。可见，语法形式、语音形式也都有意义，单靠词汇来研究语义看来是远远不够的。

现代语言学将语音、语义和语法作为语言结构系统的三个要素，而将词汇部分分解到语义、语法中去。这种观点也不无道理，因为这样一来，所有语言单位既有语音，又有语义，还都涉及语法问题；反过来，语音、语义、语法都既涉及语素、词组、句子，又涉及词和固定短语。但这种观点同样也存在欠缺之处：一方面，语义部分实际上管不了所有的意义，因为意义有实有虚，其中的一些虚的意义，如虚词的意义、结构关系意义等，只能看作语法现象。另一方面，词和固定短语在语言中的地位举足轻重，这一点在上述理论框架中没有得到反映；同时，学习语言，少不了词典，词典实际上是一个词汇库，是专门用来研究词汇的，所以，在“语音、语义、语法”之外，还得再加上一个“词汇库（词典）”部分。

综合上面两种观点，我们这里暂时采用了一种变通的办法，即干脆将“语音、词汇、语义、语法”都看作语言结构系统的要素。

这样一来，词汇学的定义及范围和内容均要有所变动：作为同语音学、语义学、语法学平行并列的语言学的一个分支学科，词汇学是研究词汇内部的规律性和系统性以及词汇的结构要素和类别的一门学科。

词汇学主要包括两方面的内容：一是词汇的类聚系统，二是词汇的构造形式。

第二节　词汇的类聚系统

一、词和固定短语

词汇的类聚系统首先可分成“词”和“固定短语”两大类。

词是最小的、有意义的、能够独立运用的语言单位。

固定短语是由两个以上的词构成的、意义比较凝固的、经常作为一个整体单位使用的固定词组或熟语性语言片断。

词和固定短语的共同特点是：它们都是最基本的语言单位，而且都具有意义凝固、形式固定的特点。所谓意义凝固，指的是词和语的意义均不是其构成成分意义的简单加合。如“走后门”不同于“走前门”，后者的意义是松散的，整体意义是其构成成分意义的简单加合；而前者的意义是凝固的，其整体意义不是其构成成分意义的简单加合。所谓形式固定，指的是相对比较定型，即几个构成成分经常合在一起使用，而不是像“走前门”这类词组只是临时的组合。

当然，词和固定短语之间也存在差异，主要表现在形式上：固定短语包含了两个以上的词，其组合形式类似于词组，这一点又同词有所区别。

二、词的分类

词有各种各样的分类，从语义学角度可以将词分成各种语义类别，从语法学角度可以将词分成各种语法类别，从词汇学角度也可以将词分成各种各样的类别。

1. 根据词的音节数量分类

各种语言的词均包含不同数量的音节，所以词自然就可以根据其包含音节的多少来分类。如汉语据此就可以分为单音节词、双音节词和多音节词。在古代汉语中，单音节词占绝对优势，而到了现代汉语中，双音节词则占绝对优势。这是为什么呢？双音节词有什么作用呢？

首先，双音节词大量取代单音节词，使同音词数量大大减少。语音的简化与演变使汉语中的同音词不断增加，这给语言交际带来了障碍，于是大量的双音节词便产生了，并且发展到现代汉语中成为词汇音节数量的典型形式。同音词会产生歧义，也给汉语信息处理带来了困难，而双音节化显然就是汉语社会自觉地对这种现象进行调整的结果。

其次，双音节词的大量出现，使许多多义词的大量义项得以分流，也使多义词的数量大大减少。古汉语中原本一个词有许多意义，如“定”这个词就有“安定、平定、决定、确定、一定”等意义，“动”这个词也有“运动、移动、振动、行动、变动、感动”等意义，改成双音节词后，这些意义就由众词分担了。据我们统计，《现代汉语词典》所收录的词中，单义词与多义词之比约为1：4。[①] 多义词同样也会产生歧义，多义词义项的分流以及多义词的减少可以大大消除这种不利因素。

再次，汉语词的双音节化还增强了汉语的韵律感。有时候，人们为了追求双音节组合的这种韵律感，还不惜割裂语义联系和结构关系，如“一衣带水”和“贫下中农”，从语义联系和结构关系看，应读成“一衣带/水”和“贫/下中农”，可我们常读成“一衣/带水”和“贫下/中农”。

以上三点，既是汉语词双音节化的原因，也是双音节词所具有的重要作用。

2. 根据词的语素数量分类

这种分类法是从词拥有多少语素的角度来进行分类的，是词的分类中最为重要的一种。

其中，由一个语素构成的词叫“单纯词”。如汉语中的“书、吗、沙发、参差、猩猩”等，英语中的“bus，come，end，over”等，均为单纯词。

由两个或两个以上语素构成的词叫“合成词”。如汉语中的“改变、雪白、知己、性急”等，英语中的“outwear，overtime，prepay，sickly”等，均为合成词。

单纯词与单音节词，合成词与双音节词或多音节词之间有一定的联系，但并不对应。尤其是在汉语中，单音节词除少数几个合音词（如“俩、仨、卅”）之外一般都是单纯词，但单纯词则不限于单音节词，也有一些是多音节词，主要有以下四种词：

（1）拟声词：如“滴答、丁零、扑通、哗啦”等。

（2）音译外来词：如“咖啡、海洛因、克隆、布尔什维克”等。

（3）联绵词：如“参差、彷徨、芙蓉、秋千”等。

（4）叠音词：如“蛐蛐、姥姥、奶奶、饽饽”等。

---

① 参见曹炜：《现代汉语词义学》（修订本），暨南大学出版社2009年版，第119~120页。

同样，合成词绝大多数是双音节词或多音节词，但双音节词或多音节词并非都是合成词，其中有一部分是单纯词，如上述四种词就是。

3. 根据词的音形关系分类

这是根据词的语音或语形（拼法或写法）是否相同而对词所作的分类。

其中，语音相同的叫“同音词”，语形相同的叫“同形词”。这两种词有时互不相干，有时交织在一起，主要有以下三种情况：

（1）同音而不同形。如英语中的“right”与“write”、“there”与“their”；汉语中的“公鸡”和“攻击”、“目的”和“墓地”等。

（2）同形不同音。如英语中的“estimate”，作动词表“估计”时读［estimeit］，作名词表“估价”时读［estimit］；“mouth”作名词表“口腔”时读［mauθ］，作动词表“说出”时读［mauð］。又如汉语“降低”的“降（jiàng）”与“投降”的“降（xiáng）”等。

（3）既同音又同形。如英语中的“grave”，不管是作名词（坟墓）还是作动词（雕刻）都读作［graːv］。又如汉语中的“别离”与“别人”的“别”也是如此。

汉语中同音词较多，单音节同音词尤其多，这主要有以下几个原因：

（1）语音上的偶合。汉语普通话的音节数量算上相匹配的声调变化数量也不过1 000多个，大大少于其他语言的音节数量，这就难免造成语音上的偶合，由这种原因形成的同音词数量最多。

（2）语音的历史演变。汉语中的许多词原先并不同音，如“清、轻”“寄、祭”“香、箱”“江、姜”等。随着语音的历史演变，到了现代汉语普通话中则成了同音词（在笔者所使用的吴方言中至今仍然不同音）。

（3）词义的分化。有些同音词原本是同一个词（多义词），属于一个词的不同的意义，后来，它们在词义上的联系渐渐消失了，于是就分化为两个词，如汉语普通话中的“刻（雕刻/一刻钟）”“管（管子/管理）”等。

（4）借用的外来词与汉语原有的词同音。在汉语的发展过程中，经常会吸收一些外来词，其中的一部分音译外来词碰巧同汉民族固有的词成为同音词，如“大米”的“米”是由“metre”音译过来的，“克服”的“克”是由“gramme”音译过来的等。

4. 根据词的地位用途分类

首先根据词在词汇系统中的重要程度，可将词分成“基本词汇”和“非基本词汇（一般词汇）”两大类。

基本词汇是整个词汇系统的核心和基础，是词汇中最主要的部分。基本词汇从内容上看，主要有以下几类：

（1）关于自然界事物的词，如“天、地、风、云、水、火、树、草、牛、羊、太阳、月亮”等。

（2）关于人体各部位的词，如“头、手、脚、血、心、肝、胃、牙齿、耳朵”等。

（3）关于劳动工具和生活用品的词，如“刀、笔、车、船、灯、米、门、衣服、帽子、鞋子”等。

（4）关于亲属关系的词，如“爷爷、奶奶、爸爸、妈妈、姐姐、弟弟、丈夫、妻子、叔叔”等。

（5）关于方位、处所和时间的词，如“上、下、里面、外边、今年、春天、上午、以前、明天”等。

（6）关于事物的一般性质和状态的词，如“大、长、浅、轻、软、绿、高兴、舒服”等。

（7）关于人或事物的行为和变化的词，如“走、说、吃、想、学习、洗、爬、休息、发展、改变”等。

（8）关于数量的词，如“一、十、万、亿、个、只、斤、尺、公里”等。

（9）关于指称和代称的词，如“我们、他、这、那样、什么、怎么样、谁、那么”等。

（10）关于人类文化生活的词，如“电影、电视、象棋、音乐”等。

此外，还有为数不少的虚词，如“的、了、着、在、和、呢、吗”等。

其他语言的基本词汇的情况大致也如此。

基本词汇还具有以下的特点：

（1）全民性。这是基本词汇的本质特征。所谓全民性，是指基本词汇不受阶级、地域、文化程度等的限制，为全民族共同使用和理解。基本词汇是人们日常交际中必不可少的，在交际过程中不使用基本词汇，几乎是做不到的。

（2）稳固性。所谓稳固性，是指基本词汇变化发展比较缓慢，在语言的历史中保持着长期的稳定性。试以汉语为例，甲骨文、金文、《尚书》、《诗经》中的词，在发展过程中有两种命运：一种是现今仍作为词或词根被人们使用，如“星、云、日、月、来、杀、饮、走、入、射、用、白、多、新、争、扫、飞、习、推、汇”等；一种是现今已不被使用了的，只是在记述历史时偶尔被提起，如“郡守、大辟、劓、连坐、牧野、大梁”等。究其原因，前者属于当时的基本词汇，后者属于当时的一般词汇。

（3）能产性。基本词汇大多具有构造新词的能力，如前面我们曾提到的“天、风、水、车、太阳”等。当然，并非每个基本词都具有构词能力，如前面提及的“妈妈、明天、我们、什么”等就不具有构词能力。

基本词汇以外的其他词属于非基本词汇，也叫“一般词汇”。相对于基本词汇来说，一般词汇数量大、成分杂、变化快，且构词能力比较弱。我们已经了解了词汇的双重性——既具有任意性、普遍性和稳定性，又具有理据性、民族性和灵活性，现在看来，主要是因为词汇有基本词汇和一般词汇这特性迥异的两大部分，其中任意性等往往是基本词汇的特征，而理据性等则更多地是由一般词汇体现出来的。

一般词汇又可以根据词的不同来源分为新造词、古语词、方言词和外来词等。

新造词，又称“新词”，指的是过去没有而新造出来的词。新词是一般词汇最重要的构成部分。新词有广义、狭义之分。狭义的新造词只指利用固有的词根按照一定的构词方式新造出来的词，如汉语中的“疲软、隆胸、盗版、低迷”等。广义的新造词，除了包括狭义的新词之外，还包括那些在使用过程中产生了新的意义和用法的原有词，如汉语中的“窗口、覆盖、拳头、反馈”等。

古语词是通过古代文献流传下来的而现代已经很少使用的古汉语词。如汉语中的“天子、尚书、造化、邂逅”等。古语词可以分为文言词和历史词两类。两者的区别在于：文言词所表示的事物现象现在还存在，只不过换了一个新的说法，而历史词所表示的事物现象现在已不存在了。如汉语中的“伉俪、逡巡、润笔”以及英语中的“thee（你）、nay（不）、ark（方舟）”等就是文言词；汉语中的“尚书、举人、巡抚”以及英语中的“Whig（辉格党）、Lord Protector（护国公）”等就是历史词。

方言词指的是某一地域方言中使用的词语。

方言词也有广义、狭义之分。狭义的方言词指的是那些进入共同语，已被全社会接受和比较广泛使用的来自基础方言以外方言地区的词，如汉语普通话中的“尴尬、名堂、蹩脚、瘪三”等就是来自吴方言区的方言词。

广义的方言词则是指一切方言地区（包括基础方言）的词语。以汉语为例，不管是北方方言词语还是其他方言的词语，不管是已进入普通话词汇中的词语还是只在方言地区通行的词语，都统一叫“方言词”。

对于一些方言系统并不复杂的语言，如俄语、德语等来说，可以采用“广义方言词”的定义。而汉语的方言词，一般都采用“狭义方言词”的定义。所以那些来自方言地区而未进入普通话词汇的词，如吴方言地区的“勒浪（在、正在）、贴正（恰巧、正好）、骂山门（骂街）、囡大细（子女）”等词，就不是方言词，就算是那些来自方言地区而如今已是全民通用词汇的词，如“搞、垃圾、货色、二流子”等词，也不能算是“方言词”。

外来词是从外族语言中吸收进来的词，也叫“借词”。

外来词按借用方式的不同可以分为以下几类：

（1）音译外来词。即按照外语词的读音翻译过来的词。如“菩萨［梵］、沙龙［法］、克隆［英］”等。

（2）音译加意译外来词。即先按照外语词的读音翻译过来，而后又配上一个意译成分而构成的外来词。如“芭蕾舞［法］、沙皇［俄］、毛瑟枪［德］、卡介苗［法］”等。

（3）音译兼意译外来词。这是一种音意兼顾翻译过来的外来词。又分两种情形：①音义双关型。如“绷带（bandage）、芒果（mango）、佃农（tenant）”等。②半音译半意译型。如“道林纸［英］、冰淇淋［英］、爱克斯光［英］、浪漫主义［英］”等。

以上是从词的重要程度对词汇所作的分类。如果从词的用途来看，词还可以分成“常用词汇、非常用词汇”和“通用词汇、专用词汇”等几种不同的类别。

常用词汇和非常用词汇的差异是在词的使用频率上，使用频率高的就是常用词汇，使用频率低的就是非常用词汇。常用不常用往往是相对的，中间并没有一条分明的界线。所以目前有人把现代汉语的常用词汇分为最常用词汇、次常用词汇和再次常用词汇三级。

常用词汇同基本词汇有联系，也有区别：常用词汇同基本词汇是从不同的角度对词汇进行分类，前者着眼于词在一定语料中出现的频率，后者着眼于词的历史稳固性、全民性和能产性。但两者也存在一致性：真正的常用词汇同基本词汇应该是差不多的。一个词如果是最常用词汇，那它就一定是基本词汇；同样，一个词如果是基本词汇，那它往往也是最常用词汇。

通用词汇和专用词汇（非通用词汇）的差异是在词的使用范围上，全社会普遍使用的词汇是通用词汇，只在某些领域或只是一部分人使用的词汇是专用词汇。前面讨论过的基本词汇、常用词汇均是通用词汇。一般词汇中的新造词、古语词、方言词和外来词中绝大部分也是通用词汇。

专用词汇主要指科技术语和行业用语。科技术语是一些科学技术学科的专门用语，如本书中的许多词便是语言学科的科技术语。行业用语是各种行业应用的专门用语，如“内科、护士长、观察室、挂号”等就是医疗行业的专门用语。

除此之外，个别社会集团或秘密组织所使用的隐语、特定阶级所使用的阶级习惯语以及禁忌语等也都属于专用词汇。

专用词汇和通用词汇也不是截然对立的，一方面，所有学科专业和各种行业也都要使用通用词汇；另一方面，不少科技术语和行业用语通过词义的泛化可以转化为通用词汇，如“充电”“克星”“老化”“冷处理”等均在专门的意义之外获得了一个一般的意义，从而成为通用词汇——它们既是专用词汇，又是通用词汇。

三、固定短语的分类

1. 专有名称

专有名称主要指用复杂词组形式表达的事物名称。国名、地名、书名、机构名、组织名等均为专有名称。如汉语的“中华人民共和国教育部”“北京大学中文系”“苏州市工业园区”“亚洲太平洋地区经济合作组织”等。

2. 成语

成语是一种相沿习用的具有书面语色彩的固定词组。成语是汉语特有的，也是最大量使用的一种熟语。成语多为四字格。

根据成语的不同出处和来源，可以把成语分成以下几类：

（1）来源于古代神话寓言。如守株待兔、刻舟求剑、叶公好龙、天花乱坠。

（2）来源于历史故事。如四面楚歌、望梅止渴、请君入瓮、完璧归赵。

（3）来源于诗文名句。如青蝇吊客、朽木粪土、青出于蓝、舍生取义。

（4）来源于口头俗语。如正大光明、狼子野心、笨鸟先飞、自力更生。

3. 惯用语

惯用语是一种表达习惯性比喻含义的，具有口语色彩的固定词组。汉语的惯用语多为三字格。

汉语的惯用语有动词性的，如“踢皮球、扣帽子、拉后腿、吹牛皮”等；也有名词性的，如“下马威、马后炮、半瓶醋、墙头草”等。

汉语的惯用语以贬义的居多，如上面的例子都是贬义的，但也有褒义的，如“领头羊、主心骨、开门红”等。

外语中类似于惯用语的固定词组又称“习语”或“俚语”，如“a lucky dog（幸运鬼）”“eat one’s words（自食其言）”“pull one’s leg（开玩笑）”“green eyed（眼红，嫉妒）”等。

4. 谚语

谚语是流传于民间的一种通俗语句。

谚语中有的是反映广大群众生产和生活经验的，往往包含深刻的道理。如汉语中的“春季造林，莫过清明”“天不言自高，地不言自厚”“百闻不如一见”等，英语中的“A bad workman always blames his tools（拙匠常怨工具差)”“The pot calls the kettle black（锅子常笑茶壶黑)” 等。有的是反映某种客观现象的，不一定有很深刻的寓意，这一类谚语又叫“俗语”，如汉语中的“开水不响，响水不开”“人心不足蛇吞象”“眉头一皱，计上心来”等，英语中的“Birds of a feather flock together（物以类聚，人以群分)”“Great minds think alike（英雄所见略同)”等。

5. 歇后语

歇后语是由近似于谜面、谜底的两部分组成的，带有隐语性质的生动形象的固定词组。前一部分是形象的表述，类似于“谜面”，后一部分解释形象表述的含义，类似于“谜底”。有时只说前一部分而隐去后一部分，歇后语由此得名。歇后语也是汉语中特有的一种熟语。

汉语中的歇后语主要分为两类：

(1) 喻义类歇后语。这类歇后语的前一部分是一个比喻，后一部分是对前一部分的限定、解释。如“鸡蛋里挑骨头——无中生有”“隔年的皇历——瞧不得了”“大路上的电线杆——靠边站”“石碑上钉钉子——硬碰硬”等。

(2) 谐音类歇后语。这类歇后语的前一部分是一个形象的表述，后一部分通过谐音双关表明真意。如“腊月里的萝卜——冻（动）了心”“猪八戒的脊梁——悟（无）能之背（辈)”“孔夫子搬家——尽是书（输)”“老虎拉车——谁敢（赶）啊”等。

6. 缩略语

缩略语是由比较长的专有名词或一般词组缩略成的词语。各种语言中都有缩略语，如汉语中的“自考（全国高等教育自学考试)”“中文系（中国语言文学系)”等，英语中的“APEC（Asia-Pacific Economic Cooperation)”“AID（Agency for International Development)”等。

从缩略的手段来看，缩略语可分为两类：

(1) 简称：通过截取原词组中的部分词语或抽出原词组中有代表性的语素（字母）而形成。前者如汉语中的“国际公制——公制”“中国人民解放军——解放军”；后者如汉语中的“中国社会科学院——社科院”“特别行政区首席行政长官——特首”等，英语中的“International Amateur Athletic Federation（国际业余田径联合会）——IAAF”“International Court of Justice（国际法院）——ICJ”等。

(2) 数缩：概括原来词组中几个词语所表事物的共性，再配上一个数词后形成。如汉语中的“秋播、秋耕、秋收——三秋”“春节、端午节、中秋节——三节”等。

第三节 词汇的构造形式

一、语素的性质

1. 语素

语素是语言中最小的音义结合体。所谓“音义结合体”，是指语言中既有语音形式又有意义内容的语言结构单位。如汉语中的“笔”，既有语音形式“bǐ”，又有意义内容“写字画图的用具”，所以“笔”是音义结合体。至于构成“笔”的“⺮”和“毛”，它们也可以说有意义内容，但没有相应的语音形式，所以它们只是构字部件，而不是音义结合体。

语言中音义结合体的类型很多，“笔”是音义结合体，“笔迹、笔架、笔录、笔筒、笔的数量、笔丢了”等也都是音义结合体。而在所有的音义结合体里边，语素是最小的单位，不可以再分割，像“笔迹”可以分割成“笔”和“迹”这两个更小的音义结合体，因此“笔迹”不是语素；而“笔”不可以再分割，所以是最小的音义结合体，是语素。其他语言中也是如此，如英语的“care，feel，pun”等都是最小的音义结合体，不能再分解，所以也都是语素。

语素必须有“音”有“义”，这个“义”可以是具体的词汇意义，也可以是抽象的语法意义，如英语“rats”中的“rat”有实在的意义，固然是语素，其中的“-s”（表复数的意义），同样也是语素。类似的还有“thinking”“talked”“friendly”中的“-ing”“-ed”“-ly”等也都是语素。

2. 语素与音节、字符

由于记录汉语的汉字往往也记录音节，并与语素相对应，所以在一般情况下，汉字、语素和音节三者往往是一一对应的，即一个语素对应一个汉字，也对应一个音节，如“暨”“南”“大”“学”“出”“版”“社”均是一个语素、一个汉字、一个音节，这确实是汉语语素的一个特点。

但是，我们也应注意，在汉语中，语素、汉字、音节并不总是对应的，尤其不能将语素和汉字、音节等同起来，它们之间有着本质的区别，具体体现在：

（1）语素是词汇单位，汉字是文字单位，音节是语音单位，所属的范畴不同，三者之间有着本质的区别。

（2）虽然大多数汉字是有意义的，但也有无意义的汉字，如“琵琶”“蜻蜓”“马达”中的“琵、琶、蜻、蜓、马、达”等，均是一个汉字、一个音节，但不是一个完整的语素。

(3) 有时候，一个汉字可以记录两个音节、两个语素，如“浬[$xai^{214}li^{214}$]”“瓩［ $tɕ^{h}ian^{55}uA^{214}$ ］”“时［ $iŋ^{55}ts^{h}un^{51}$ ］等；有时候，一个音节也可以对应两个汉字、两个语素，如“花儿［xuAr］”“托儿［ $t^{h}uor$ ］”等；当然，一个语素对应几个汉字、几个音节的情况则更为常见，如“布尔什维克”一个语素对应五个汉字、五个音节。

至于其他语言的语素，同汉语的语素有很大的不同，表现为语素、音节、字符往往各行其是。如英语中的“grasping”，其音节可划分为“gras”和“ping”两部分，其语素则可划分为“grasp”和“ing”两部分。

二、语素的类型

1. 自由语素和不自由语素

这是从能否单说这一角度来对语素所作的一种分类。所谓自由语素，是指那些不但可以单用（即独立成词）而且可以单说（即单独回答问题）的语素，如汉语中的“走、高、蛇、书”等。所谓不自由语素，是指那些不可以单说的语素，其中的一部分是可以单用但不能单说的语素，如“了、呢、吗、呀”等；另一部分是既不可单用也不能单说的语素，如汉语中的“头、子、已、言”等。

2. 成词语素和不成词语素

这是按能否独立成词这一条件来对语素所作的一种分类。所谓成词语素，是指那些能独立成词（即可单用）的语素，如汉语中的“学、爱、再、了”等；所谓不成词语素，是指那些不能独立成词（即不能单用）的语素，如汉语中的“习、民、确、质”等。

3. 定位语素和不定位语素

这是按在最小的合成结构（词的结构或词组的结构）中的位置是否固定所作的一种分类。其中，位置固定的是定位语素，如“着（轻声）”永远是后置的，即在一个组合形式后面。“看着她”只能分解为“看着/她”，而不可能是“看/着她”。同理，“敌人被我们（打退了）”只能是“敌人/被我们（打退了）”，因为“被”永远是前置的。“着、被”均为定位语素，类似的还有“阿～、老～、～者、～头”等。而位置不固定，既可前置也可后置的，就是不定位语素，如“民”既可构成“人民、公民、居民、选民”，也可构成“民工、民风、民居、民俗”等；“写”既可构成“写作、写法、写景、写字台”，也可构成“编写、改写、描写、抄写”等。

4. 词根语素、词缀语素和词尾语素

这是按语素在词中的地位和作用所作的一种分类。其中，表示基本意义的语素叫词根语素，如“桌、师、石、姨”等。表示附加意义的语素是词缀语素，如“~子、老~、~头、阿~”等。纯表语法意义的语素叫词尾语素，如汉语中的“们”也被看成词尾语素，但不典型；典型的如英语中的“-ing，-ed，-est”等。

词尾语素以外的部分叫“词干”。如“estimating，talked，hamburgers”等中的“estimat（e），talk，hamburger”。从例中可以看出，构成词干的可以是词根，也可以是词根和词缀的组合，还可以是词根和词根的组合。

上述四种分类构成了语素的类别系统，每一个语素的特点均可以在这个系统中得到描写。如汉语中的“民、习、言”就可以描写为“黏着、不成词、不定位、词根语素”，英语中的“ice，mail，kite”等就可以描写为“自由、成词、不定位、词根语素”，英语中的“at，on，the，as”及汉语中的“于、了、呢、和”等就可以描写为“黏着、成词、定位、词根语素”。

但是，需要注意的是，外语语素同汉语语素存在着一些差异，具体表现在以下三个方面：

（1）外语语素中表示语法属性的词缀语素特别多，如英语中的“-ness，-ful，-tion，-ty”等；而汉语中则极少，只有“~子、~儿、~头、~化”等几个。

（2）汉语中的“民、习、言、质”等不成词实义语素在古代都是词，意义非常具体；而外语语素中的不成词实义语素，如英语中的“anti-，de-，dis-，eco-，non-”等，从来不是词，而只是后缀，意义也远没汉语中的具体。

（3）外语中表动词时态的成分都是词尾形式，如英语中的“-s，-ed，-ing”等，而汉语中与之相对应的则是独立的虚词，如“了、着、过”等，这是外语语素同汉语语素最大的区别。

三、词的构造

1. 直接成词

直接成词就是由一个语素直接形成单纯词，这是词的构造方式之一。这种情况在各种语言中均存在。

由“直接成词”方式形成的词可分为两种：一种是由自由、成词、不定位、词根语素形成的，称为“实词”，如汉语中的“人、写、学、沙发、蝴蝶”等以及英语中的“mind，like，snake，care”等；另一种是由黏着、成词、定位、词根语素形成的，称为“虚词”，如汉语中的“了、呢、被、着呢”等以及英语中的“in，of，by，with”等。

2. 转化成词

转化成词就是由一个或多个语素转化为另一个语素形式，从而形成单纯词。这也是词的构造方式之一。转化成词又可以分为变性成词和变形成词两种情况。

（1）变性成词。

所谓变性成词，是指语素改变语法属性而形成另一类词。这种情况在缺乏形态（如汉语）或形态不太丰富（如英语）的语言中大量存在。如汉语中的“平整（形→动）”“坚定（形→动）”“热（形→动）”“紧（形→动）”等，英语中的“fire（火）→to fire（点火）”“name（名字）→to name（取名）→name（姓名的、据以取名的）”“ice（冰）→to ice（结冰）”“to cover（覆盖）→cover（盖子）”“cap（帽子）→to cap（戴帽）”等。这种情况在语法中叫作词的兼类，兼类词可以看作狭义的变性成词。有时候，在变性成词过程中，语素的语音形式也会发生一些变化，如汉语中的“磨［mo^{35}］（动词）→［mo^{51}］（动）”“种［tʂuŋ^{214}］（名词）→［tʂuŋ^{51}］（动词）”“扑棱［p^{h}u^{55}ləŋ^{55}］（象声词）→［p^{h}u^{55}ləŋ］（动词）”“粘［nian^{35}］（形容词）→［tʂan^{55}］（动词）”等，英语中的“exˈport（出口）→ˈexport（出口物品）”“inland［ˈinlənd］（内地的）→inland［inˈlænd］（在内地）”“full（满的）→fill（装满）”等。

（2）变形成词。

所谓变形成词，指的是将合成词中原本不成词的语素变为成词语素，从而形成单纯词。

变形成词之一是逆序成词。所谓逆序成词，是指将原来只有合成词形式而没有单纯词形式的词反向截取其中的一个语素形成单纯词。其中，通过逆序成词形式形成的已改变了词性的单纯词叫“逆序词”，如英语中的“beggar（乞丐）→beg（乞讨）”“cobbler（鞋匠）→cobble（修鞋）”等；而通过逆序成词形式形成的不改变词性的单纯词叫“截搭词”，如英语中的“popular→pop（流行）”“laboratory→lab（实验室）”等以及汉语中的“伏特→伏”“瓦特→瓦”等。

变形成词之二是简缩成词。所谓简缩成词，是指将一些词组简缩成语素形式从而形成单纯词。如英语中的“psywar（心理战）”原本并不是语素，而是由词组“psychological warfare”简缩而成的；“chunnel（水底铁路隧道）”原先也不是语素，而是由词组“channel tunnel”简缩而来的。

简缩而来的词同我们前面讨论过的缩略词语不是一码事。通过简缩成词方式形成的词，如“jeep，radar”都是已经定型的单纯词，而缩略语，如英语中的“IAAF（国际田联）”、汉语中的“田联”等还没有定型，且不是单纯词。

3. 词汇构词

词汇构词指的是由两个以上的语素组合起来，从而构成一个新词。这是各种语言中最为常见的构词方式。词汇构词又可分为复合构词、附加构词和重叠构词三种。

（1）复合构词。

复合构词就是由两个以上的词根语素组合在一起构成新词。由此构成的合成词叫“复合式合成词”，也叫“复合词”。如英语中的“aeroboat（水上飞机）”“ice-skate（溜冰）”“southeast（东南）”等以及汉语中的“语言、乐音、说明”等。复合构词方式是汉语中最能产的一种构词方法。

复合词可以根据语素间的结构关系分成以下几种类型：

① 并列式复合词。由两个意义相同、相近、相关或相反的词根语素并列组合而成。如汉语中的“英雄、改变、甘苦、出纳、领袖、田园”等，以及英语中的“downfall，northwest”等。

② 偏正式复合词。由两个存在着修饰与被修饰关系的词根语素组合而成。如汉语中的“冰箱、酒窝、雪白、火红、重视、暗杀”等，以及英语中的“rattlesnake，bookshelf”等。

③ 补充式复合词。由两个存在着补充、说明和被补充、说明关系的词根语素组合而成。如汉语中的“揭穿、缩短、改善、马匹、船只、人口”等，以及英语中的“breakthrough，overcome”等。

④ 支配式复合词。由两个存在着支配与被支配关系的词根语素组合而成。如汉语中的“知己、赶集、中意、司机、发榜、缺德”等，以及英语中的“pickpocket，carryall”等。

⑤ 陈述式复合词。由两个存在着陈述与被陈述关系的词根语素组合而成。如汉语中的“性急、国营、雪崩、霜降、政变、眼红”等，以及英语中的“nose-bleed，sunset”等。

（2）附加构词。

附加构词就是由词根语素和词缀语素组合在一起构成新词。由此构成的合成词叫“附加式合成词”，也叫“派生词”，常用于屈折语中。如有人做过统计，在《韦氏大词典》中，由前缀“un-”构成的词竟有2 700多个。

派生词可以根据词缀在词中的位置分成以下几种类型：

① 前缀式派生词。即词缀语素在前，词根语素在后，从而形成的一种派生词。如汉语中的“第一、初三、老师、阿姨”等，以及英语中的“illogic，incur，unhappy，retell”等。

② 后缀式派生词。即词缀语素在后，词根语素在前，从而形成的一种派生词。如汉语中的“刀子、石头、作者、僵化”等，以及英语中的“movement，familiar，notice，friendship”等。

③ 中缀式派生词。即词缀语素居中，前后为词根语素，从而形成的一种派生词。如汉语中的“马里马虎、吊儿郎当”等，以及马来语中的“pu-la-tuk（啄木鸟）”、菲律宾旁托语中的“k-um-ilad（红了）”等。

（3）重叠构词。

重叠构词就是由两个相同的词根语素组合在一起构成新词。由此构成的合成词叫“重叠式合成词”，也叫“重叠词”。重叠词在汉语中不是很多，而在其他语言中更是不太多见。

汉语中的重叠词主要有以下三种：

① 名词性重叠词。如妈妈、哥哥、星星、娃娃。

② 副词性重叠词。如仅仅、偏偏、刚刚、常常。

③ 多重重叠词。如鬼鬼祟祟、唯唯诺诺、形形色色、婆婆妈妈。

重叠词不同于叠音式单纯词。后者，如“猩猩、蛐蛐”等，是一个语素，拆开来，光是“猩”“蛐”没有意义，不是语素；而前者，如“妈妈、刚刚”等，是两个语素，拆开来，“妈”“刚”也有意义，是语素。

重叠词也不同于语法中的词的重叠形式。后者在重叠过程中会增加某些语法意义，如“个”同“个个”语法意义有别，“干净”同“干干净净”语法意义也不同，“个个”含有的“每”“逐”的意思“个”不会有，“干干净净”较之“干净”程度上也有所加强。

在讨论了不同语素的不同组合构成了不同的词之后，我们有必要更深一层地了解语素的组合和语素义的组合、语素的组合和语素组合的功能类别组合之间的关系。

（1）语素的组合和语素义的组合。

语素的组合和语素义的组合（即组合后词的意义）并不完全对应。有时候，语素的组合和语素义的组合基本对应，即词义就是由语素义组合而成，如汉语中的“近景”就是指“近距离的景物”，“解疑”就是指“解释疑难”等，如英语中的“icebox（冰箱）”“oilpaper（油纸）”等。但有时候，词义并不等于语素义的组合，主要有以下三种情况：

① 一部分语素义比较隐晦的词。如汉语中的“滑竿”“麻利”等，英语

中的“henpecked（怕老婆的）”“pigiron（生铁）”等。

② 一部分有历史来源的典故词。如汉语中的“问鼎”“桑梓”等，英语中的“booklegger（贩卖禁书者）”“budget（预算）”等。

③ 一部分偏义复词。如汉语中的“窗户”“干净”中的一个语素“户”和“干”在词中已不起作用了，英语中“cockboat（小船）”“gooseberry（醋栗）”中的一个语素“cock（公鸡）”和“goose（鹅）”也没有意义。

（2）语素的组合和语素组合的功能类别。

语素的组合和语素组合的功能类别（即语素组合后所构成的词的语法类别）也不完全对应。尤其是在汉语中，语素的语法功能同词类没有必然的联系。有时候，两者是一致的，如“道路”“侦察”，前者两个语素都是名词性的，后者两个语素都是动词性的，所以前者是名词，后者是动词；又如“毛笔”“解疑”“提高”的中心语素“笔”“解”“提”的语法功能同所构成的词的语法功能是对应的。但是，汉语中也有大量的复合词的词类和语素的功能类别并不一致，如“开关”“速写”“管家”等从语素或中心语素来看都是动词性的，但它们均为名词。

在形态丰富的语言中，语素的组合和语素组合的功能类别是基本一致的，两者不对应的比较少见，但绝非没有。如在英语中，通常情况下，复合词的词性往往就等于最后一个语素的语法属性，如“room”是名词，所以“showroom（陈列室）”“bathroom（浴室）”“washroom（盥洗室）”等都是名词；“watchdog（看门狗）”“watchhouse（哨房）”“watchman（警卫员）”“watchtower（岗楼）”之所以也是名词，是因为其后一个语素均为名词。

当然，也有不一致的时候，如英语中的“water cool（用水冷却）”“waterlog（使……浸满水）”“waterfall（瀑布）”“watersupply（自来水）”均为陈述式复合词，且最后一个语素均为动词。

以上我们讨论的大多是两个语素的组合，如果是由三个或三个以上的语素构成的合成词，就会存在一个内部结构层次的分析问题。这种内部结构层次的分析，可以通过图解方式来进行，如：

① 殖 民 主 义 者

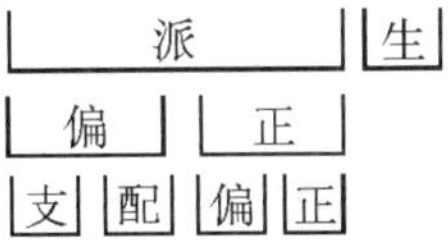

② 持 不 同 政 见 者

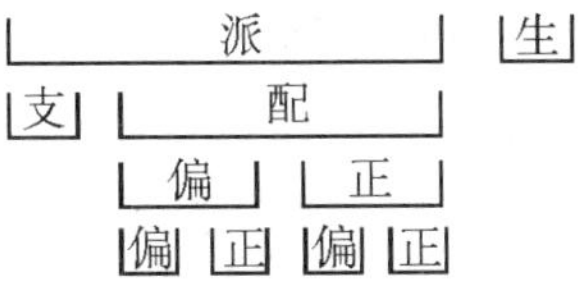

③ dis agree able （不合意的）

派	生
派 生	

④ un sports man like （没有运动道德的，不公正的）

派 | 生
陈 | 述
偏 | 正

4. 语法构词（即构形）

所谓语法构词，指的是通过词尾语素同成词语素的组合来表示不同的语法意义的一种现象。这种现象从语法角度看，是一种语法现象；词尾是一种语法手段，即构形形态，它附着在词上面，不改变词的意义，也不改变词类，而只起某种语法作用，如英语的“-s”表名词的复数形式，也表第三人称单数的动作，“-ed”表过去式，“-ing”表示进行时等。由于词尾也是一种语素，所以从词汇角度看，也可以看作一种构词的方式，虽然这种特殊的构词方式并不能产生新词。

狭义的语法构词（即构形）只指词尾语素，而广义的语法构形也包括附加构词中的后缀，这是因为这种词缀虽有构词作用，可改变词汇意义和词的语法类别，但更主要的作用还是在于标示不同的词类，在主要表示语法作用这一点上同词尾有相似之处。

四、固定短语的构造

1. 固定短语的总体结构特点

（1）结构的固定性。

所谓结构的固定性，是指固定短语的结构是一种凝固的组合形式，大多不能像普通词组那样随意改变。这里说的“不能改变”主要是指以下三种情形：

① 一般不能随意颠倒原有成分，如“牛头马面”不能说成“马面牛头”，“轻描淡写”不能说成“淡写轻描”。

② 一般不能随意改换原有成分，如“捐金抵璧”不能改成“弃金掷璧”，“菊老荷枯”不能改成“梅老兰枯”。

③ 一般不能随意插入其他成分，如“克绍箕裘”一般不能说成“克绍其箕裘”，“弥天大谎”一般不能说成“弥天之大谎”。

当然，我们也会发现，有的固定短语有几种结构形式，其中大部分是在固定短语形成之初就存在的，因为许多固定短语是在人民群众中间产生并逐渐形成的，有几种形式也不足为奇，如“牛溲马勃”与“马勃牛溲”并存，“浓妆艳服”与“浓妆艳裹”并存，“戮力同心”与“戮力一心”并存，均属此类。

也有一些确实对原有形式作了改动，但这种改动也必须得到全社会的广泛认同，如“每下愈况”最早出自《庄子·知北游》，可到了中古以后人们常说成“每况愈下”，于是便形成两者并存的局面。

（2）意义的整体性。

所谓意义的整体性，是指固定短语的意义在理解上具有整体性，整体性一般并不是指它的构成成分的意义的简单搭配、组合，一如那些普通词组那样。固定短语的意义的整体性主要表现在以下两个方面：

① 固定短语往往具有特殊的引申义和比喻义。如汉语“鲁鱼亥豕（鲁鱼豕亥）”表示书籍在传写、刊刻过程中的文字错误；“陆海潘江”比喻文才渊博；“首丘之思”比喻怀念故乡之情或归葬故土的愿望。即使有些具有相同或相似的构成成分，也不能想当然地作相同的解释，如“首尾共济（比喻相互支持）、首尾乖互（指前后矛盾）、首尾贯通（指前后连贯相通）、首尾两端（比喻拿不定主意）”等从字面看来意义相近，实则很不一样。

② 理解固定短语的真实含义还得了解形成语的文献典故和历史事件。如“青州从事”表面看来似同官吏有关，而一查其出处，才知是指美酒。又如“闻鸡起舞”，也只有从其出处才能获知它是表示有志者及时奋发，不然会被误解为与时下流行的晨练有关。

2. 固定短语的结构形式特点

固定短语的结构形式基本上是词组或句子的结构形式，但又具有其自身的特点。

固定短语都是由词组合而成的，所以在结构形式上可以按照词组或者句子来分析。如专有名词大多是偏正词组。缩略语也可以按照词组来分析，如“中文系”近于偏正词组，“采编播”近于联合词组，“打非”近于动宾词组。惯用语主要有三种结构形式：①三字格的述宾词组，如“走后门”；②三字格的偏正词组，如“马后炮”；③四字格或六字格的联合词组，如“大呼小叫”“一把屎一把尿”。成语虽然大多是四字格的，但结构形式却相当复杂，几乎涵盖了所有的词组结构形式，如“晨钟暮鼓（联合）、后起之秀（偏正）、别具匠心（动宾）、问道于盲（动补）、名副其实（主谓）、引狼入室（兼语）、打草惊蛇（连谓）”等。谚语的结构形式大多相当于句子。

固定短语在结构形式上也有一些有别于普通词组的特殊形式，如汉语中惯用语常见的三字格和成语常见的四字格，其中，尤以歇后语的结构形式最为特殊。汉语的缩略语同外语的缩略语相比也具有自己的构造特色：外语的缩略语通常采用“首字母提取法”，即把复杂词组中的每个词或重点词的第一个字母提取后组合起来，如联合国开发计划署“UNDP（United Nations Development Program）”、海军研究局“ONR（Office of Naval Research）”等。而汉语的缩略语则采用了多种方式进行排列组合，有类似于外语的提取法（如“简称”），也有综合概括的方法（如“数缩”）。

五、词语和词组的区别

词语和词组的主要区别就在于：①词语在结构上具有凝固性，不可以随意改变其结构形式和构成成分，而词组则是临时的组合，结构上并不固定；②词语在意义上具有整体性，而词组在意义上并不具有整体性，词组的意义往往就是构成词组的词的意义的简单加合。但是词语同词组也有纠缠不清的时候，尤其在汉语中，有些二字组、三字组既像词又像固定短语，颇难区分。

词与词组的区别问题在其他使用表音文字的语言中并不突出。这主要是因为这些语言中词的构造同词组的构造很不相同，如英语中绝大多数的“word（词）”都是由“附加构词”方式形成的派生词，有前缀和后缀等形式标记，这与“phrase（词组）”很不一样；再加上词的连写、词内成词语素间使用连接符、词与词有间隔等辅助手段，即使有的词是由两个词根语素构成的复合词，也能据此同词组区别开来，如英语中“ice-skate”是词，而“ice show”则是词组，因为前者有词内连接符而后者没有；“icebox”是词，而“ice bag”是词组，因为前者连写而后者不连写，有间隔。

而汉语的词就不同了，一者是绝大多数都是由词根语素构成的复合词，而且在结构形式上同词组又基本一致；二者是词没有形式上的标记，词内部不实行连写，也不用连接符，词与词之间也没有间隔，这样就给词与词组的区分带来了很大的麻烦：一些二字组合、三字组合究竟该归为词还是词组？即使到了今天，对于这一问题的解答意见仍然有很大的分歧，没有也不可能达成共识。

当然，并不是所有外形相似的组合均存在归属问题，以二字组合为例，例如“学生、教师、实习、锻炼、聪颖、素质”等，其中至少有一个成分肯定不能独立成词，这样的二字组合只能是词，而不可能是词组。又如“走了、说吧、钱呢、他的、对人、刚来”等，其中至少有一个成分肯定是独立的词，这样的二字组合只能是词组，而不会是词。

只有当两个既能独立成词又能作为词根构造新词的语素组合起来形成一个二字组合时，才会发生是词还是词组的归属上的纠纷。

要解决这种纠纷，我们可以从以下三个方面入手，当然总的原则是，看它们是较多地体现了词的特征还是词组的特征，是处理为词好还是处理为词组好。区分方式如下：

（1）若二字组合中后一个语素读轻声，该二字组合宜看作词。如“买卖、东西、动静、男人、说法”等，其中后一个语素读轻声。

（2）若二字组合中两个语素都不能被替换，否则意义会改变，该二字组合宜看作词。如“大红、大家、小心、小看、月亮”等，其中任何一个二字组合中的任何一个语素被替换，均会影响该二字组合中两个语素的意义和关系。

（3）若二字组合中不能插入别的成分，或虽可插入其他成分，但整个组合的意义已经改变，这样的二字组合宜看作词。如“开通、陪嫁、墨水、急火”等，两个语素间不能插入任何成分，表明其在结构上具有凝固性，不能随意扩展，当然宜看作词；而如“大车、铁路、龙头、开关、大小、天地”等，两个语素间虽然可以插入“的、和”等词，但插入后整个组合的意义也变了，这表明“大车”等词在意义上具有整体性，所以也应看作词。

当然也有一部分二字组合似乎更接近词组，主要有以下两类：

（1）两个语素间可以插入一些有限的成分，且不改变整个组合的意义，即通常所说的“离合词”。这种可以扩展的二字组合，在结构的组合上和意义的搭配上都更接近普通的词组。如“抓紧、打开、看见、推翻”等中间可插入“得”或“不”而不影响整个组合的意义；“牛肉、羊皮、白纸、车灯”等中间可插入“的”而不改变整个组合的意义，将它们看作词组似乎更妥当一些。

（2）两个语素间可以插入别的成分，且这种扩展还相当自由，但并不改变整个组合的意义，即所谓的“词组词”。像“上课、唱歌、请假、讲话、上当”等，中间都可以插入各种各样的成分，如“上课”，可以扩展为“上过课、上新课、上了一天的课、上什么课、上不了课、上大课、上公开课”等。无疑，从特征上看，“词组词”较之“离合词”更接近于普通词组。

本章建议阅读书目及问题思考

一、建议阅读书目

1. 张永言：《词汇学简论》，华中工学院出版社 1982 年版。
2. 刘叔新：《汉语描写词汇学》，商务印书馆 1990 年版。
3. 符淮青：《现代汉语词汇》（增订本），北京大学出版社 2004 年版。
4. 曹炜：《现代汉语词汇研究》，北京大学出版社 2004 年版。

5. 周荐：《汉语词汇结构论》，上海辞书出版社2004年版。
6. 温端政：《汉语语汇学》，商务印书馆2005年版。

二、问题思考

1. 什么是语素？确认语素可采用什么方法？
2. 什么是词？词和语素有何区别？
3. 自由语素和成词语素有什么区别和联系？
4. 什么是词缀语素？什么是词尾语素？两者有什么不同？
5. 什么叫词干？词干与词根有什么联系？
6. 词汇的构造形式有哪些？举例说明。
7. 语法构词有哪些类型？举例说明。
8. 什么是基本词汇？基本词汇具有什么属性？
9. 什么是外来词？外来词有哪些类型？举例说明。
10. 外来词的汉化有哪些具体表现？举例说明。
11. 固定短语具有哪些特点？举例说明。

第四章 语义

第一节　语义的内涵及性质

一、什么是语义

什么是语义，这是一个颇难回答的问题，不同的时代，不同的学者，均有不同的解释。但有一点似乎大家都认同，那就是，语义肯定是语言形式表达的内容。

正因为如此，“同语言形式结合在一起”便成了语义的基本特征。在日常生活中，我们会碰到许许多多的表达意义的现象，如人们常常利用手势、面部表情、头部动作等传递意义，海军士兵靠手中的旗子（白天）和舰上的灯光（晚上）来传递意义等，这些意义都不是语义，因为它们所依附的是语言形式之外的其他形式。

语言形式，有词汇形式和语法形式两类。所以，语言形式所表达的语义也有两类：一类是词汇意义，即由词汇形式表达的意义；另一类是语法意义，即由语法形式表达的意义。如汉语中“买的书”，“买”表示“拿钱换东西”，“书”表示“装订成册的著作”，这些意义均是通过词汇形式——词来表达的，所以都是词汇意义。而“买”同“书”之间存在的限制和被限制的关系意义则是通过虚词“的”和语序（有别于“书买的”）等语法手段来表达的，所以是语法意义。

除了传递思想外，人类还常常通过语言形式表达感情，所以语义成分中除了有思想内容外，也有情感内容，前者就是所谓的“理性意义”，后者就是所谓的“非理性意义”。

理性意义也叫“逻辑意义”或“指称意义”，它是语义的基本要素，反映的是人们对主客观世界的认识。在词语层面，它是概念义；在句子层面，它则是同判断、推理相联系的那部分语义内涵。

非理性意义也叫“色彩义”，它是附着于理性意义之上的表现说话人的主观态度、情感以及语体风格等的那部分语义内容。

语言形式所表达的意义有一般与个别、稳定与临时之分。其中一般的、稳定的意义是不需要依赖特定的语境、在通常情况下均能够存在的意义，这就是通常所说的“语言意义”。其中个别的、临时的意义是在特定的语境中产生的、离开语境就不复存在的意义，这就是通常所说的“语境意义”。如“他”表“称自己和对方以外的某个人”，这个意义是一般的、稳定的、不需要依赖语境而存在的，所以是语言意义；在“据我所知，兰儿心中早已有一个‘他’了”中“他”指的是“所爱恋的男人”，这个意义是个别的、临时的、离开上下文就会消失的，所以是语境意义。语言学中研究的语义指的是语言意义，而不是语境意义。

语言中的各级单位都有意义，其中，语义和句义具有突出的地位。这同词和句子在语法结构中的重要地位相类似，个中的缘由也基本相同：句子是言语交际的基本单位，句义是更大的语言单位意义的基础；而句子是由词语构成的，词语是造句的基本单位，要正确理解一个句子的意义，首先就得了解句中词语的词汇意义和关系意义，其中尤以词语的词汇意义最为重要，因为对词语间的关系意义的把握也离不开对词义的理解。

二、语义的性质

1. 语义的概括性

语义的概括性是语义最本质的属性，无论是词义还是句义都具有概括性。

词义对现实现象的反映是概括的反映。现实世界中的事物千差万别，极其复杂，词义对现实世界中客观事物的反映，并不是一种实录，而是一种抽象、概括的反映。词义只需要摄取客观事物的一两个足以同其他事物相区别的主要特征，而不需要面面俱到地全部罗列。例如现实世界中的人，有相貌、身高、体重、性别、肤色、种族及性格的不同，人同其他事物相区别的特征也有许多，如“会直立行走”“会用嘴说话”“能制造并使用工具进行劳动”等，而《现代汉语词典》在对“人”这一词给予解释时，对人的相貌、性别等差异忽略不计，而只抓住“人”的一个主要特征来进行表述——“能制造并使用工具进行劳动的高等动物”。这便是一种高度抽象、高度概括的反映。

词组义和句义也具有概括性。如“节俭的人”虽然意义比“人”要具体一些，但仍是概括的，只是概括的程度略低一点，概括的范围略小一点而已，因为它是对世界上不同国家、不同民族、不同年龄、不同性别、不同时代、不同个性、不同相貌的所有具有“节俭”这一生活态度的人的概括。同样，“他遇到了一个节俭的人”这个句子的意义也是概括的，因为它可以用来表述任何一个人遇到任何一个节俭的人这么一个事实。

2. 语义的模糊性

所谓语义的模糊性，是指词义等的界限不明确、不清楚。词义中有一部分是具有模糊性的，如“少年、青年、中年、老年”等词的意义就很难有明确的界限：究竟几岁到几岁是少年，几岁到几岁是青年，颇难下断语。尤其是那些表示程度差异的词，其模糊性更强，如“重”和“轻”、“闹”和“静”、“冷”和“暖”、“大”和“小”、“长”和“短”、“粗”和“细”、“高”和“矮”等，很难量化，多少斤为重，多少分贝为静，因人、因地、因时而异，很难有明确的界限。当然，词义中也有一部分并不具有模糊性，如“太阳、杜甫、小提琴、铅笔、电视机、小麦、长江、小时、毫米”等的意义都很明确，不具有模糊性。此外，还有大量的科技术语，也都是意义明确的。

词组和句子中，也有一部分的意义是模糊的。如“英俊少年、大西瓜、仔细搜查”等词组的意义都是模糊的：相貌达到什么程度才算“英俊”，“少年”指几岁，西瓜多少斤算“大”的，怎样搜查才算得上“仔细”，这些都没有明确、绝对的标准。而“天真冷”“我真幸福”“苏州的街道很干净”等句子的意义也同样是模糊的，道理同上。

语义的模糊性是社会交际活动的需要。因为人们在日常交际时，并不需要所有的表达都像实验报告、数据报表一样精确、绝对，否则社会的交际活动将无法进行。例如食客对餐厅厨师提出菜里放一些胡椒粉的请求时，会说：“师傅，菜里放一点儿胡椒粉。”厨师便明白了，一般情况下厨师不会要求食客对“一点儿”量化到几克，除非想抬杠。正因为如此，我们的日常会话可以在并不需要作深入细致的调查和取证的前提下进行。例如我们可以在并不确知他人的三围尺寸及精确体重的情况下谈论某女很胖、某男很瘦。当然，我们也应该注意到，语义有模糊的一面，也有精确的一面：如果火车票上显示开车时间为“傍晚”，乘客肯定要找售票员问个究竟；如果药瓶（袋）上显示的药日服次数为“若干”，每次服量为“少许”，病人肯定要找医生弄个明白。可见，语义的模糊性和精确性对社会的交际而言均是不可缺少的，它们的存在可以满足社会各种不同的交际需要。

3. 语义的民族性

语义的民族性突出地体现在词义上。

一种语言的词义是使用该语言的社会群体在长期的言语交际过程中约定俗成的，特定的社会制度、经济形态、文化传统、风俗习惯、民族心理等均会对词义的形成施加影响。不同的民族使用不同的语言，其词义自然会有所不同，主要体现在以下两个方面：

（1）不同语言中的词在理性意义上往往有同有异，能完全对应的极少。一种情况是，所指称的范围不同，如英语的“aunt”指称的范围比汉语的“姨母”“舅母”和“姑母”还要大，英语的“uncle”指称的范围也比汉语的

“姨丈”“舅父”和“姑丈”要大，这是因为英语“aunt”和“uncle”是不分“姑、表、亲”的。另一种情况是，同一个词的几个意义，往往有对应的，也有不对应的，如英语“cock”的本义对应汉语中的“公鸡”之义，而“cock”的其他意义：“雄禽”“黎明”“风标”“（水、煤气等的）开关”“（天平的）指针”“首领”“歪戴”等则是“公鸡”所不具备的；英语“mouse”的本义对应汉语中的“老鼠”之义，而“mouse”的其他意义：“胆小怕羞的人”“姑娘”“青肿，乌青块”“灰褐色”“小火箭”等则是“老鼠”所不具备的。这种情况极为普遍。

（2）不同语言中的词在非理性意义上往往也存在差异。如“龙”在汉语中除了表“古代某些爬行动物”“中国古代传说中的神异动物”等理性意义之外，还往往带有褒扬赞赏的色彩，如“龙马精神”“龙腾虎跃”“龙韬虎略”“龙驹凤雏”“龙眉凤目”“龙蛇混杂”等，而英语中相应的“dragon”则往往带有贬义的色彩，如“dragonish（凶暴的）”“the old Dragon（撒旦，魔鬼）”等。与之相反，汉语中的“狗”常带有贬义、厌恶的色彩，如“狗胆包天”“狗苟蝇营”“狗急跳墙”“狗皮膏药”“狗屎堆”“狗头军师”“狗腿子”“狗尾续貂”等，而英语中相应的“dog”则带有令人欢喜的意思，如“a lucky dog（幸运儿）”“a jolly dog（快活的人，有趣的伙伴）”等。

第二节　语义单位及其分析方法

一、语义单位

西方学术界将语义单位分成五级，依次为：义素、义位、义丛、义句和言语作品义。

义素，也叫“语义特征、语义因子、语义标志、语义原子、语义成分”，是最小的语义单位，是义位中表现区别性特征的要素。义素是对义位分解的结果，它是所有语义单位中唯一没有语音形式与其相匹配的一种语义单位。

义位，即词义，是词的语音形式所表达的内容，由人的意识对客观对象的概括反映而形成。义位是传统词汇学研究的唯一的语义单位，也是现代语义学所研究的最重要的语义单位。

义位可以分为理性意义和非理性意义两大部分。理性意义也叫“概念义”，它是同词的语音形式结合在一起的人们对客观对象的关键性特征的概括反映。非理性意义反映了人们对客观世界的主观态度、词的适用语域以及词本身带给人们的种种联想等。非理性意义是附着在理性意义之上的，所以也叫“附加色彩”或“色彩义”。

词的理性意义可以根据反映客观事物主要特征的程度上的差异而分为两类：

（1）通俗意义。这是人们对客观事物的非本质特征的概括反映所形成的理性意义。如“人”所具有的“会直立行走”“会用嘴说话”等特点就是其非本质特征，对这些非本质特征概括后形成的“会直立行走并能用嘴说话的高等动物”便是“人”的通俗意义。

（2）科学意义。这是人们对客观事物的本质特征的概括反映所形成的理性意义。如“人”所具有的“会制造工具”“能使用工具进行劳动”等特点就是其本质特征，对这些本质特征概括后形成的“会制造并使用工具进行劳动的高等动物”便是“人”的科学意义。

通俗意义一般的人都能了解，而科学意义则往往需通过专业学习才能掌握。人们在日常生活中都是按照通俗意义来理解和使用词语的，而科学意义一般只用于特定的学科领域。

词的理性意义是词义中的核心部分，是词义成分中最重要的成分。词义成分中可以没有非理性意义，但不能没有理性意义，不然非理性意义也就无从依附了。

词的非理性意义主要有以下三种：

（1）感情色彩。词的理性意义附带的人们对客观对象的主观态度，就是感情色彩。感情色彩主要有三类：

① 褒义色彩，即词的理性意义所附带的对客观对象的肯定、赞许和喜爱的态度，如“勉励、果断、坚定、机智、自豪”等。

② 贬义色彩，即词的理性意义所附带的对客观对象的否定、贬斥和厌恶的态度，如“怂恿、武断、顽固、狡诈、骄矜”等。

③ 中性色彩，即词的理性意义不附带任何对客观对象的态度，是感情色彩的一种零形式，如“鼓动、坚固、焦点、牡丹、母畜、木然”等。语言中的词绝大多数是属于这一类的。

（2）语体色彩。词的理性意义附带的词的适用语域及风格特质，就是语体色彩。语体色彩也可分为三类：

① 书面语色彩，即适用于书面写作或比较正式的交际场合，具有庄重、

典雅风格特质的一种语体色彩，如“伉俪、斡旋、囹圄、润笔、缱绻、弛缓”等。

② 口语色彩，即适用于日常交谈及口语化的文学作品等，具有随意、通俗风格特质的一种语体色彩，如“吃力、擦背、撑死、溜达、车身、挖苦”等。

③ 中性语色彩，即不带任何语体色彩的一种零形式语体色彩，如“商量、夫妻、调解、稿酬、放松、监狱”等。

（3）形象色彩。词的理性意义附带的由词的构成成分引起的对事物视觉形象或听觉形象的联想。如“滚烫”会让人联想到煮沸的、正冒着气泡的开水，“爪牙”会让人联想到猛兽的坚牙利爪，“玫瑰紫”会让人联想到玫瑰的颜色，这种联想就是词的形象色彩。

词的形象色彩同词语的构造密切相关，有些表义相同的词，就是因词的内部构成成分的不同，从而带有不同的形象色彩。如“荸荠”有两个别名，一名“马蹄”，一名“地栗”，前者让人联想到这种东西类似于马蹄的形状，后者则让人联想到这种东西类似于栗子皮的颜色以及爽脆的口感。又如“杜鹃”，一名“布谷鸟”，一名“报春鸟”，前者让人联想起这种鸟“布谷布谷”的叫声，后者则让人联想起这种鸟在春天绿色的田野上翱翔欢叫的身影。“罗锅”即指“驼背”，前者让人联想到类似于一口大铁锅的弧形后背，后者则让人联想到后背犹如驼峰的凸起之状。

传统词汇学中，有个概念叫“义项”。严格说来，义项不是语义学的用语，而是词典学的用语，义项是词组中对词的意义的分项说明。义项与义位并不完全对应，虽然绝大部分义项都属于义位，但也有一部分义项并非义位，而是语素义。如汉语中“兵”有两个义项，一个义项指的是士兵，另一个指的是兵器，前一个是义位，后一个则是语素义。

一个词如果只反映一种客观对象，就只有一个义位。如“端详”只有一个义位“仔细地看”，“平信”也只有一个义位“不挂号的一般信件”，因为它们都只反映一种客观对象；一个词如果反映的客观对象不止一个，就会有多个义位，如“绝境”有两个义位，一是“与外界隔绝的境地”，另一个是“没有出路的境地”。“绝境”之所以有两个义位，是因为“绝境”反映的客观对象有两个。

义位既包括词的理性意义，也包括附着在理性意义之上的附加色彩。如“把戏”一指“杂技”，二指“花招、蒙蔽人的手法”，这都是它的理性意义。除此之外，前一个义位还包括“口语色彩”，后一个义位还包括“贬义色彩”。

作为语义的单位，义位也具有概括性。义位所反映的是经过抽象概括而形成的一般的、稳定的意义，而不是反映在特定语境中出现的个别的、具体的、临时的意义。如“学生”在不同的语境里可以指小学生、中学生，也可以指大学生；可以指男学生，也可以指女学生；可以指品学兼优的学生，也可以指品学俱差的学生。这些都是“学生”的个别的、具体的、临时的意义，而不是一般的、稳定的、适用于任何语境的意义，所以都不能作为“学生”的义位。而只有在对上述个别的、具体的意义进行概括的基础上所形成的“在学校读书的人”，才是“学生”在“小学生、中学生、大学生、男学生、女学生……”中所体现出来的一般的、稳定的意义，才能作为“学生”的一个义位。

相同的语音形式和书写形式所表达的几个意思并不一定就是同一个词的几个义位。关键要看这几个意思是否有某种联系。有联系的，如“岗哨”所表达的“站岗放哨的处所”和“站岗放哨的人”这两个意思，就是同一个词的几个义位；没有联系的，如“生气”所表达的“生命力；活力”同“因不合心意而不愉快”这两个意思，就不是同一个词的几个义位，而分属于几个词。

词义的分析、比较、说明是以义位为单位的，义位的不同不仅会带来理性意义的差异，也会带来非理性意义的差异。如我们说“自豪”同“骄傲”是同义词，并不是指“自豪”同“骄傲”的所有义位均相同，而是指“自豪”同“骄傲”中的一个义位相同，而“骄傲”的另两个义位“自以为了不起，看不起别人”“值得自豪的人或事物”则同“自豪”不相同。可见，说明或掌握一个词的意义和用法时，应该以义位为基本单位。

除此之外，还有义丛、义句和言语作品义。义丛，即短语的意义。义丛是由义位构成的。义句，即句子的意义。义句也是由义位构成的。言语作品义，即篇章义。言语作品义是由义句构成的。言语作品义是最大的语义单位。

二、义素分析法

诚如上文所言，义素是最小的语义单位，是义位的构成要素，所有义位均可以分解为一个个义素。如“包子”“馒头”可以分解出以下义素：

馒头：+［食品］+［用发酵的面粉蒸成］+［上圆下平］+［无馅］

包子：+［食品］+［用发酵的面粉蒸成］+［上圆下平］+［有馅］

其中“食品”等便是表现区别性特征的要素，即义素。

义素是理论分析的结果，是一种没有相应的语音形式的抽象的语义单位，因而是无法直接观察到的。这一点，义素同其他语义单位很不一样，其他语义单位，如义位、义丛、义句等均有相应的语音形式，均能直接观察到。

所谓义素分析法，就是通过在最小语义子场中的两个或两个以上的义位的比较分析，找出这些义位所包含的义素的方法。义素分析必须在语义场中进行，所谓语义场，是指由若干具有共同的类属义素的义位所构成的语义聚合，如上面所举的“包子”“馒头”就构成一个语义场。义素分析所采用的基本方法是对比法，也就是将处于同一语义场中的几个义位放在一起，进行意义上的比较，从而提取出义素。

义素分析的具体步骤是：

（1）确定语义场。

要对某种语言中的一个义位 A 进行义素分析，首先就得替 A 寻找同 A 关系最密切的另一个或两个义位 B、C，从而使 A、B、C 构成一个语义场。需要说明的是，寻找 B、C 的工作并不是十分轻松的，因为密切到什么程度才是最密切，各人的看法是不一致的。目前人们常用的办法是借鉴各个学科对事物的分类来确定语义场，处于分类最底层的事物往往被认为是关系最密切的，由此由其构成的语义场叫最小子场，以区别于其上位分类所形成的语义子场及最初（高）分类所形成的语义母场。

（2）通过比较分析找出义素。

这是最关键的一个步骤，主要是通过对比法，比较几个义位意义上的共同点和不同点，据此提取出共同义素和区别义素。如通过比较分析“哥哥、姐姐、弟弟、妹妹”这四个义位的共同点和不同点，可以提取出它们的共同义素：“亲属”“同胞关系”，以及区别义素“年长”和“年幼”、“男性”和“女性”。

（3）对分析获得的义素进行整理，列出语义结构式子或语义矩阵。

找出共同义素和区别义素之后，需要对分析的结果予以整理，尔后加以简洁、直观的描写。

整理主要从两个方面着手：一方面是一些符号的使用，从而使描写简化、清晰，如一般用“+”表示具备这个义素，用“-”表示不具备这个义素；另一方面是统一义素的表述，以增加对比性，一般采用非此即彼的表述方式，如“包子”为“+［有馅］”，“馒头”则为“-［有馅］”。

描写有两种方式：一种是语义结构式子，如上面提到的“哥哥、姐姐、弟弟、妹妹”的义素情况就可以作如下的描写：

哥哥：+［亲属］+［男性］+［同胞关系］+［年长］

姐姐：+［亲属］-［男性］+［同胞关系］+［年长］

弟弟：+［亲属］+［男性］+［同胞关系］-［年长］

妹妹：+［亲属］-［男性］+［同胞关系］-［年长］

另一种是语义矩阵图，如“自行车、助力车、摩托车”的语义矩阵图为：

义素 义项	交通工具	陆地上行驶	机动	载人
自行车	+	+	–	+
助力车	+	+	+	–
摩托车	+	+	+	+

所谓准确，指的是义素的描写必须准确反映词语所指范围，不能过宽，也不能过窄。所谓简明，指的是义素的描写必须简明扼要，要用尽可能少的义素来揭示词义的特征。

义素分析被看作现代语义学有别于传统词汇学的重要标志，义素分析具有以下的作用：

（1）义素分析可以清楚、简洁地说明词义的结构，从而有助于词义之间异同的比较，在多义词和同形的同音词的分辨、同义词的辨析以及多义词各义项间相互关系的把握等比较模糊的问题的处理上有独到的效果。如多义词和同形的同音词从表面来看颇为相似：均以相同的语音形式和书写形式来承载几个意义。不同的是多义词几个义位间有联系，而同音词几个义位间没有联系。这种“有联系”和“没有联系”均较为笼统。而运用义素分析之后，两者之间的差异就变得一目了然。如：

A 组：

笔录$_1$：＋［人］＋［用笔］＋［记录下来］＋［文字］

笔录$_2$：＋［文字］＋［人］＋［用笔］＋［记录下来的］

B 组：

号子$_1$：＋［房间］＋［监狱里的］＋［关押犯人的］

号子$_2$：＋［歌］＋［集体劳动中所唱］＋［协同使劲］＋［减轻疲劳］

其中 A 组中的两个词义存在很多相同的义素，所以“笔录”为多义词；而 B 组中的两个词义不存在任何相同的义素，所以是同音词。

以前，虽然我们知道多义词中有一个义位（本义）同其他义位之间存在某种源流关系，其他义位均是由该义位派生而来的，至于究竟是为何派生的，那是很难搞清楚的。而有了义素分析之后，这种派生过程也就变得清晰起来。试以多义词“沉”为例：

沉$_1$：＋［东西］＋［有一定分量］＋［在水里］＋［往下落］＋［有一定程度］

沉$_2$：＋［东西］＋［有一定分量］－［在水里］＋［往下落］＋［有一

定程度]

沉$_3$：+［抽象事物］-［有一定分量］-［在水里］+［往下落］+［使往下落］+［有一定程度］

沉$_4$：-［东西］-［有一定分量］-［在水里］-［往下落］+［程度深］

沉$_5$：+［东西］+［有一定分量］-［在水里］-［往下落］-［有一定程度］

其中“沉$_1$”为“沉到河里”的“沉”，为本义，其余均为派生义：“沉$_2$”为“地基下沉”的“沉”，“沉$_3$”为“沉下心来”“沉住气了”的“沉”，“沉$_4$”为“睡得很沉”的“沉”，“沉$_5$”为“箱子很沉”的“沉”。从义素分析中，我们可以发现，派生义均是对本义某一个义素的推演、引申。

（2）义素分析有助于说明词语组合的语义限制条件。以往，在汉语普通话中，像“故宫向东流”“请吃电视”等组合通常被看作成分搭配不当，前者是主谓搭配不当，后者是动宾搭配不当。而通过义素分析，我们便可以发现，前者是因为“故宫”不具备动词“流”所要求的动作发出者必须具备的“液体”这个义素，后者则是因为“电视”不具备动词“吃”所要求的动作的被支配者必须具备的“食物”这个义素，所以才不能搭配。

在语法领域运用义素分析手段而形成的分析方法叫作“语义特征分析”。它同义素分析法关系密切，均是对词的意义特征的揭示；但又有着明显的区别，主要表现在：第一，语义特征分析的目的在于揭示语法结构规律，所以只关注对词语组合有影响的语义成分。第二，有些词从义素分析角度来看，颇为复杂，需要用一定数量的义素来表述它们，但从语义特征分析角度来看，则颇为简单，只需用一两个义素表述即可。如汉语中“春天、大学生、大姑娘、星期五”等名词从义素分析角度看，各自包含不同的语义特征，表述起来可不容易；但从语义特征分析角度看，它们都只有一个义素对词语的组合有影响，即它们都具有“推移性”，从而使它们都可以进入“NP了”句式（如“春天了”“大学生了”等），所以语义特征分析只需用一个义素“+［具有推移性］”来表述即可。

（3）义素分析使语义的描写形式化。义素分析的实质就是用数量有限的义素来分析、描写无数的义位，从而使语义结构的描写彻底码化。这将使语义结构的计算机处理成为可能，从而给机器翻译、人机对话等自然语言的计算机处理中的重大课题带来积极而重大的意义和影响。

当然，义素分析也存在某些局限，主要表现为：

（1）由于缺乏客观的分析标准和依据，义素分析多少带有一些主观随意性。我们知道，语音的分析有语音的物理属性、生理属性作为分析的客观依据，语法的分析也有具体的语法形式作为分析的客观依据，而唯独义素分析没有任何可资依赖的客观的具体的东西，所以义素的表述往往会因人而异，存在着一定的随意性。

（2）一种语言的语义系统究竟需要用多少数量的义素才能没有遗漏地描写清楚，目前尚无法预见。我们知道，义素分析是受音位的区别特征分析的启发和影响而产生的，一种语言的音位是极其有限的，而音位的区别特征则更加有限。与此不同的是，一种语言中的义项是多得不可计数的，且经常处于变化之中——旧的词义消亡了，新的词义产生了，究竟需要多少义素才可以揭示所有义位的语义结构情形，至少目前尚无法说清楚，但肯定要比音位的区别特征多得多。

第三节　词义的聚合

一、单义现象和多义现象

1. *单义词和多义词*

单义词指的是只包含一个义位的词，主要有以下三类：

（1）常见事物的名称，如“桌子、茶杯、皮鞋、自行车、电视机”等。

（2）科技术语和专有名称，如“电子、函数、血压、北京、中文系”等。

（3）新造词和次新造词，前者指的是 20 世纪 80 年代以来新出现的词，如“爆满、代沟、拆迁、脱贫、展销、反思”等；后者指的是“五四”以后所产生的词，如“紧缩、录取、美容”等。

多义词指的是包含几个相互有联系的义位的词。多义词与同音词有相似之处：它们都是由同一个语音形式来承载几个意义。但两者有本质的区别：多义词的几个意义之间有密切的联系，如“笔录”中“笔”和“录”所表示的两个义项之间的联系让人一目了然；而同音词的几个义位之间则毫无联系，如汉语“号子”中“号”和“子”所表示的两个义位互不相干。所以同音词的几个义位分属不同的词，而多义词的几个义位属于同一个词，是词义的一种聚合方式。

2. 词由单义发展为多义的原因

任何一个词，在刚产生之时往往是单义的，而在使用的过程中，会逐渐发展为多义，主要有以下两个原因：

（1）客观对象之间的各种联系是词语多义化的现实基础。客观对象之间的联系有相关性和相似性：前者指的是客观对象之间存在着某种具体的、直接的联系，如英语中的“dish”最初是指“盘子、碟子”，盘子、碟子常用来盛装菜肴，所以人们根据两者的相关性联系，又用“dish”表示“盘装菜”的意思。用“dish”表示“盘装菜”，其能指与所指之间虽无直接的、具体的联系，但在本质特征上有某种共通性，如汉语中的“心脏”原指“人和高等动物身体内推动血液循环的器官”①，由于“心脏”位于胸腔的中部，而且又是人和脊椎动物最重要的器官之一，所以人们又用“心脏”泛指一切事物的“中心”。

（2）语言的经济原则是促使词语多义化的直接原因。任何一种语言的语音形式均是极其有限的，而任何一种语言的语义系统则是极其庞大且不断膨胀的，用屈指可数的语音形式去承载不可胜数的义位，这确实合乎语言的经济原则，但同时，用一种语音形式去承载多少有些联系的义位的现象也就不可避免了。

3. 本义、派生义和基本义

多义词的几个义位中最初的那个义位叫“本义”，由本义直接或间接派生出来的义位叫“派生义”，也叫“引申义”。如英语中的“pen”的最初意义为“羽毛”，后来从这个意义派生出“笔”“写作”“作家”等意义，“羽毛”即本义，其余的则为派生义。

多义词的几个义位中总有一个是某一时期最常用、最主要的，这个意义就叫“基本义”。基本义同本义可能一致，也可能不一致。如前面提到的汉语中的“心脏”的基本义同本义是一致的，而英语中的“pen”的基本义是“笔”，而不是本义“羽毛”。

派生义的派生途径有二：一为引申式派生，二为修辞式派生。

所谓引申式派生，是指在母义的基础上通过类比、推演而产生派生义的一种派生方式。从现代语义学的角度来看，引申式派生无不表现为对母义一个或几个义素的变换、延伸。②

---

① 参见中国社会科学院语言研究所词典编辑室编：《现代汉语词典》（第 6 版），商务印书馆 2012 年版，第 1448 页。

② 参见曹炜：《现代汉语词义学》（修订本），暨南大学出版社 2009 年版，第 155 页。

所谓修辞式派生，是指由词的修辞用法产生的临时义（或叫“语境义”）固定下来后形成新义的一种派生方式。①

修辞式派生中，最常见的是借代式派生和比喻式派生。借代式派生，是指根据客观对象之间的相关性联系，用原本指称甲对象的词语再去指称乙对象，从而派生出新的意义，如汉语中的“小麦”原指一种“一年生或二年生草本植物”，依据相关性联系，“小麦”又被用来指称“小麦这种植物的果实”。通过借代式派生产生的派生义，叫“借代义”。

所谓比喻式派生，是指根据客观对象之间的相似性联系，用原本指称甲对象的词语再去指称乙对象，从而派生出新的意义，如英语中的“pearl”原指“珍珠”，由于本质特征上的共通性，“pearl”又被用来指称“珍品、杰出的人”。通过比喻式派生产生的派生义，叫“比喻义”。

4. 多义词在交际中呈现的单义性

多义词在交际中一般并不会造成歧义，而往往会呈现单义性，这是因为：

（1）词语总是处在一定的上下文中的，词语之间的相互制约往往会使多义词只体现一个意义。如英语中的“foot”有两个较常用的意义：一是“脚”，二是“最下部，底部”，但在“The workers live at the foot of the social ladder（工人生活于社会的底层）”中，“foot”只能是“底部”的意思，而不可能被理解为“脚”，这是上下文的制约使然。

（2）人们的言语交际总是处在一定的环境中的，特定的交际环境也会使多义词呈现单义性。如“毛桃”既指“毛桃树”，又指“毛桃树的果实”，对一个卖果树苗的人说：“我买毛桃。”“毛桃”只能是前一个意思，而对卖水果的人说：“我买毛桃。”“毛桃”只能是后一种意思。

二、同义现象

所谓同义现象，指的是一种语言或方言中几个义位内涵相同或相近的词义现象。构成同义或近义关系的词叫“同义词”。如“伤感”和“感伤”、“效尤”和“效法”、“伉俪”和“夫妻”、“事情”和“事件”等。

同义词分成两大类：等义词和近义词。

等义词是意义完全相同的两个词。这里的所谓“意义”，既包括理性意义，也包括非理性意义。等义词的形成有多种途径：有一些是借用外来词形成的，如“昏迷”和“休克”、“诙谐”和“幽默”、“发动机”和“马达”等。有一些是借用方言词形成的，如“寡妇”和“半边人”、“纠纷”和“吵子”、

---

① 参见曹炜：《现代汉语词义学》（修订本），暨南大学出版社 2009 年版，第 158 页。

“疲劳”和“吃力”等。还有一些是通过变换构词语素的顺序而形成的，如“道地”和“地道”、“举荐”和“荐举”、“离别”和“别离”、“替代”和“代替”等。

等义词由于理性意义和非理性意义完全相同，一般认为在语言表达中没有什么积极作用；相反，只会增加人们的记忆负担，所以在语言中大多不能长期并存。有些随着时间的推移，其中的一个逐渐消亡，如“康白度”和“买办”、“布萨”和“斋戒”等中的前一个均已逐渐退出言语交际；有些则逐渐分化，由等义词转变为近义词，如汉语中“批评”同“批判”原为等义词，后来逐渐分化，在理性意义及语意轻重上均存在差异了。

近义词是意义相近的几个词。所谓“意义相近”，是指在理性意义或非理性意义上有同有异。近义词之间的差异可以表现在理性意义上，主要体现在以下几个方面：

（1）词义所指范围并不完全相同，如“河”同“河流”均指“地球表面天然的或人工的大水道”，但前者既可指个体，也可指集合体，而后者只能指集合体。

（2）词义在语气的轻重程度上存在差异，如“蔑视”同“轻视”均表示“看不起”，但在语气的轻重程度上，“蔑视”要比“轻视”重。

（3）词义在用法上存在差异，如“交换”同“交流”均指双方把自己的东西给对方，但“交换”可以同“礼物、名片、场地、意见”等词语组合，而“交流”不能；反过来，“交流”可以同“体会、经验、思想”等词语组合，而“交换”不能。

近义词之间的差异也可以表现在非理性意义上，主要体现在以下几个方面：

（1）词义的感情色彩不同，如“倚仗”和“依凭”、“伎俩”和“手段”、“鼓励”和“怂恿”等，理性意义基本相同，而感情色彩则有所不同：“倚仗”“伎俩”“怂恿”等均含有贬抑、否定色彩；而“依凭”“手段”则无贬抑色彩；“鼓励”则含有褒扬、肯定色彩。

（2）词义的语体色彩不同，如“瑕玷”和“毛病”、“搓澡”和“擦背”、“巢穴”和“老窝”等，理性意义完全相同，但语体色彩则有所不同：“瑕玷”“搓澡”“巢穴”均具有书面语色彩；而“毛病”“擦背”“老窝”则具有口语色彩。

同义不同义是义位之间存在的现象，所以一个多义词可以在不同的义位上与几个词构成同义关系。如“开”是一个多义词，有许多义位，而几乎在每个义位上均可以同别的词构成同义关系，所以“开”就有一群同义词，诸如

“打开、开辟、分离、解冻、操纵、开拔、开办、开始、举行、支付”等。

三、反义现象

所谓反义现象，指的是一种语言或方言中几个义位的内涵相反的词义现象。构成反义关系的词叫作“反义词”。如“坚强”和“脆弱”、“高涨”和“低落”、“吝啬”和“慷慨”等。

1. 反义词的基本特点

(1) 属于相同的意义范畴，即均为同一个种概念下的属概念，是构成反义关系的基础，如“炎热”和“寒冷”均属“温度”范畴，“长”和“短”均属“度量”范畴，“早”和“晚”均属“时间”范畴。若属于不同的意义范畴，则不能构成反义关系，如“快”和“短”、“宽阔”和“贫穷”等就不能构成反义词。

(2) 反义词中所谓的“反义”，是以逻辑上的矛盾关系和对立关系为基础的。前者指的是两个概念的外延没有交集，它们的外延之和等于其中概念的外延，是一种“非 A 即 B，非 B 即 A”的关系，如“完整”和“残缺”、“合法”和“非法”等构成矛盾关系，处于矛盾关系中的两个意义构成反义关系；后者指的是两个概念的外延没有交集，而且其外延之和小于另一种概念的外延，是一种“是 A 则非 B，是 B 则非 A”的关系，如“伟大”和“渺小”、“复杂”和“简单”之属就构成对立关系，处于对立关系中的两个意义也构成反义关系。

(3) 反义词是就词的整体理性意义之间存在的对立关系而言的，所以，理性意义上的局部或细微的差异和对立，如“热”和“暖”、“绝望”和“失望”之属，均不构成反义词；同时，非理性意义之间的对立，如“鼓励”和“怂恿”之属是感情色彩上的对立，“颔首”和“点头”之属是语体色彩上的对立，均不构成反义词。

(4) 反义词是就特定语言或方言的词汇系统而言的，所以不同语言或方言中意义相反的词不能看作反义词。

2. 反义词的类型

根据两个意义所处的逻辑关系的不同，一般将反义词分为两大类：凡是处于矛盾关系中的反义词，就叫“绝对反义词”；凡是处于对立关系中的反义词，就叫“相对反义词”。前者如“集中”和“分散”、“清澈”和“浑浊”、“平坦”和“崎岖”等，后者如“前进”和“后退”、“快乐”和“忧愁”、“赞同”和“反对”等。

与同义词的情况一样，一个多义词可以在不同的义项上同几个词构成反义关系。仍以“开”为例，“开”可以同许多词构成反义关系，如“关、合、闭、落、谢、封、停”等。

3. 反义词的作用

（1）有助于我们确定多义词的义位。如“肥”有“瘦”和“薄”两个不同的反义词，据此可以确定“肥”至少有“含脂肪多（同“瘦”相对）”“（衣服等）肥大（同“瘦”相对）”以及“（土地）肥沃（同“薄”相对）”等三个义位。

（2）有助于辨析近义词之间理性意义上的细微差异。如“拘束”同“拘谨”是一对近义词，前者的反义词为“自然”，后者的反义词为“豪放”，从它们的反义词身上可以体察两者的差异。

（3）在表达上往往可以形成对比，从而揭示矛盾，增强语言的表现力。如“懒惰的结果是痛苦，勤劳的结果是幸福”“虚心使人进步，骄傲使人落后”等。

四、语义场

1. 什么是语义场

“场”原是物理学术语，指的是物质存在的一种基本形式，有能量、动量和质量，能传递实物间的相互作用，如电场、磁场、引力场等。20 世纪 30 年代，以德国语言学家特里尔为代表的德国、瑞士的语义研究者把它引入了语义学研究领域，提出了“语义场”理论。

语义场是指由若干具有共同的类属义素的义位构成的聚合体。如“包子、馒头、烧卖”的类属义素相同，均为“食品”；“自行车、助力车、摩托车、汽车”的类属义素相同，均为“交通工具”，所以都构成语义场。一个语义场至少有两个义位，一个义位无法形成语义场。在一个语义场内，共同的类属义素使不同的义位相互关联，不同的区别性义素又使不同的义位相互区别，从而充分揭示各个义位的语义特征。

2. 上下义词和语义场

语言中有些词的外延具有包含和被包含的关系，即存在种属关系，其中外延大、属于种概念的词叫“上义词”，而外延小、属于属概念的词叫“下义词”。如“叫”这个词的外延包含“吼、嘶、啼、啸、哨”等词的外延，“叫”就是“吼”等词的上义词，而“吼”等词便是“叫”的下义词。上下义词同语义场关系密切：属于同一个上义词的若干个下义词具有相同的类属义素，所以构成一个语义场。如“吼、嘶、啼、啸、哨”就构成一个“叫”的语义场。

3. 语义场的特点

（1）系统性。语义场具有系统性。一个语义场从某种意义上说，就是一个小的词义系统。在这个系统中，类属义素划定的意义范围被切割成若干块分配给不同的词义。在意义范围恒定或封闭的状态下，词义之间往往相互制约，任何一个词义的变化都会带来邻近词义的连锁变化。如现代汉语中表示颜色的语义场的意义范围是恒定的，一般分为“红、黄、蓝、白、黑”五色，若再细分，则可以加进“紫、橙、绿、青”等，这样一来，“红、黄、蓝”的意义范围均要相应缩小了。

当然，系统性也存在程度的差异，一般来说，语义场的意义范围越恒定、封闭，词义之间的制约就越强，系统性也就越明显；反之，语义场的意义范围若是可变的、开放的，词义之间的制约就弱，甚至没有，系统性也就不明显。如“洗碗机、消毒柜、微波炉、电饭锅”等构成的“厨房用电器”语义场的意义范围就是开放的，新成员的出现不太会引起其他词义的变化。

（2）层次性。语义场是有层次的，若干较小的语义场可以构成较大的语义场，若干较大的语义场可以构成更大的语义场。其中最大的语义场可以叫作“语义母场”，低一级的语义场叫作“语义子场”，最低层次的语义子场叫作“最小语义子场”。这个最小语义子场很重要，因为义素分析必须在最小语义子场里进行。构成最小语义子场的义位之间往往关系密切，所以只有在最小语义子场里，每个义位才能充分凸显自己的语义特征，如此进行的义素分析才会最接近每个词义的本真。

4. 语义场研究的意义

语义场研究对词义研究和语言间语义对应关系的研究都有一定的意义，主要表现在以下几个方面：

（1）语义场不是孤立地研究个别词义现象，而是以系统的观点，从相互联系的角度去研究各种词义现象。这样就有助于人们更全面、深入地了解词义间的相互影响、相互制约在词义的形成、发展过程中所起的作用，从而能更从容地解释词义发展演变中的种种现象及其成因。

（2）语义场是义素分析的基础和依托，义素分析必须在语义场中进行。所以语义场研究将有助于增强义素分析的科学性、严密性和准确性。

（3）语义场具有层次性，一种语言中的所有词义均有可能归入处于不同层次的大大小小的各类语义场中去，这将使一种语言的所有词义形成一个层级体系成为可能。所以，语义场研究为词义体系的建立提供了可供选择的理论和途径。

（4）语义场研究也为认识和了解不同语言之间的语义对应关系提供了可

以利用的手段和框架。如通过汉语和英语亲属关系语言语义场的比较研究，可以清晰地看到两种亲属关系语言之间称谓系统的差异。

第四节　句　义

一、句义的构成

我们在讨论“语义的性质”问题时曾经指出，语言形式所表达的意义可分为语言意义和语境意义两种，前者是由语言形式所表达的意义，后者是在特定的语境中产生的意义。我们这里讨论的“句义”指的是句子的语言意义。

句子的语言意义是由句子里的词汇形式、语法形式、语调形式等来表达的，我们可以根据表达形式的不同将句义分为词汇意义、关系意义和语气意义三个部分。

1. 词汇意义

句子是由词构成的，词义是句义的重要组成部分，要正确理解一个句子的意义，首先要弄明白句中词语的意义。一个不明白“恐怖”“袭击”“已经”“发生”这些词表示什么意思的人是不可能理解“恐怖袭击已经发生”这个句子的意思的。而且词义的不同也会造成句义的不同，如将上面这句话中的“已经”改作“没有”，那么句义也会发生根本性的改变。

2. 关系意义

句子中的词语并非孤立地存在的，它们总是组合在一起，形成不同的结构，这些结构中的词语就会形成各种结构关系。由各种结构关系所赋予的意义就是关系意义。

关系意义同词汇意义有所区别：词汇意义是词语本身所具有的意义，一个词语不参与组合，孤立地存在，也具有这种意义；与之相反，关系意义不是词语本身固有的意义，而是词语参与组合后在一定的句法结构中获得的意义，离开了特定的句法结构的孤立的词语是没有这种意义的。

关系意义也是句义的重要组成部分，要正确理解一个句子的意思，不仅要弄明白句中词语的词汇意义，还要弄清楚词语之间的关系意义。如只知道“我”“他”“批评”的词汇意义，是不可能明白“我批评他”和“他批评我”两个句子的意义有何不同的。

词语在结构中形成的相互关系有两种：语法结构关系和语义结构关系，因此，词语之间的关系意义也可分为语法关系意义和语义关系意义。

（1）语法关系意义。

句子中词语的组合并不是杂乱无序的，而是按照一定的规则组合起来的。这种按照一定的规则组合起来的词语所形成的相互关系就是语法结构关系。由这种语法结构关系所赋予的意义就是语法关系意义。如主谓关系所赋予的意义就是“陈述”，动宾关系所赋予的意义就是“涉及”，动补关系所赋予的意义就是“补充说明”，偏正关系所赋予的意义就是“修饰或限定”，并列关系所赋予的意义就是“平等”。因此，“我批评他”和“他批评我”之所以意思不一样，从词语之间关系意义的角度来看，前者“我”和“批评他”之间存在着“陈述”意义，而“批评”和“他”之间存在着“涉及”意义；后者“他”和“批评我”之间存在着“陈述”意义，而“批评”和“我”之间存在着“涉及”意义。词语间语法关系意义的不同带来了句义的不同。

（2）语义关系意义。

语义结构关系是词语在组合中产生的语义上的关系，是对一定的现实关系的概括反映。由这种语义结构关系所赋予的意义就是语义关系意义。如动词和名词之间就存在各种语义关系：动作与施事、动作与受事、动作与时间、动作与处所、动作与工具或方式、动作与目的或原因等。因此，“我批评他”和“他批评我”之所以意思不一样，从语义关系意义的角度来看，前者“我”和“批评”之间存在着“施事”与“动作”的语义关系意义，而“批评”和“他”之间存在着“动作”与“受事”的语义关系意义；后者正好相反，“他”和“批评”之间是“施事”与“动作”的语义关系，而“批评”和“我”则成了“动作”和“受事”的语义关系，语义关系意义的变化带来了句义的变化。

3. 语气意义

所谓语气意义，指的是句子所携带的反映说话人使用句子的目的和说话人情绪的意义，包括陈述、疑问、祈使、感叹等。语气意义一般是通过语调形式来表达的，有时候，一些虚词也可用来表达各种语气意义。语气意义的差异同样也会带来句义的差异，尤其是在句子的词汇意义、语法关系意义和语义关系意义均相同的情况下，语气意义的作用更为明显。试比较下面三个句子的意思：

① 他是大学生。

② 他是大学生？

③ 他是大学生啦！

这三个句子意义上的差异均是由语气意义的不同造成的，其中例①、例②的语气意义是通过语调形式来表达的：前者用降调，表陈述语气，后者用升调，表疑问语气；例③的表感叹的语气意义则是通过语调形式和虚词手段来表达的。

二、句子的语义结构

1. 述谓结构

一个句子，从语义结构上看，可以分为情态和命题两个部分。所谓情态，指的是时态、语态、语气等方面的意义。情态以外的部分就是命题。一个命题在语义结构上可以分析为一个“述谓结构”。一个述谓结构包括一个“谓词”和若干个“变元”。谓词一般就是句中的谓语动词或形容词；变元又叫“题元”或“项”，是同谓词有直接语义关系并受谓词支配的语义成分，多为名词性词语。如“我批评了他”这个句子中的“批评”是谓词，“我”“他”都是变元。

在述谓结构中，谓词是处在支配地位的核心成分。这是因为，一个述谓结构中变元的数量和性质均是由谓词决定的，如“休息”作为谓词只能带一个变元，即动作的施事，而“洗”作为谓词可以带两个变元，即动作的施事和受事。谓词的语义决定了述谓结构的内容，从而也决定了句子的语义框架。有了这个语义框架，再用合适的变元将框架填满，就产生了句子的命题意义。

根据谓词和变元之间不同的语义关系，可以将变元分为各种不同的类型，变元的类型就叫“语义角色”。常见的语义角色有：施事、受事、与事、工具、结果、处所等。如“我送他一幅画”中，“我”是施事，“（一幅）画”是受事，“他”是与事。一个变元在述谓结构中充当哪一种语义角色，既取决于谓词的语义（它决定着谓词同变元之间可能具有的语义关系），也同变元自身的语义有关，如“奔赴”作为谓词只能带施事、处所变元，不能带受事、工具等变元，而“奔赴”所带的变元中，只有具备“人”这个义素的变元才有可能充当施事。

述谓结构可以分为以下四种类型：

（1）简单述谓结构，即由一个谓词和若干个由名词性成分充当的变元构成的述谓结构。如“我买了一本书”就是简单述谓结构。

（2）复合述谓结构，即由两个或两个以上相对独立的述谓结构按照一定的语义关系复合而成的述谓结构。如“他优柔寡断，以致错失良机”就是一个复合述谓结构，由“他优柔寡断”和“（他）错失良机”两个述谓结构组合而成，两者之间是因果关系。

（3）从属述谓结构，即在述谓结构中充当变元的述谓结构，以述谓结构作为变元的述谓结构叫“主要述谓结构”，如“我知道他们支持我”中的“他们支持我”就是一个从属述谓结构，而整个句子就是一个主要述谓结构。

（4）降级述谓结构，即在述谓结构中充当变元修饰或限定性成分的述谓结构。如“表情严肃的那个人就是小李举报的贪污要犯”中的“表情严肃”“小李举报”均为降级述谓结构。从属述谓结构已经从述谓结构下降到变元的地位，而降级述谓结构则更是下降到了相当于变元的一个语义特征的地位，所以又被称作“特征化了的述谓结构”。

2. 语义指向

除了述谓结构外，句子的语义结构还包括语义指向的内容。所谓语义指向，指的是句子中的某个成分同另一个或另一些成分存在语义联系。如“我喝醉酒了”中的“醉”在语义上指向施事“我”，句子是说“我喝酒，我醉了”。

语义指向和句法结构关系可以一致，也可以不一致。如在“他们打完了球”中，“完”在句法结构关系上是“打”的补语，在语义指向上也指向“打”，句法结构关系同语义指向一致；而在“他们打破了球”和“他们打赢了球”中，“破”和“赢”均为“打”的补语，但在语义指向上却分别指向“球”和“他们”，句法结构关系同语义指向不一致。

三、蕴含和预设

句义同句义之间存在着各种不同的关系，“蕴含”和“预设”就是其中的两种。

1. 蕴含

如果有句义甲就必然有句义乙，那么甲就蕴含乙，用公式表示为：甲→乙。

蕴含关系一般发生在有上下义关系或整体与局部关系的句义之间，含有下义概念的句义蕴含上义概念的句义，含有局部概念的句义蕴含整体概念的句义。如“项链”是“首饰”的下义概念，所以“她把项链当了”蕴含“她把首饰当了”；又如“轮胎”是“自行车”的局部概念，所以“自行车的轮胎撞坏了”蕴含“自行车撞坏了”。

但是，如果上义概念或整体概念是周遍性的，那么含有这种上义概念或整体概念的句义则蕴含下义概念或局部概念的句义。如“她什么首饰都有”蕴含“她有项链”；“整座世贸中心大楼倒塌了”蕴含“世贸中心大楼顶层倒塌了”。

语义学研究的蕴含关系是指就话语本身所表达的意义而言的蕴含关系。这种蕴含关系往往可以从句子本身的意义推知，而不必依赖特殊的语境。至于那些需依赖特殊语境的蕴含关系则不是语义学所要研究的蕴含关系，如“明天是中秋节”蕴含“明天吃月饼”，“今天是7月6日”蕴含“明天开始高等教育入学考试”，我们没法从句子本身的意义推知这种蕴含关系，而需结合汉民族习俗及中国的教育状况才能理解。

一个句子的蕴含往往不止一个，一是因为上下义关系具有多重性。上义之上还有上义，下义之下还有下义，如“他撞坏了自行车”蕴含“他撞坏了车”，也蕴含“他撞坏了交通工具”；二是因为一个句子可以从不同的角度与不同的句子构成蕴含关系，如“那位女学生送给曹教授一束玫瑰花”可以分别同“那位学生送给曹教授一束玫瑰花”“那位女学生送给老师一束玫瑰花”“那位女学生送给曹教授一束花”等构成蕴含关系。由于一个句子的意义可以蕴含若干个句子的意义，所以有的语言学家认为一个具体句子的意义可以看作一组命题。

2. 预设

同蕴含一样，预设也是就话语本身所表达的意义而言的，有句义甲就必然有句义乙。但两者有区别：蕴含是包含在句子的断言范围之内的，是句子的基本信息；而预设不在句子的断言范围之内，是句子的背景信息。试比较：

① 他夫人是苏州大学博物馆馆长。

② 他夫人是苏州大学的干部。

③ 他已经结婚了。

其中例①、例②都是断言某人的身份，而且例②在例①的断言范围之内，所以两者是蕴含关系。例③虽也是例①表达的内容，但它不在例①的断言范围之内，即例①并不是在说“他有没有结婚”，例③只是例①附带表达出来的背景意义，所以例①同例③为预设关系，例③是例①的预设，用公式表示为：例①⇒例③，即表示例①以例③为预设。

预设具有不被否定的特点。如否定例①为“他夫人不是苏州大学博物馆馆长”，例②可能成立，因为他夫人可能是苏州大学的干部；也可能不成立，也许他夫人根本没有在苏州大学工作。而例③则肯定成立。

一个句子的意义可以通过预设关系同其他句义联系在一起，并使这些句义成为其潜在的意义，因此，我们在使用句子时一般不会说明句子的预设。

四、歧义

1. 歧义的性质

歧义是指同一形式的语言符号序列可以表示不同的意义的一种语言现象。

如“饭不热了”就有两种意思：一种可以理解为“饭凉了”，另一种可以理解为“饭不用加热了”。

歧义以语言符号序列的同形为前提条件。同形有两种情形：一种是口头同形，即语音形式完全相同；一种是书面同形，即书写形式完全相同。两种情形有时一致，如“饭不热了”的口头形式、书面形式均相同；有时不一致，如“他们三个一组”在书面上是有歧义的，但在口头上则没有歧义，因为若停顿在“他们”之后，表示“他们分组的方式为三个人一组”；若停顿在“三个”之后，则表示“他们三个人被分在了一个组”。

2. 语义模糊、语义笼统与歧义

语义模糊与歧义不是一码事。语义模糊指的是语言形式所反映的对象没有明确的界限，而不是指一种语言形式具有两个或两个以上的意义。而且歧义可以通过语境来消除，而语义模糊则无法通过语境来改变。如“新汽车轮胎”既存在语义模糊：怎样才算“新”？若半年以内算是新的，那么半年多一两天……是不是也是新的？也存在歧义：一种意思是“新汽车的轮胎”，另一种意思是“新的汽车轮胎”。后者可以通过设置语境来消除，如“那个新汽车轮胎是旧的”以及“钢针扎进了那辆新汽车的轮胎”等中的“新汽车轮胎”均无歧义；而前者无论处于什么语境，“新”永远是模糊的。

同样，语义笼统与歧义也不是一码事。语义笼统是对同类对象的不同成员进行抽象概括后形成的，是语义概括性的必然结果。如“他认识了一个人”这句话的语义就是笼统的，因为句中并未说明是老人还是小孩，是男人还是女人，是中国人还是外国人。尽管所指对象可以多种多样，但它们都能够被归纳到“人”这个笼统的语义中去；不管你理解为何种人，均不会造成语义上的冲突。而歧义则不同，如“他想吃饭”中的“饭”虽然所指对象也不确定，可以理解为“每天定时吃的食物”，也可以理解为“煮熟的谷类食品”，问题是，它们并不像上面的“老人、小孩、外国人、中国人……”那样都可以归纳到一个意义之中，它们存在语义冲突，分属两个意义。所以只能是歧义，而非笼统。

3. 影响歧义难度的因素

歧义在理解上有难易程度的区别。有些歧义难度小，比较明显，很容易被发现；有些歧义难度大，比较隐晦，难以被察觉。而影响歧义难度的因素便是各种解释的出现频率高低的平衡状况：歧义所具有的不同解释的出现频率高低平衡，歧义难度就小；歧义所具有的不同解释的出现频率高低不平衡，歧义难度就大。如“热爱人民的军队”的两种解释——“军队热爱人民”“人们热爱人民的军队”出现的频率比较平衡，所以难度就小。又如“这孩子样样都好，就是不会说话”的两种解释——“这孩子样样都好，就是不擅长表达”“这孩子样样都好，可惜是个哑巴”出现的频率就不平衡，前者出现的频率高，后者低，所以难度就大，人们一般不易察觉。

4. 歧义的类型

（1）词汇层面的歧义，即因为词汇层面的因素造成的歧义。这一类歧义又可以分为以下三种情形：

① 词语的同音异义造成的歧义。这种歧义多发生在口头上，如“本学年起苏州大学文学院基地班不进行 qi^{55} $zhong^{55}$ 考试”中的“qi^{55} $zhong^{55}$”既可以理解为“期中”，也可以理解为“期终”。

② 词语的同形异义造成的歧义。如“上课时间带学生去西山岛采橘子是个大事件，必须上报”中的“上报”既可以理解为“向上级报告”，也可以理解为“刊登在报上”。

③ 一词多义造成的歧义。如“没有去听党课的多半是苏州大学文学院基地班的学生”中的“多半”既表“超过半数，大半”，也表“大概”。

（2）组合层面的歧义，即由词语组合关系上的原因造成的歧义。也可以分为两类：

① 语法结构歧义。这是由词语之间存在着的不止一种的语法结构关系或层次构造造成的歧义。如“下面那根长三寸”中的“长三寸”有两种语法结构关系：一种是主谓关系，意为“长度为三寸”；另一种是动宾关系，意为“长度上多出三寸”。又如“患病人群主要分布在安徽和江苏的北部”中“安徽和江苏的北部”就有两种层次构造：一种是切分在“安徽”同“江苏的北部”之间，指“安徽全省和江苏省北部”；另一种是切分在“北部”之前，指“安徽和江苏两省的北部”。

② 语义结构歧义。这是由词语之间存在着的不止一种的语义结构关系造成的歧义。如“李勇院长通知了”中的“李勇院长”既可以是“通知”的施事，也可以是“通知”的受事。又如“大车送走了”中的“大车”既可以是“送”的受事，也可以是“送”的工具。再如“药学院的研究生们在独墅湖中做实验”中的“在独墅湖中”，在语义上可以指向“药学院的研究生们”，也可以指向“实验”，前者表示“药学院的研究生在水里，而实验不一定在水里”；后者表示“实验在湖中，而药学院的研究生们不一定在湖中”。

本章建议阅读书目及问题思考

一、建议阅读书目

1. ［英］杰弗里·N. 利奇著，李瑞华等译：《语义学》，上海外语教育出版社 1987 年版。
2. 徐烈炯：《语义学》，语文出版社 1990 年版。
3. 伍谦光编著：《语义学导论》，湖南教育出版社 1988 年版。
4. 张志毅、张庆云：《词汇语义学》，商务印书馆 2001 年版。
5. 贾彦德：《汉语语义学》，北京大学出版社 1999 年版。
6. 曹炜：《现代汉语词义学》（修订本），暨南大学出版社 2009 年版。
7. 马清华：《文化语义学》，江西人民出版社 2000 年版。

二、问题思考

1. 语义具有哪些性质？举例说明。
2. 什么是义素？义素有哪些特点？举例说明。
3. 什么是语义场？语义场有哪些特点？举例说明。
4. 什么是义素分析？义素分析有哪些作用？举例说明。
5. 多义词和同音词有什么差异？举例说明。
6. 什么是本义？什么是基本义？两者有何联系？
7. 词义的派生方式有哪些？分别举例说明。
8. 什么是借代义？什么是比喻义？两者有何区别？
9. 什么是歧义？歧义有哪些类型？
10. 什么是同义现象？同义词的差异表现在哪些方面？
11. 什么是反义现象？反义词有哪些类型？举例说明。
12. 什么是上下义词？什么是类义词？它们有何不同？
13. 什么是蕴含？什么是预设？各有什么特点？
14. 什么是述谓结构？述谓结构有几种类型？举例说明。
15. 语义模糊、语义笼统与歧义有什么区别？

第五章

语法

第一节 语法的定义、属性及其他

一、什么是语法

什么是语法？在不同的历史时期，不同的学术流派有着不同的看法。

传统语言学将语法定义为组词造句的规则，即语法是告诉人们应该怎么说、不应该怎么说、怎么说是对的、怎么说是错的。这种语法观被称作“规范语法”。据说，法国国家科学院每年都会收到法国语言学家有关法语规范的报告，这些报告希望由法国官方出面要求法国民众不能越法国传统语法的雷池一步。但是法国民众从来不理会法国语言学家们关于法语规范的警告。

结构主义语法学将语法定义为组词造句的规则，那是源自结构主义语言学对语言本质的认识。在结构主义语言学家看来，语言是符号系统，其中，语音是语言符号的形式，语义是语言符号的内容，两者结合便形成一个个音义结合体。这些音义结合体的排列不是杂乱无序的，而是有一定规律的，这种规律叫作结构规律。语法就是语言单位的结构规律。

从本质上说，语法规则既是说本族语言的人脑海中潜在的一种直觉知识，也是人们说话时的一种约定俗成的习惯。这就是为什么有的人从来没学过语法规则，也不知道有哪些语法规则，却能说出“合乎语法规则”的话来。人们是在使用语言的过程中潜移默化地获得语法知识的，同时也在使用语言的过程中逐步具备了运用这些语法知识的能力。人们在使用语言的过程中所获得的语法知识及其运用这些知识的能力就是我们通常所说的“语感”。人们得到了本族语言的语感，也就掌握了本族语言的语法规则。

在语言中，“语法”这个术语有多种不同的含义：①属于某种语言的客观存在的语法规律本身，即人们使用语言的过程中所遵守的某种语感。对于一种语言来说，客观存在的语法规律只有一种。如汉语的语法规律、英语的语法规律、俄语的语法规律等。②某些语法学家对客观存在的语法规律的研究和阐述，如语法学也叫“语法规则”。语法学可以有很多种，这是语法学家对客观存在的语法规律见仁见智的反映，如布龙菲尔德创立的语法学、朱德熙创立的语法学等。③包括语音学、词汇学、语法学在内的“大语法学”——语言学，如历史比较语法学、结构主义语法学，即指历史比较语言学、结构主义语言学。④与语音学、词汇学相对立的语法学，即“小语法学”。

二、语法的属性

语法具有较多的属性，在“现代汉语”课程的学习中，学生们已经接触的有语法的抽象性、系统性、稳定性、递归性等。

1. 语法具有高度的抽象性

所谓“抽象”，指的是对具体东西进行类的概括。需要强调的是，语法的概括性同前文第四章第一节所讨论的词义的概括性大相径庭。词义的概括性，诚如曹炜所指出的：“词义的形成是对客观对象的主观能动的、高度简洁的、抽象的概括和提炼的结果，因此词义均具有概括性。”[①] 语法的概括性，虽然也使用了概括性这个说法，但内涵迥异。如果说词义的概括性是从内容（复杂）到内容（简单）的话，那么语法的概括性就是从内容到形式。概括性的本质在于：以有限的形式去驾驭无限的内容。语法的高度抽象性具体表现在：

（1）任何一条语法规则均是从大量的语言现象中概括、归纳而来的。如汉语中的“N1 的 N2 的 N3”这样的结构的切分必定是“（N1 + N2） + N3”，这一条规则就是从无数的诸如“我的弟弟的书籍”“儿子的单位的领导”这样的具体语言现象中归纳出来的。

（2）具体的语言现象是无限的，而语法规则是有限的。人们正是依赖这有限的高度抽象了的语法规则去驾驭无限的语言事实的。

（3）语法中虽然也讲意义，但这个意义不同于我们第四章中讨论的语义，语法中的意义也是高度抽象了的，如汉语中的“汽车、书籍、学校、饼干”等，语义虽大相径庭，但具有相同的语法意义——都是表示事物的词。

2. 语法具有严密的系统性

所谓“系统性”，指的是语法规则具有制约性和解释性。因为语法规则并不是孤立地存在的，它们之间往往互相联系、相互制约，一条规则的背后往往还潜藏着另一条规则。如汉语存现句句首的处所词语在句中常常作主语，像“去年村子里丢掉了几十头牛”“现在脑子里没有一点儿印象了”中的“村子里”“脑子里”均在句中充当主语。可在下面的句子中，就不一样了：

① 去年村子里十几户人家丢掉了几十头牛。

② 现在父亲脑子里没有一点儿印象了。

---

① 参见曹炜：《现代汉语词义学》（修订本），暨南大学出版社2009年版，第168页。

例①中的主语是“十几户人家”，“村子里”只能作状语；例②中的主语是“父亲”，“脑子里”也只能作状语。这是为什么呢？原来“汉语存现句句首的处所词语常作主语”这一条规则后面还潜伏着另一条规则：当存现句句首的普通名词同处所词语共现时，普通名词作主语，处所词语作状语。

正因为语法规则是相互具有紧密联系的一个系统，所以它才是一种富有解释力的规则。规则与规则之间环环相扣，相互补充，相互支撑，从而生成既复杂多样又严密有序的句子和话语来。

3. 语法具有相对的稳定性

所谓“稳定”，指的是语法的变化发展比较缓慢。确实如此，相对于语音、词汇等语言要素而言，语法的发展变化尤为缓慢，体现出相对稳定的特点。许多语法规则经历几千年依然保持不变，如汉语中三千多年前甲骨卜辞里“癸卯卜：今日雨，其自西来雨”这样的句式同现代汉语的句式没有太大的区别，三千年前的《诗经》及稍后的《论语》中的一些句子今天理解起来也不太费力。同样，在西方，古拉丁语中的名词有性、数、格，动词有时、体、态的变化，而在现代印欧语系各语言中并没有太大的改变。一些语法格式的出现或演变，都要经历漫长的岁月，如汉语中“把”字句的产生与发展至今已绵延了一千多年，英语语法范畴中名词格标记的逐渐消失也同样经历了一个漫长的时期，使用者甚至不曾察觉。

4. 语法具有强大的递归性

语法的抽象性、系统性、稳定性固然是语法的重要属性，但是在这里尤其需要强调的是语法的递归性。

“递归”原是数学中的一个术语，指的是在数学运算中相同的规则可以被反复使用而不会影响计算的准确结果。

这个术语后来被引进语法学中。所谓语法的“递归性”，指的是相同的规则可以在一个结构里重复使用，即语法结构中的某个单位可以不断地被一个同功能的结构替换、扩展而语法作用不变。例如，“花瓶打碎了”是主谓结构，我们可以通过偏正结构的递归把其中的“花瓶”扩展成“漂亮的花瓶”“那只漂亮的花瓶”“兰儿送的那只漂亮的花瓶”“老陈家的兰儿送的那只漂亮的花瓶”“住在街对面的同我们家是世交的老陈家的兰儿在去年元旦送的那只漂亮的花瓶”等，而不管扩展到什么地步，它的语法作用仍然与“花瓶”一样。

语法的递归性是语法极为重要的一个属性，语法正是因为具备了递归性才能以简驭繁，才能举一反三，以数量有限的规则去生成无限多的句子。人们可通过掌握有限的规律去驾驭纷繁的语言现象。

三、语法同语音、词汇、修辞、语境、逻辑的关系

1. 语法和语音

语法同语音关注的对象不同，无疑是两个不同的门类。但语法同语音也存在着千丝万缕的联系。有时候，语音形式的差异也会带来语法形式的差异，如汉语中“想起来了”之所以有“动宾”和“动补”两种结构，是因为与“起来”的重读和轻读有关。“不要钉了”之所以有“动宾”和“偏正”两种结构，也同“钉”的声调有关。“他们三个一组”之所以有两种层次结构关系，也同语音停顿不无关系。至于说“他是大学生。”为陈述句，“他是大学生?”为疑问句，更是直接同语调有关——句类本身就是按语气所分的类别。可见，语法同语音不仅有关系，而且关系还非常密切。

2. 语法和词汇

虽然语法同词汇关注的对象也不同，但两者同样也存在着密切的联系。在印欧语系的语言中，像“-s，-ed，-ing”等词尾以及“-ness，-ment，-able，-ly”等后缀既是语汇成分——构词成分，也是语法成分——形态变化，语法、词汇你中有我，我中有你。在汉语中，一些词语的意义也会影响到语法，如“长 1 米”和“短 1 米”，前者有歧义而后者没有歧义，那是因为“长”既表“超出”又表“长度”，而“短”只表“少”；“一朵花”同“花钱”中的“花”，一个是名词，一个是动词，而“选代表”同“代表二人”中的“代表”则都属于兼类词，即名词兼动词，这是因为前者两个“花”是同音词，意义上没有联系，后者两个“代表”是多义词，意义上有联系。可见，词语意义的不同和意义之间关系的不同会直接造成语法上的差异。

3. 语法和修辞

同语音、语汇有别，修辞不是语言结构系统的要素之一，但语法和修辞并非没有关系。一方面，修辞要以语法为基础，合乎语法是进行修辞活动的先决条件；话语要合乎语法，才谈得上加工调整，才能达到最佳的表达效果。另一方面，修辞有时也会影响语法。有的时候，为了满足修辞上的需要，人们可能会故意违反语法规则，将词语超常规地搭配在一起，如“感情的潮水”“仇恨的炮弹”“黄河在怒吼”“长安街在悲泣”等。

4. 语法和语境

语境指的是会话时会话者所处的状况，包括特定的场所、交流的对象和上下文等。语境对语法有时也会产生影响，如语法中的成分省略现象就是依赖特定的语境形成的，在苏州的公共汽车上常听到“一张网师园”“两张虎丘”，听起来似乎是量词误用，实际上是“买一张去网师园的票”“买两张去虎丘的

票”的省略形式。

5. 语法和逻辑

逻辑是语言表达内容的规律，语法是语言表达形式的规律，两者的关系非常密切。语法中“主语、谓语、宾语”等概念都是从逻辑术语中借来的，复句的语法关系的分析实际上是逻辑上复杂判断中存在的各种关系的分析。当然，逻辑对语法的影响主要还表现为对语言成分之间搭配关系的制约：人们使用的语句必须既合乎语法，也合乎逻辑。如说“绿色的田野”，既合语法也合逻辑，是成立的；若说“绿色的思想”，从语法上讲符合规则，可不合逻辑，所以不成立。当然，有时候有些语句虽不大合乎逻辑，可大家都这么说，约定俗成了，不影响意思的表达，因而也能成立，如“恢复疲劳”“打扫卫生”“没到北京之前”等。

第二节　语法学的内部切分、种类和语法单位

一、语法学的内部切分

语法现象的分类，也就是语法的内部切分，即根据研究的需要，从不同角度对语法现象作不同的切分。

1. 词法（形态学）和句法（造句法）

这是传统语法学提出来的一种切分方法。

词法，也叫形态学，主要研究词的形态特征和变化规则。由于传统语法的研究对象主要是印欧语，而印欧语系语言中的构词单位、构词方式和词类等都与形态变化有关，所以构词问题和词类问题也被纳入了词法的范畴。句法，也叫句法学，主要研究句子成分和句子类型。

在形态丰富的语言（如印欧语系语言）中，词法问题很重要，因为在这些语言中，形态是语法功能的外化，是语法分析的标准和依据，而形态变化不都是附着在词上的，也就是说，句法结构也离不开词的形态变化。传统语法之所以重词法轻句法，词法部分很复杂，句法部分很简单，原因也就在于此。而汉语就不同了，汉语中的词和语都没有形态变化，所以不可能以形

态为依据来进行语法分析。因此，在汉语这样的语言中，词法几乎成了空架子，而句法则凸显出它的重要性，像语序、虚词、结构等句法问题就成了语法中的重头戏，在语法分析中具有极为重要的意义。可见词法、句法的划分适合以词形变化作为表示语法关系的语言，如印欧语系语言，而不适合汉语这样缺少词形变化的语言。

2. 组合规则和聚合规则

语法规则由组合规则和聚合规则构成，这是结构主义语法学提出的。

所谓组合规则，指的是语法单位相互组合、搭配的规则。如汉语中“玉兰/把/衣服/洗/干净/了”这六个词的组合方式有上百种，但只有“把衣服洗干净了”这一种组合形式能成立，如若违背了组合规则就不成立了。可以说，组合规则就是语法结构的构成规则。

所谓聚合规则，指的是处在语言链的某一个环节上的语法单位相互替换的规则。如按照“玉兰把衣服洗干净了”的组合规则，可以说“玉兰把桌子擦干净了”，而不可以说“玉兰把漂亮快干净了”，即“衣服、桌子”“洗、擦”都是同类成分，可以替换出现在同一位置上，而“衣服、漂亮”“洗、快”是不同类成分，所以不能替换出现在同一位置上。可以说，聚合规则就是语法成分的归类规则。

组合规则和聚合规则是相互依存的。一方面，每个语法成分都处在既可能同别的成分搭配又可能同别的成分替换的双重关系之中；另一方面，组合规则是已经实现的、现存的，就像按设计图纸把建筑材料组合成了高楼大厦，而聚合规则则是未实现的、潜在的，就像把建筑用的钢筋、水泥、砖瓦、木材分门别类地存放在仓库里，随时准备着为建造好的高楼大厦提供不竭的材料。可见，离开了聚合规则，组合规则将不堪重负。

将语法规则划分为组合规则、聚合规则两大块，不仅适合印欧语系的语言，而且似乎更适合汉语这样的语言。因为这样划分，形态就被撇在一边了，没必要特别关注，形态问题、词类问题可以归入聚合规则，而构词问题和句法结构问题则可以归入组合规则。

3. 核心语法和外围语法

这是现代形式语法学提出的一种切分方法。

所谓核心语法，指的是句法结构规则，即只管语言片断是否合乎结构上的规则，而规则本身又只有非常抽象的几条，是一种小语法。

所谓外围语法，指的是同语法相关的词语知识、语音和语义知识等，即涉及词语的搭配、语义的表达和语音的实现（能否说出来）等，是一种大语法。

这是一种较好的分类法，不仅适用于各种语言，而且在理论和方法上具有重要意义。既有利于揭示语言之间共通的语法机制，也有利于显示不同语言在语法上的不同特点。

二、语法学的种类

1. 历时语法和共时语法

这是根据语法研究的不同角度、对象对语法学所作的分类。

所谓历时语法，指的是从语法发展变化的角度纵向地研究一些语法现象在语言的历史长河中产生、发展和消失的原因和规律，是一种动态的研究。如汉语中处置式的产生、发展及其演变，“了、着、过”等动态助词的发展演变过程等都是历时语法所关心的课题。

所谓共时语法，指的是从某一时期存在的语法现象的角度横向地研究某种语言在其发展演变的历史长河中的某一个阶段上所呈现的语法系统的基本面貌，是一种静态的研究。如宋代汉语语法、明代汉语语法和现代汉语语法均属于共时语法。

当然，历时和共时也是相对的。如汉语的方言同普通话是处于共时平面的，它们均是从古代汉语发展演变而来的，可发展的过程有快有慢，变化的幅度有大有小。如粤方言、闽方言等相对于普通话来说发展就慢一些、变化也小一些，所以其所保留的古代汉语的语法现象较之普通话自然也就多一些。这样，粤方言、闽方言等就同普通话形成了比较明显的共时差异，而这种共时差异恰恰就反映了古今汉语的历时语法变化。

2. 教学语法和面向信息处理的语法

这是根据语法研究的不同用途对语法学所作的分类。

所谓教学语法，指的是为进行语言教学而建立的一套用词造句的语法规则体系。其特点是规范、明确、简洁、实用，不必太复杂、太细致、太精确。如中国 1956 年由张志公先生主持所建立起来的《暂拟汉语教学语法系统》（简称“暂拟系统”）和 1984 年公布的《中学教学语法系统提要》（简称《提要》）就是两种教学语法。

所谓“面向信息处理的语法”，也叫“计算机语法”，指的是为了计算机的信息处理而建立起来的一套可以自动识别和操作的语法规则体系。其特点是精确、可靠、严密、细致，可以很复杂，且所有定义、规则都必须具有推导性和可验证性。如由清华大学出版社于 1998 年出版的《现代汉语语法信息译解词典》，就是一部计算机语法著作。

3. 普遍语法和个别语法

这是根据语法研究的理论意义的不同对语法学所作的分类。

所谓“普遍语法”，指的是对人类语言的语法共性的研究，其意义在于寻找和发现人类语言中共同的语法机制。从宏观的角度看，普遍语法研究儿童的语言习得机制、人类的语言能力和各种语言障碍，这是从心理学、生理学和病理学等角度来证明人类语言具有语法共性。从微观的角度看，普遍语法也研究人类语言结构层次和关系的相似性的成因，研究都会有实词、虚词，都会有表示时态的语法手段和语序变化的原因等，这是从具体的语法现象本身来证明语法的共性的。

所谓“个别语法”，指的是对个别语言语法的研究，既包括研究一种语言的语法系统，如汉语语法、英语语法等，也包括研究一种语言中有别于其他语言的语法特点，其意义在于寻找和发现各种语言中独特的语法现象。

三、语法单位

1. 语法单位有哪些

语法研究的前提是要把语言中大小不同、性质不同的语言片断分成不同的单位，这就是语法单位。

语法单位可以分五种，即语素、词、词组、句子和句组，统称为五级语法单位。也有的分四种，叫四级语法单位，那是把句组排除在外的。

（1）语素是最小的音义结合体，是最小的语法单位。

（2）词是最小的有意义的且能独立运用的语言单位，是最重要的一级语法单位。词是由语素构成的。一般要比语素大一些，词与语素的区别是：词比语素多了“能独立运用”这一个特征。

（3）词组是有意义的能独立运用的语言单位，是句子中作用相当于词而又大于词的语法单位。词组是由词构成的，它同词的区别就在于它不是“最小的”能独立运用的语言单位。

（4）句子是由若干个词或词组按照一定的规则组合而成的，能表达相对完整的意义，前后有较大的停顿并带有一定的语调的语言单位。句子是交际中最基本的表述单位。句子最大的特点是有一定的语调，语言中任何带有一定的语调的片断都是句子，所以，有没有语调是句子与词组的本质区别。

（5）句组是由多个句子组合而成的，表达相互关联的比较复杂的意义，书面上表现为一组句子、一个段落或一篇文章的语言单位。

从句组的定义，可以看出句组实际上又分三小类：句群、语段和篇章，其中句子少一些、意义不太复杂且联系紧密一点的是句群；句子多一些、意义较复杂且联系不那么紧密的是语段；更长的语言片断就是篇章了。这三者没有截然的区别，它们都包含多个独立的句子。

2. 语法单位之间的关系

各种语法单位之间存在着不同的语法关系。一种是量变关系，即语法单位之间只产生所含成分数量的增减，而语法功能则保持不变。如语素与语素组之间，词与词组之间，句子与句组之间，就是这种关系：后者由前者构成，在包含成分的数量上后者要多于前者，但它们的语法功能是相同的。还有一种是质变关系，即语法单位之间在语法功能上是不同的，至于所包含的语法成分在数量上未必有增减，如语素、语素组同词之间，词、词组同句子之间，就是这种关系：后者在所含语法成分的数量上未必多于前者，前者也未必多于后者，但在语法功能上两者是不同的。语法单位之间的这两类关系可以用下图表示：

第一级：1a. 语素→(1b.语素组)
⇓ ⇙
第二级：2. 词→3. 词组
⇓ ⇙
第三级：4. 句子→5. 句组

其中，同级语法单位之间的差异是数量上的，是一种量变关系，也可以叫组成关系，意指小单位组成大单位。不同级语法单位之间的差异是功能上的，是一种质变关系：第一级中的语素和语素组的功能是用来构词；第二级中的词和词组的功能是用来造句；第三级中的句子和句组的功能是用来交际。质变关系也叫作“形成关系”，意指下一级单位获得上一级单位的功能就形成上一级单位，如语素、语素组获得造句功能而形成词。

第三节　语法形式和语法意义

一、语法形式和语法意义的关系

1. 语法形式、语法意义的内涵

语法形式和语法意义是语法中不可分割的两个方面，有的学者将之比作一张纸的两面，可见其关系的密切程度。语法形式和语法意义须臾不可分离，既不存在不表语法意义的所谓单纯的语法形式，也不存在不是语法形式所表达的所谓单纯的语法意义。那么，究竟什么是语法形式，什么是语法意义呢？

简单地说，语法形式是指能够把语法单位组织起来并在组织过程中产生语法意义的语言形式。这里的“组织”蕴含两种意思：一是指“组合”，如在汉语中语法单位“肉”和“新鲜”，可以通过语序这种语法形式组织起来，并由此产生主谓关系和偏正关系这两种语法意义。又如在英语中，语法单位“driver”和“-s”，可以通过附加词尾这种语法形式组织起来，并由此产生复数的语法意义。二是指“归类”，即把具有共同语法作用的语言成分归为一类，如在汉语中，“反映、改正、修理”等词具有某种共同的语法作用：都可以作谓语，并能带宾语；都可以带“了、着、过”等虚词，可以把它们组织起来形成一个词类——动词，并由此产生动词的类别意义。

所谓语法意义，就是指语法形式所表示的意义。语言中有各种各样所谓的意义，如上文所举的“肉”和“新鲜”在词典中都能找到它们的意义，但这不是语法意义，而是词汇意义。但“肉”和“新鲜”还有另外一种意义，即“肉”是一种能被数量词修饰、常作主语和宾语、表示人和事物的词；“新鲜”是一种能被程度副词修饰、常作谓语和定语、表示性状的词。“肉”的这种名词的类别意义是在与“水、汽车、学生”等名词的比较、归类过程中产生的，是在词典中无法找到的；同样，“新鲜”的这种形容词的类别意义也是在与“清洁、干净、快乐”等形容词的比较、归类过程中产生的，是词典中没有的。“肉”和“新鲜”的这种类别意义就是语法意义。可见，语法意义是一种抽象的类的意义，它是通过语法形式表现出来的，离开了语法形式而存在的具体的、个别的意义绝不可能是语法意义。

2. 语法形式同语法意义的关系

前面说过，语法形式和语法意义是语法中不可分割的两个方面，任何一种语法形式都会表现某种语法意义，任何一种语法意义都有表现它的某种语法形式。这是从宏观角度而言的，具体到特定的语法形式、语法意义时，情形是相当复杂的。

在不同的语言中，同一种语法意义可以由不同的语法形式来表现。如同样表示过去时，英语用词形变化——动词加词尾“-ed”来表示，而汉语则通过虚词“过、来着”等来表示：He washed clothes this morning.（他今天上午洗衣服来着。）

即使在同一种语言中，语法形式和语法意义也并非简单的一一对应的关系：

（1）有的是一种语法形式对应一种语法意义，如汉语中的升调只表示该句子为是非疑问句，英语中的定冠词“the”只表示后面的名词是有限定的、特指的。

（2）有的是一种语法形式对应几种语法意义，如汉语中的重叠可以表示各种语法意义，德语中的定冠词“Der”“Die”除了表示名词的定指外，还表示名词的性或数。

（3）有的是几种语法形式对应一种语法意义，如汉语中可以采用多种语法形式来表示名词的有定，如直接置于动词前，例如“书看完了”；或用介词引导，例如“把书还了”。

二、语法形式的类别——语法手段

语言中的语法形式是丰富多样的，这些丰富多样的语法形式并不是杂乱无章的，根据其共性将其归类，便形成所谓的语法手段。所以，语法手段是指把具有共同特点的语法形式概括起来所形成的一些类别。

语法手段又分为词法手段和句法手段两种。

1. 词法手段

所谓词法手段，指的是通过词内部某些成分的变化来表示不同的语法意义的形式、手段。词法手段也叫综合性手段，它主要包括“词形变化”“词的轻重音”和“词的重叠”等。

（1）词形变化。

所谓词形变化，是指通过词的形态变化来表示各种语法意义的手段。印欧语系语言常使用这种语法形式。词形变化又可以分为附加、异根、屈折和零形式四种。

①附加，即利用词尾或词缀的增减变换来表示不同语法意义的手段。如在英语中，名词后面加“s”或“es”表复数，形容词后面加“est”表最高级等，都采用了“附加”这种语法手段。

②异根，即利用语源不同的同义词根来表示不同语法意义的手段。以英语为例，如：

go—went—gone（“走”的现在时、过去时、过去分词）

good—better—best（“好”的原级、比较级、最高级）

tell—told（“告诉”的现在时、过去时）

can—could（“能够”的现在时、过去时）

③屈折，即利用词根语素中部分音素的变化来表示不同语法意义的手段，也叫“内部屈折”。以英语为例，如：

awake—awoke（“唤醒”的现在时、过去时）

build—built（“建设”的现在时、过去时）

foot—feet（“脚”的单数、复数）

④零形式，即相对于词形变化的词的原形形式。通过附加、异根、屈折等手段可以产生某种语法意义。而相对来说，词在变化前的形式——原形也同样表示某种语法意义，所以原形也应该看作一种词形变化——零形式。如前面援引的英语中表动词现在时的“go，tell，can，awake，build”等，表形容词原级的“good”、表名词单数的“foot”等，均为零形式。

（2）词的轻重音。

所谓词的轻重音，是指通过词的某个部分的重读或轻读来表示不同语法意义的一种手段。词的轻重音也叫“重音移动”。如英语中的“export［ikˈspɔːt］（输出，动词）”和“export［ˈekspɔːt］（输出品，名词）”；汉语中的“买卖（动词性联合词组）”和“买卖（名词）”等。

（3）词的重叠。

所谓词的重叠，是指利用词根语素或词干的重复来表示不同语法意义的一种手段。东南亚的许多语言中都有这种语法形式，如日语、越南语、马来语中都有名词的重叠形式，表复数或“逐个”的意思。汉语中更是大量地使用了这种语法手段：名词或量词的重叠表“逐个”的意思；动词的重叠表短时间或尝试的意思；形容词的重叠表程度加深的意思。

需要注意的是，重叠是词的构形形态，是一个词的不同变体，而不是两个词的连用。

2. 句法手段

所谓句法手段，指的是通过结构的变化来表示各种语法意义的手段。句法手段又叫“分析性手段”，它主要包括“虚词”“语类选择”“语序”和“语调”等。

（1）虚词。这是一种利用虚词的增减变换来表示不同语法意义的手段。在许多语言中，虚词的有无及差异均会带来句法关系、语义关系的差异。虚词又可以分为辅助词和功能词两小类。

① 辅助词，即同另一个词的变化有某种联系的虚词，这类虚词往往需要同别的词共现，一同来表示某种语法意义。主要有两种：

一种叫助动词，如英语中的“have，shall，will”等，汉语中的“将、会、可能”等也可看作助动词。

另一种叫冠词，如英语中的“the，a（an）”等，它们既可以用来表示名词的有无限定，也可以用来区别动词和名词，如“the front（前面）”和“to front（面对）”及“the fire（火）”和“to fire（烧）”。

② 功能词，即同另一个词没有必然联系的虚词，这类虚词可以决定别的

词的关系和意义而不由别的词决定。这类词在各种语言中均大大多于辅助词。常见的有三种：

一种是介词，主要表示事物与动作之间的各种关系，如英语中的“in，on，from，at，by，with”等；汉语中的“在、用、比、向、关于、对于”等。介词根据其所处的位置可分为两种：一种是前置词，位于名词之前，如英语、汉语中的介词；另一种是后置词，位于名词之后，如芬兰语等中的介词。

另一种是连词，主要表示成分之间的组合关系，如英语中的“and，if，but”等；汉语中的“和、同、因为、所以、如果、但是”等。

还有一种是语气词，常放置在句尾或句中表示各种不同的语气。在俄语、汉语中均有丰富的语气词，如汉语中的“的、了、吗、吧、呢”等；英语中几乎没有语气词。

在功能上，虚词同词尾具有某种一致性，它们都只表语法意义，都可以作为一种语法手段来运用。不同的是，虚词可以独立运用，而词尾不能，它只能作为词的一部分而依附于词干。

（2）语类选择。这是一种通过选择句法结构中能够组合的词类或词组类来表示一定语法意义的手段。语言中的词或词组能否组合成各种结构，主要取决于词或词组的功能类别。从词对结构的要求来说，语类选择主要是看什么类型的词能够放在某个位置，如前面提到的“肉、水、汽车、学生”等名词能放在主谓结构的主语位置，而很少能放在谓语位置；“非常、的确、忽然、居然”等副词能放在状中结构的状语位置，而不能放在中心语位置。从结构对词的要求来说，语类选择主要是看哪些词类的组合能够成立，如汉语中“肉新鲜”“新鲜肉”能成立，是因为名词后加上形容词能构成主谓结构，名词前加上形容词能构成偏正（定中）结构。

在各种语言中，有些句法结构形式是相同的，如汉语中“接待了一个外宾”是动宾结构，英语“to receive a foreign guest”也是动宾结构；汉语中“他们在打篮球”是主谓结构，英语“They are playing basketball”也是主谓结构。当然也有不同的，比如对同样的词类所要求的位置不同。在汉语中，副词一般要求出现在动词之前，而英语中副词常出现在动词之后：“他慢慢地讲着”对应“He speaks slowly”。又比如，同样的位置却要求不同的词类。在汉语中，动词和形容词可以直接作主宾语，而英语中只有名词或动名词等才能作主宾语：“我不喜欢抽烟”对应“I don't like smoking”。

（3）语序。这是一种利用语法单位前后位置的变化来表示不同的语法意义的手段。

语序是汉藏语系的语言中重要的语法手段，语序的不同，可以带来句法关系、语义关系的变化。如汉语中“祖国伟大”是主谓关系，“伟大祖国”是偏正关系；“我批评他”和“他批评我”是主谓关系。前一例“我”是施事，“他”是受事；后一例“他”是施事，“我”是受事，语义关系发生了变化。

对于印欧语系的语言那样的词与词的关系主要靠形态变化来表示的语言来讲，语序就显得不那么重要了，但并不是不存在这种语法形式。

根据句子的主语、谓语动词和宾语在句子中基本的语序安排，通常将语言分为以下三种主要类型：

①“SVO（主动宾）”型语言：如汉语、英语、法语、俄语、傣语、苗语、瑶语等。

②“SOV（主宾动）”型语言：如日语、朝鲜语、土耳其语、蒙语、藏语、维吾尔语、彝语等。

③“VSO（动主宾）”型语言：如阿拉伯语、古威尔斯语等。

（4）语调。这是一种通过整个句子的音高升降、重音变化及停顿等来表示一定语法意义的手段。各种语言均要利用语调来表达不同的语气意义。语调表示的主要语法意义有：陈述句语调（降调）、疑问句语调（升调）、祈使句语调（降调）、感叹句语调（降调）等。

词法手段和句法手段汇总起来共有七种：词形变化、词的轻重音、词的重叠、虚词、语类选择、语序和语调等。这七种语法手段并非在所有语言中都存在，而是各有侧重、有所选择。所以，根据各种语言对词法手段、句法手段的使用情况，可以将语言分为两大类：一为综合性语言，即主要使用词法手段（综合性手段）的那些语言，如俄语、德语、拉丁语、印地语、立陶宛语等；一为分析性语言，即主要使用句法手段（分析性手段）的那些语言，如汉语、越南语、英语、丹麦语、保加利亚语等。

三、语法意义的类别——语法范畴

同语法形式一样，语言中的语法意义也是丰富多样的，而这些丰富多样的语法意义并不是杂乱无章的，根据其共同的内容将其归类，便形成所谓的语法范畴。所以，语法范畴是指把具有共同内容的语法意义概括起来所形成的一些类别。

语法范畴根据其所表示的语法手段可分成词法范畴和句法范畴两大类。

1. 词法范畴

所谓词法范畴，是指主要由综合性手段——词的变化形式表示的语法意义，也叫“属性范畴”。词法范畴主要包括“体词性范畴”和“谓词性范畴”两大类。

(1) 体词性范畴。

所谓体词性范畴，是指由名词、代词的词形变化形式表示的语法意义。体词性范畴在综合性语言中比较完备，它又可分为四种：性、数、格和有定无定。

①性，即通过词的形态变化所表示的名词、代词等在语法上的性别。一般分为阴性、阳性和中性三类。俄语、德语中有较为整齐的阴性、阳性、中性的对立。英语中也有，但极少，如"he（他）"/"she（她）"，"waiter（男侍）"/"waitress（女侍）"等。

性范畴同事物的自然属性有一致的时候，也有不一致的时候，如在德语中"Das Weib（妇女）"是中性名词，而"太阳"一词在德语中为阴性，在法语中为阳性，在俄语中为中性，所以不能简单地将两者联系起来。性范畴是古人对客观事物的某种观念在语法上的反映，不少观念已经有了很大的变化，可性范畴却保留了下来。

②数，即通过词的形态变化所表示的名词、代词等的数量。一般分为单数、复数两种，如英语中的"student（学生，单数）"/"students（学生，复数）"，"class（阶级，单数）"/"classes（阶级，复数）"。有些语言中还有双数，甚至三数、四数。

汉语中主要用词汇手段或虚词来表示数的意义，没有严格意义的数范畴。有人认为汉语指人的名词、代词后面加上"们"，也表复数，如"同学们、老师们"等。这显然是欠考虑的：一者，在汉语中，加"们"不加"们"均可表复数，如："同学（们）都走了。"二者，汉语中的"们"既可加在词上，也可以加在词组上，如"老师、同学们"，这已经超出词法范畴了。此外，汉语中的"们"一旦加在名词后面，该名词前就不能有数量词组了，如说"几十名同学"可以，说"几十名同学们"就不可以。因此汉语中的"们"不属于严格意义的数范畴。

③格，即通过词的形态变化所表示的名词、代词同其他词的各种关系。如俄语中所有的名词都有格的标记，共有六个格：主格（作主语）、属格（作定语）、与格（作间接宾语）、宾格（作直接宾语）、工具格（作状语，表工具等）、前置格（作状语，表处所等）。德语有四个格，芬兰语则多达十六个格。英语的格不多，除了名词后加"'s"表属格外，一些代词有主格、宾格之分，如"I（我，主格）"/"me（我，宾格）"，"he（他，主格）"/"him（他，宾语）"等。汉语没有严格意义的格范畴，名词、代词的格的意义主要是用语序和虚词来表现的。

④有定和无定，即通过辅助词所表示的名词的指称性质。在印欧语系语言

中常用定冠词和不定冠词来表示名词的有定和无定。如英语“I met a girl in the street（我在街上遇见了一个女孩）”/“I met the girl in the street（我在街上遇见了那个女孩）”。其中“a girl”是无定的，“the girl”是有定的。汉语中表有定无定可以采用多种方式，如数量词组后面的名词往往是无定的，上面译文中的“一个”后面的“女孩”便是；指量词组后面的名词往往是有定的，上面译文中的“那个”后面的“女孩”便是。此外还可通过语序和虚词来表示名词的有定（参见本章本节之“一”之“2”）。

（2）谓词性范畴。所谓谓词性范畴，是指由动词的词形变化形式表示的语法意义。谓词性范畴在综合性语言中同样比较完备，它主要有时、体、态、人称等。

①时，即通过词形变化等语法形式所表示的行为动作发生的时间。时范畴一般分为过去时、现在时、将来时三种。俄语中一律采用词的变化形式来表示时的意义。英语中现在时“He praises his students（他表扬他的学生）”和过去时“He praised his students（他表扬过他的学生）”均采用词的变化形式，将来时“He will praise his students（他将表扬他的学生）”则采用助动词形式。汉语中没有通过词形变化表示的动词时范畴，汉语中类似的语法意义是用词汇形式来表示的。

②体，即通过词形变化等语法形式所表示的动作行为进行的状态。常见的有完成体、未完成体和进行体等。英语有一般、进行、完成、完成进行四种体。以“read（读）”为例，“I read the book（我读这本书）”是一般体，“I am reading the book（我在读这本书）”是进行体，“I have read the book（我读了这本书）”是完成体，“I have been reading the book（我一直读着这本书）”是完成进行体。

体范畴和时范畴关系密切，总是结合在一起出现。英语中三种时和四种体交织在一起就形成十六种时态，如上面所举的四个例子都是“现在时”，从时态角度看，分别是“现在一般时”“现在进行时”“现在完成时”和“现在完成进行时”。汉语中类似的语法意义是通过动词后面加助词的手段来表示的，如“—了”表示完成、“—着”表示持续、“—过”表示经历等。

③态，即通过词形变化等语法形式所表示的行为动作同主体的关系。主要有主动态和被动态两种类型。主动态表示行为动作由主体发出，即所谓的施事；被动态表示行为动作由主体承受，即所谓的受事。如英语“My son threw the bike（我儿子扔掉了那辆自行车）”是主动态；“The bike was threw by my son（那辆自行车被我儿子扔掉了）”是被动态。英语表主动态和被动态采用了词形变化、助动词和语序等多种语法手段。汉语中表主动态和被动态主要依

赖语序和虚词，如上面的汉语译文，主动态用“施＋动＋受”语序，被动态则用“受＋（被）＋施＋动”语序。

④人称，即通过词形变化等语法形式所表示的动作行为的所属，即动词同主语在人称上的一致关系。动作行为属于说话者的是第一人称，属于受话者的是第二人称，属于说话者和受话者以外的则是第三人称。目前只有少数语言，如俄语，动词的人称形式必须与主语的人称一致。英语中动词与主语的人称一致现象很不系统，如现在时中主语为第三人称单数，动词要加“-s”；而主语为第一、二人称单数，动词均用原形；至于主语为第一、二、三人称复数，动词则没什么区别，均用原形。汉语中没有“人称”这个语法范畴。

2. 句法范畴

所谓句法范畴，是指由分析性手段——结构的变化形式所表示的语法意义，也叫“类别和关系范畴”。句法范畴可以分为“类别范畴”和“关系范畴”两种。

（1）类别范畴。

这是通过语类和语类选择形式所表示的语法意义。从词的类别看，各种语言都有词的语法类别意义，动词的表示动作行为的类别意义，形容词的表示事物性状的类别意义等。但不同语言在语类意义上也有差异。如俄语、德语、英语中只有形容词才有修饰义，可以修饰名词；而汉语中不同词类均有修饰义，均可以修饰名词。从词与词的类别选择看，各种语言都要求某类词与某类词的组合意义，如名词加动词就产生人或事物被陈述的意义，动词加名词就产生人或事物被支配的意义。但不同语言在语类选择的意义上也有差异。如在俄语、德语等语言中，修饰义和被修饰义的语类选择范围较窄，仅限于形容词加名词的组合；而在汉语中就宽得多，可以是“形＋名（快乐的女孩）”，也可以是“名＋名（隔壁的女孩）”，还可以是“动＋名（打架的女孩）”等。

（2）关系范畴。

这是通过语序和虚词所表示的语法结构关系意义。这种语法范畴主要分布在分析性语言中，因为分析性语言缺少形态变化，语法结构关系意义往往不明晰。如汉语中“市长秘书”既可能是联合关系，也可能是偏正关系，但若在“市长”和“秘书”之间插入“和”及“的”构成“市长和秘书”及“市长的秘书”，就可以区别这两种关系意义了。除了虚词之外，像汉语这样的语言，更多的是依赖语序来表现不同的语法结构关系意义的。如将“我”和“赞助”按照不同的语序组成“我赞助”和“赞助我”两种结构形式，就会产生截然不同的语法结构关系意义：前者为主谓结构关系，其中的“我”是施事；后者为动宾结构关系，其中的“我”为受事。

最后，需要指出的是，相同的语法范畴，在不同的语言中也并不完全相同，就以综合性语言和分析性语言比较而言，它们在语法方面的差异是很明显的，主要表现在：综合性语言词法范畴的内容比较丰富，而且往往用词法范畴覆盖了在非综合性语言中属于句法范畴的意义；与之相反，分析性语言句法范畴的内容比较丰富，而且往往用句法范畴覆盖了在非分析性语言中属于句法范畴的意义。前者如俄语便是，后者如汉语便是。

第四节　语法单位的聚合和组合

一、词和句子在语法结构中的地位

1. 如何理解词和句子是最重要的语法单位

各种语法单位在语法结构中的地位是不一样的，其中词和句子是语法结构中最重要的两个单位。

语法单位共有五种，在语法结构中所起的作用不一，其中语素是最小的单位，但只是构词的基本单位，在造句层面起不了多少作用，语素组同语素也是构词单位，而在造句层面能起作用的词组作用同词，且是由词构成的，所以，词是造句的基本单位；在交际表达层面，主要有句子和句组，后者是由前者构成的，且作用同前者，所以，句子是交际表达的基本单位。

换个角度来看，语素或语素组可以形成词，词是构词的最终单位；词或词组可以形成句子，句子又是造句的最终单位。所以，从构词和造句来看，词既是构词的最终单位，也是造句的基本单位；从造句和交际来看，句子既是造句的最终单位，也是交际的基本单位。词和句子显然处于下联低一级单位、中联同级单位、上联高一级单位的核心、枢纽地位。

2. 怎样看待语素的语法地位

语素是最小的语法单位，它在语法中的地位和作用并不是特别重要。

首先，从形式上看，语素只是构词单位，而不是造句单位，像词，更不是交际单位，像句子，所以其本身很难建立组合类和聚合类。

其次，从意义上看，语法分析也不太需要语素这个单位。如汉语中对“苏州很漂亮”这个结构的语法分析，通常只要知道结构中的三个词的聚合关系——分别是名词、副词和形容词，以及这三个词的组合关系——主谓结构中包含了一个偏正结构，就可以了。因为这样一分析，整个结构的意思已经很清楚了，没有必要再去分析语素“苏”“州”“漂”“亮”的聚合关系和组合关系，否则反而会使整个结构的意义变得隐晦，捉摸不透。所以，一般将语素的聚合、组合关系放在语汇部分讨论，而不在语法结构分析中涉及。

二、词的聚合——词类

1. 什么是词类

词类是词在语法上的分类。如“弟兄不和”中的“和”同“两数之和”的“和”是同音词，这是语汇上的词类，不是语法上的词类，前者为形容词，后者为名词，这才是语法上的词类。所以，可以把“词类”表述为“具有聚合关系的词的类”，即“具有共同的功能、可以替换出现在语法结构某个位置上的词的类”。

2. 词类划分的三种标准

（1）形态标准，即根据词形变化来确定词类。这个标准对于像俄语、德语等有丰富形态的印欧语系诸语言，确实非常管用，因为这些语言不同的词类有不同的词形变化，如名词都有性、数、格的词形变化，动词都有时、体、态的词形变化，形容词都有级的词形变化等。形态成了词类的标志，以至于可以不必去考察词的具体的语法功能。这种标准显然有它的局限性，即只适用于那些词类有固定的形态标志的语言，而不适用于像汉语这样缺乏形态的语言。在汉语中，任何词类均无形态变化，如作名词的“代表”和作动词的“代表”、作形容词的“健全”和作动词的“健全”在词形上没有任何变化，若也依据形态标准给汉语确定词类，只会得出一个结论：汉语没有词类的分别。而这显然是荒谬的。

（2）意义标准，即根据词的意义来确定词类。这里的“意义”可以有两种解释，一为词汇意义，一为语法意义，即类别意义，但无论作何种理解，以此来确定词类漏洞颇多。

根据词汇意义确定词类无论从理论上还是实践上均行不通，如汉语中“战斗”和“作战”意思差不多，可前者为名词，后者为动词；“刚才”和“刚刚”意思一样，可前者为名词，后者为副词。可见，凭词汇意义没法确定词类。

根据类别意义来确定词类，从理论上讲似乎可行，但实际操作中会遇到很多问题。一方面，名词是表示人或事物的词，动词是表示动作行为的词，形容词是表示性状的词，这都没错，可什么叫“事物”，什么叫“动作行为”，什么叫“性状”，似乎一时很难说清。如汉语中的“沉沦”和“颓唐”是属于动作行为，还是属于性质状态，很难下结论。另一方面，像汉语中“突然”和“忽然”、“的确”和“确实”等，从类别意义上看没什么两样，可“突然”和“确实”为形容词，“忽然”和“的确”为副词。可见凭类别意义确定词类也存在许多难以解决的问题。

（3）分布标准，即根据词的聚合位置来确定词类。所谓聚合位置，就是将某种词类所有的能替换出现的位置和不能替换出现的位置加起来所得到的结果，也就是这种词类分布的总和。如汉语中的“汽车、学生、报纸、商店”等名词能替换出现的位置有：主语位置、宾语位置、定语位置、数量词组之后、介词之后等；不能替换出现的位置有：“不”之后、“很”之后，“了、着、过”之前等，作一下整理，便可以得到汉语名词的一组聚合位置，或叫“分布的总和”，名词就可以根据这种分布的总和来确定。汉语的其他词类都可以根据分布的总和来确定。可以这么说，汉语的词类划分目前似乎只能用这种标准。

分布标准除了适合汉语这样缺乏形态变化的语言外，也同样适合像印欧语系中那些形态丰富的语言。因为只有分布才能反映词类聚合关系本质的特征，才是词类语法特征的直接体现，而形态、意义有便捷作用，有些词一看其形态、意义就知道属于什么词类。所以，虽然说语言中的词类划分一般应使用分布标准，但形态和意义也并非毫无用处，它们可以作为很好的参考。

3. 不同语言中词类划分的特点

不同语言中各类词的分布有差异，如英语中作状语的只能是副词，而在汉语中，状语可以是副词、形容词和部分名词，所以各种语言分出的词类就不可能完全一样。这种特点表现为：

（1）各种语言都有一些共同的词类，也都有一些特殊的词类。如各种语言中均存在名词、动词、形容词、副词、代词、数词和连接词等类别，这就是共同的词类；但不同的语言也往往存在一些特殊的词类，如汉语的量词、助词在其他语言中很少出现，而英语、德语中的冠词、辅助词也是汉语所没有的。存在特殊性词类的原因有二：一是相同的语法意义在不同的语言中可能由不同的语法形式来表示，如英语中名词的单复数是通过词形变化来表示的，而汉语中缺少词形变化，所以往往借助量词来表示类似的语法意义；二是在区别不同的小类上存在松、紧和宽、严的差异，把握得紧一点、严一点，分得就细一点，把握得松一点、宽一点，分得就粗一点，如汉语中过去把“雪白”“火红”和“彩色”“野生”等均归入形容词，分得就粗了一点，如今把前两个词归为状态词，后两个词归为区别词，就比较精细，因为它们同形容词在分布上有很大的差异。同一种语言在词类的划分上尚且有差异，不同的语言那就更不用说了。这样，存在特殊的词类也就是自然而然的了。

（2）各种语言的主要词类都可以根据某种共性向上归大类，也可以根据某种个性向下分小类。如各种语言中的词类，一般均可以向上归为实词、虚词两大类；各种语言中的某个词类往往还可根据其内部差异向下分出几小类，汉语中的名词就可以分出事物名词、时间名词、处所名词、方位名词等，而且这还不是最终的结果，其中事物名词还可以进一步再细分出普通名词和专有名词、个体名词和集合名词、具体名词和抽象名词；方位名词也可以再细分出单纯的方位词和合成的方位词。

（3）各种语言中都有一些词是典型的某类词，但也有一些词是跨类的词，如英语中的“literacy（阅读和写作的能力）”是典型的名词，“literary（文学的）”是典型的形容词，而“literal”则是跨类的词，它可以是名词（文字上的错误），也可以是形容词（文字上的）。还有一些词是兼类的词，如汉语中的“代表、工作、通知”等，也跨动词和名词的分布，但不管是哪类词，意义都差不多。另外有一些词则是边缘类的词，如汉语中的“精神、道德、机械”等，一般常作名词，但偶尔也跨形容词的分布，我们可以说“学习他们的精神”“一种精神”，也可以说“格外精神”“精神极了”。

三、词的组合——词组

词组是由词与词组合而成的，其中由两个词组合而成的叫“简单词组”，由三个以上的词组合而成的叫“复杂词组”。

1. 简单词组的组合关系及类型

根据词组构成所依赖的语法手段，可以把词组分为基本词组和特殊词组两大类。

（1）基本词组，指简单词组中那些主要依赖语序这种语法手段构成的词组，基本词组主要包括以下五种类型：

① 主谓词组，即两个成分之间具有被陈述和陈述关系的词组，前者为主语，后者为谓语。如英语中的“she has left（她走了）”，汉语中的“粮食吃完了”等，都是主谓词组。

② 动宾词组，也叫述宾词组，即两个成分之间具有支配和被支配关系的词组，前者为述语，后者为宾语。如英语中的“to play cards（打扑克）”，汉语中的“编写教材”等，均为动宾词组。需要注意的是，对于英语、汉语这样的SVO型语言，动宾关系都表现为前动后宾；而对于德语、日语那样的SOV型语言，动宾关系则表现为前宾后动。

③ 偏正词组，即两个成分之间具有修饰、限制和被修饰限制关系的词组，

前者为修饰语，后者为中心语。修饰语可分为两类：一类是修饰、限制名词性成分的，叫“定语”；另一类是修饰、限制谓词性成分的，叫“状语”。所以偏正词组也可分为两类：一类是定中偏正词组，如英语中的“the privileged classes”，汉语中的“未名湖的风景”等；另一类是状中偏正词组，如英语中的“quite recovered”，汉语中的“马上回来”等。

并不是所有语言的定语、状语均置于中心语之前，像法语、德语中的定语、状语大多置于中心语之后，英语中的时间、处所状语和副词状语的位置则可前可后。

④ 动补词组，也叫“述补词组”或“中补词组”，即两个成分之间具有被补充说明和补充说明关系的词组。前者是述语（或叫“中心语”），后者是补语。如汉语中的“喝醉了”“看得一清二楚”“插进去”“快一点”等。其他语言很少有汉语这样的动补词组。

⑤ 联合词组，即两个成分之间具有并列的或互不从属关系的词组。其特点是：前后两个成分可以互换位置而意义基本不变。如英语中的“teachers and students”“to speak and write”，汉语中的“勤劳勇敢”“语言文字”等。这种词组的结构形式各种语言都差不多。

（2）特殊词组。所谓特殊词组，是指简单词组中那些主要依赖虚词这种语法手段构成的词组。特殊词组主要有以下几种：

① 介词词组，由介词附着在名词性成分前而组成。介词词组常作状语，如英语中的“jump with joy”“live on rice”，汉语中的“在苏州工作”“向北极进发”等。介词词组在汉语中还常作补语，如“出生于上海” “留在北方”等。

② 数量词组，由数词加上量词构成。主要是在汉语中，其他语言极少。汉语中的数量词组可以根据量词的性质分为三类：一类是由数词和物量词构成的，常作定语，如“一件汗衫”，也可作主宾语，如“一个也没有过关”“买了三辆”等；一类是由数词和动量词构成的，常作补语，如“修了一下”“来过三次”等；还有一类是由数词和时量词构成的，常作补语，如“写了一年”“讨论了三天”，也可作主宾语，如“一天过去了”“花了三年”等。

③“的”字组词，由实词加上结构助词“的”构成，功能相当于名词，常作主语、宾语，如“我的没带来”“准备了不少吃的”等。

汉语中还有由实词加上时态助词构成的助词词组，如“说了”“学过”等；还有由名词加上方位词构成的方位词组，如“床上”“教室里”等；还有由实词加上语气词构成的语气词词组，如“进来吧”“买吗”等。

英语等语言中还有由冠词加上名词构成的冠词词组，如“an hour”“thc

city”等。

2. 复杂词组的组合关系及分析

两个词的组合不存在层次关系问题，只有三个以上词的组合，才需确定层次。复杂词组是由三个以上的词构成的，自然存在层次关系如何确定的问题，解决这个问题的方法，即将复杂词组逐层切分直到切分成单个的词为止，这就是所谓的“层次分析法”。

分成层次分析，往往把同一层次的成分一分为二（如果是联合词组也可以一分为三或者分成更多），这一分为二的两个部分就叫“直接组成成分”。所以层次分析法也叫“直接组成成分分析法”。

直接组成成分有三种不同的性质：

（1）只是组合，不是成分。如“北京大学中文系有许多著名学者”在没有同其他成分再组合的情况下只是组合，不是成分。

（2）只是成分，不是组合。如上例中的“北京大学”中的“北京”和“大学”，“著名学者”中的“著名”和“学者”本身不再包含别的成分，所以是成分，不是组合。

（3）是成分，又是组合。如上例中的“北京大学中文系”和“许多著名学者”中的“北京大学”和“许多学者”本身都包含其他成分，所以是成分，又是组合。

层次分析法，一般采用的是树形图解法，有正树形、倒树形两种，试以上面的例子为例：

（1）正树形图解法。

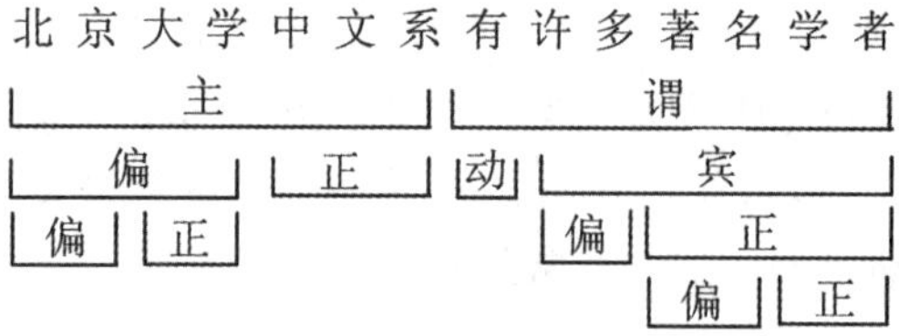

（2）倒树形图解法。

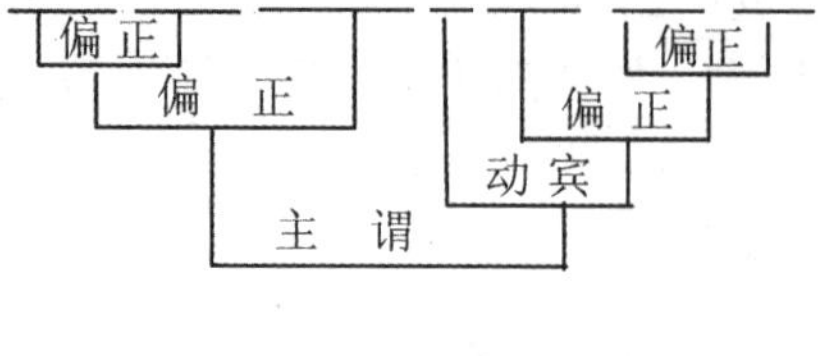

层次分析必须掌握以下三个原则：

（1）结构原则，即切分后的两边都能成为一个独立的结构。如将“忽然又来了”切分成“忽然又”“来了”两部分，后者可以成立，而前者不能成立，可见其切分有问题；若切分成“忽然”“又来了”两部分，则都能成立。

（2）功能原则，即切分后的两部分能够组合。如将“一棵柳树上”切分成“一棵”“柳树上”两部分，两者似乎都能成立，但两者不能组合：方位词组不受数量词组的修饰，可见切分有误；若切分成“一棵柳树”“上”两部分，则既能成立，又能组合。

（3）意义原则，即切合后的两部分不但要有意义，而且还必须是原来词组中的关系意义。如将“亭亭的舞女的裙”切分成“亭亭的”“舞女的裙”两部分，两者都能成立，看似也能组合，但原来的关系意义被改变了：“亭亭的”由修饰“舞女”变为修饰“舞女的裙”，“舞女”变为与“亭亭的”无关，可见切分有误，所以只能切分为“亭亭的舞女的”“裙”两部分。

3. 词组的聚合类型

词组的组合类型也叫“结构类型”，词组的聚合类型也叫“功能类型”，前者是着眼于词组结构特点的分类，后者是着眼于词组功能上的特点的分类。

（1）体词性词组和谓词性词组。

这是词组的聚合类型之一，所谓谓词性词组，是指在功能上相当于名词的词组，如定中偏正词组、名词性成分构成的联合词组和“的”字词组。谓词性词组是指在功能上相当于谓词的词组，如状中偏正词组、动宾词组、动补词组、主谓词组、谓词构成的联合词组等。

（2）向心词组和离心词组。

这是词组的又一种聚合类型，所谓向心词组，是指整个词组的功能相当于词组中心语的功能的词组。如偏正词组、动宾词组（动词为中心语）、动补词组、联合词组（任何一个构成成分均为中心语）等。所谓离心词组，是指整个词组的功能同词组中的任何一个构成成分的功能都不同的词组，如主谓词组、介词词组和“的”字词组等。

四、句子的聚合——句类

句子的内部结构与词组差不多，所以句子的组合类型可以参考词组的组合类型。但是，在功能上，句子又有别于词组，它具有交际功能，而词组不具备，所以句子的聚合类型是值得关注的。

句子的聚合类型主要有四类：句型类、句式类、功能类和简繁类。

1. 句型类（句子的基本结构分类）

这是根据主谓词组的形式对句子进行的结构分类。按照这种分类，句子可分为完全主谓句、不完全主谓句和非主谓句三类。

（1）完全主谓句。

这是由主谓词组构成的句子。这是句型类中最主要的一种。内部还可分出若干小类，一般是根据谓语部分的功能和特征来分类，有名词谓语句，如汉语中的“明天中秋节”；有动词谓语句，如汉语中的“书出版了”；有形容词谓语句，如汉语中的“节目很精彩”。其中，动词谓语句又是完全主谓句中最重要的句类，各种语言都如此，如英语中的动词谓语句可以分为七种主要类型，汉语中则先一分为二：无宾语句和带宾语句，然后再根据动词的类型把带宾语句分为带体词宾语句（即体宾句）和带谓词宾语句（即谓宾句）。体宾句又可分带单宾语句（即单宾句）和带双宾语句（即双宾句），前者如“孩子考进了苏州中学”，后者如“我送孩子一辆自行车”。单宾句、双宾句均还可以再细分下去。

（2）不完全主谓句和非主谓句。

这是句型类中的另外两种句型。其中需要依赖语境才能表达完整意思的句子，叫“不完全主谓句”，也叫“省略句”，如汉语中的“你看了吗”；而不需要依赖语境就能表达完整意思的句子，叫“非主谓句”，如汉语中的“禁止吸烟”。两者的区别在于：前者能够补足缺少的成分，而后者或不能补足，或不需要补足。非主谓句中由一个单词直接构成的句子叫“独词句”，如英语中的“who”，汉语中的“蛇”。

2. 句式类（句子的变换形式分类）

这是从句式变换角度对句子进行的分类。按照这种分类，句子可分为基本结构形式（即基本句）和特殊句式。基本结构形式就是前面所提到的完全主谓句。特殊句式，英语中有“存在句（there be…）”和“强调句（It is…that…）”等，汉语中有“把”字句、“被”字句、存现句等。

换一个角度看，特殊句式也可以看作基本句的变换形式，因此也可以从变换角度来讨论特殊句式的变换形式及类别。从变换形式看，主要有以下几类：

（1）XY→XY 式（移位句），即由句子成分移位形成的句式。如汉语的主谓谓语句（也叫主题句）便是由移位形成的，例如“他知道这件事→这件事他知道”，英语的疑问句也是由移位形成的，例如“They are plainclothesmen（他们是便衣警察）→Are they plainclothesmen（他们是便衣警察吗）”。

（2）XY→X 式（删略句），即由删略句子成分形成的句式。很多语言中的祈使句都不说出主语，如英语中的“set down（坐下）”，汉语中的“回家去吧”等，均是删略主语而形成的。

（3）X→XY式（添加句），即由添加相关成分形成的句式。如英语“She likes to swim in big rivers（她喜欢在大河里游泳）→Does she like to swim in big rivers（她喜欢在大河里游泳吗）”；汉语中的是非疑问句则常常需要添加语气词，例如“他想出国→他想出国吗”。

（4）X→X′式（替换句），即由成分替换形成的句式。如汉语中的选择疑问句就是通过成分替换形成的，例如“他买车票——他买不买车票”。

当然，很多时候，句式的变换是对上面四种形式的综合运用，如英语、汉语中的被动句就综合运用了移位、添加等变换形式。

3. 功能类（句子的用途和语气分类）

这是根据句子的用途和语气对句子进行的结构分类。按照这种分类，句子可分为陈述句、疑问句、祈使句和感叹句。

（1）陈述句，即陈述一个事实的句子。如英语中的“They are listening to the *Yellow River* piano concer to（他们在听钢琴协奏曲《黄河》）”，汉语中的“他永远地离开了我们”等。

（2）疑问句，即提出一个问题的句子。如英语中的“Where does he live（他住在哪里）”，汉语中的“你为什么迟到”“我的帽子呢”等。

（3）祈使句，即表达一种意志的句子。如英语中的“Let me try（让我试一下）”“Now listen to me（且听我讲）”等，汉语中的“我们走吧”“你别去了”等。

（4）感叹句，即一个抒发感情的句子。如英语中的“How well she sings（她唱得多好啊）”“That's too bad（太糟糕了）”等，汉语中的“多么善良的人啊”“天哪”等。

4. 简繁类（句子的单句、复句分类）

这是从句子中包含的结构是否多以及表达的意思是否复杂的角度对句子所作的分类。按照这种分类，句子可分为单句和复句两大类。

（1）单句。

结构简单、意义简单的句子一定是单句，但单句不一定就是结构简单、意义简单的句子，有时候也可以包含较多的结构，表达复杂的意义，主要有以下两种情形：

① 复杂结构单句。所谓复杂结构单句，指的是就句子无论从整体看还是从句中的某个成分来看都是主谓结构的单句。如英语中的“I think he must have arrived there by now（我想他现在一定已经到那里了）”，汉语中的“他希望我们再慎重地考虑一下”等。

② 复谓结构单句。所谓复谓结构单句，指的是由两个或两个以上关系紧密的主谓结构构成的单句。如汉语中的兼语句（他们组织全系师生参观展览）、连谓句（黄书记骑着自行车来到了工地）、连锁句（他一有空就逛超市）等，英语中的“I invited my superior to consider their rationalization proposals（我请求我的上级考虑他们的合理化建议）”等。

（2）复句。

复句是由两个或两个以上意义上密切相关、结构上互不从属、中间有较小停顿的（书面上用逗号、分号等标点符号表示）的主谓结构（包括省略了某些成分的主谓结构）构成的句子。

复句同复杂结构单句有别，复句中的两个以上的主谓结构互不作句子的成分，而复杂结构单句中的几个主谓结构则是互作句子成分的。所以像“作物同病虫害作斗争，情形复杂得大学教授也难以一下子说清楚”这个句子，虽然有停顿，很复杂，但不是复句，因为其中“作物同病虫害作斗争”作主语，“大学教授也难以一下子说清楚”则作补语。而像“作物同病虫害作斗争，也同恶劣的环境气候作斗争”才是复句，因为两者互不从属。

复句同复谓结构单句也有别，复句中的几个主谓结构之间有较小的停顿，而复谓结构单句中的几个主谓结构之间没有停顿。如“皇宫门前有一条红砖铺就的路是专给皇帝走的”是复谓结构单句，而若在“路”后稍作停顿为“皇帝宫门前有一条红砖铺就的路，是专给皇帝走的”则为复句；同样，“他出门看了看天”为复谓结构单句，若改为“他出门，看了看天”就成了复句。

此外，复句的几个主谓结构（即分句）之间常有特定的连接词，而复杂结构单句及复谓结构单句中一般不会有。

复句可以根据分句间的意义联系方式的差异分为两大类：联合复句和偏正复句。前者各分句间在意义上平等，无主从之分；后者各分句间在意义上有主从之分，有正句偏句之分。

联合复句根据分句间的意义关系，可以分为以下几种：

① 并列关系复句。如汉语中的“我们不是怕死，而是不想作无谓的牺牲”，英语中的“Afforestation conserves soil and water; to also checks drift sand（造林可以保持水土，同时也可以制止流沙）”等。

② 连贯关系复句，也叫“顺承关系复句”。如汉语中的“他拽上门，悄悄地走了出去”，英语中的“He went to Shanghai, and then to Suzhou（他去了上海，接着又去了苏州）”等。

③ 选择关系复句。如汉语中的“他不是在图书馆，就是在文史楼”，英语中的“He would rather die on his feet than live on his knees（他宁可站着死，也

绝不跪着生）”等。

④ 递进关系复句。如汉语中的“这本书，北京、上海尚且买不到，更何况我们这儿呢”，英语中的“He not only had read the book but also remembered what he had read（他不但读过此书，而且还记得所读的内容）”等。

偏正复句根据分句间的意义关系，也可以分成以下几类：

① 因果关系复句。如汉语中的“这个问题既然已经有定论了，就不必拿出来复议了”，英语中的“Life is limited, but there is no limit to serving the people（生命是有限的，但为人民服务是无限的）”等。

② 条件关系复句。如汉语中的“只要专注于某一项事业，就一定会做出使自己也感到吃惊的成绩来”，英语中的“Keep calm, whatever happens（无论发生什么情况，请保持冷静）”等。

④ 假设关系复句。如汉语中的“如果大家没有意见，就按这个方案办吧”，英语中的“If it had not been for your help, we would not have succeeded（要不是有你们的帮助，我们就不会成功）”等。

⑤ 让步关系复句。如汉语中的“即使她背叛了我，我也不怨恨她”，英语中的“You shouldn't have lost your temper even if you were right（即使你有理，也不应该发火啊）”等。

以上讨论的复句均只有一个结构层次，叫“一重复句”。语言中也有一些复句是有两个以上的结构层次的，那就是“多重复句”。多重复句可以像词组那样进行层次分析。除了联合复句中并列关系复句和连贯关系复句可以一层多分外，其余均由大到小逐层作两两切分。不同的是，词组分析到词为止，复句则分析到分句为止。以汉语中的多重复句分析为例：

① （一）我的父亲允许了；|（并列）（二）我也很高兴，||（因果）（三）因为我早听到闰土这名字，|||（递进）（四）而且知道他和我仿佛年纪，闰月生的，五行缺土，所以他的父亲叫他闰土。

② （一）如果我们不能事先看到，|（假设）（二）那他们只会跟着时间迁流，||（顺承）（三）虽然也在努力工作，|||（转折）（四）却不能取得胜利，||||（递进）（五）反而有使革命事业受到损害的危险。

五、句子的组合——句组

句组是由意义上有密切联系的几个句子构成的，同句子一样，它是交际表达层面的一种语法单位，也是最大的语法单位。

1. 句组是否可作为一级语法单位

句组是否可作为一级语法单位，目前存在意见分歧。

一种意见认为，句组不应作为一级语法单位，主要理由是：句组在结构形式上没有专门的标志，它只是几个句子的组合，其间既没有特定的连接词语，也没有严格的连接关系，所以不存在语法结构和语法关系的问题，而只有表达层面的作用。

还有一种意见认为，句组应该作为一级语法单位，理由有二：

（1）句组对其所包含的句子的语法结构和语义关系形成制约。如“那些点心同学们都吃了”。选择这么一个句子，是有歧义的，因为不清楚副词“都”的语义指向谁：若指向“同学们”，则表示“每个同学均吃了点心，而点心可能吃完可能没吃完”；若指“点心”，则表示“所有的点心均被同学们吃完了，而同学们可能每个人均吃到了，也可能有人没吃到”。这时候，就要在句组中寻找答案了，如下文是“剩下的老师给拿走了”，则该句属前一种情形，如下文是“可有一部分同学没吃到”，则该句属后一种情形。

（2）句组的表达功能本身也应该看作一种语法功能。正如句子的表达功能据此可以分出陈述句、疑问句、祈使句、感叹句等功能分类而被看作一种语法现象一样，句组的表达功能也应该被看作一种语法现象。

2. 句组和复句的联系和区别

句组和复句有联系，但也有区别。两者的联系表现在：

（1）句组中句子之间的关系类型和复句中分句之间的关系类型基本上是相同的。

（2）句组同复句可以相互转化，句组可以改成复句，复句也可以改成句组。

两者的区别表现在：

（1）句组由两个以上的句子构成，所以有两个以上的语调。而复句再复杂也是一个句子，只有一个语调。

（2）复句中经常成对使用关联词语，而句群中一般不能成对使用关联词语，关联词语通常只能单用。

3. 句组中句子关系的分析

句组中句子关系的分析叫作话语结构分析。话语结构分析不同于一般所说的单句分析或复句分析，这种分析方法把复句分为“前句”和“后句”两部分，把单句分成“主题（主位）”和“述题（述位）”两部分。例如：

（前句）老村长（主题）待人非常和善（述题），（后句）孩子们（主题）都很喜欢他（述题）。

（1）句组中句子的三种主要的意义关系：

从句组中各个句子在意义上的衔接关系来看，句组中的句子主要有以下三种主要的意义关系：

① 后句主题重复前句主题，形成主题连续平行发展之态，可简写为“主题 1→主题 2”。例如：

（句子 1）松树（主题 1）生命力可谓强矣（述题 1）！（句子 2）松树（主题 2）要求于人的可谓少矣（述题 2）！

② 后句主题重复或紧承前句述题中的某个内容，形成主题述题首尾相继发展之态，可简写为“述题 1→主题 2”。例如：

（句子 1）听说很远很远的地方（主题 1）有一座六梯山（述题 1）。（句子 2）山上（主题 2）住着个种树的老爹，白发白眉白胡子（述题 2）。（句子 3）他的胡子（主题 3）很长，从下巴一直拖到地上（述题 3）。

③ 后句改成另一个主题，形成主题述题共同发展、更新之态，可简写为“主题1 + 述题1→主题 2”。例如：

（句子 1）母亲（主题 1）站起来去找他两个女儿（述题 1），（句子 2）我（主题 2）也端详了一下那个人（述题 2）。（句子 3）他（主题 3）又老又脏，满脸皱纹，眼光始终不离开他手里干的活儿（述题 3）。

其中“句子 1”同“句子 2”之间的关系属“主题 1 + 述题 1→主题 2”，“句子 2”同“句子 3”之间的关系属“述题 1→主题 2”。

（2）句组中句子的三种衔接形式。

① 词语关联形式，即在句组中使用有特定关联作用的词语。例如：

（句子 1）便是七斤嫂，那时不也说，没有辫子倒也没有什么丑么？（句子 2）况且衙门里的大老爷也还没有告示。

② 词语照应形式，即在句组中使用有特定照应作用的词语。例如：

（句子 1）“满招损，谦受益”，这句话流传到今天至少有两千多年了。（句子 2）这是普遍真理，任何地区、时代都适用的真理。（句子 3）可惜的是，并不是所有人都能从这句话中受到教益。

② 词语隐现形式，即在句组中通过省略来衔接上下文。例如：

（句子 1）她怎么了？（句子 2）出事了？（句子3）被抓了？（句子 4）回大陆了？（句子 5）跟人私奔了？（句子 6）突然破产了？

例中除“句 1”外，其他各句均为承前而省略了主语“她”。

本章建议阅读书目及问题思考

一、建议阅读书目

1. [美] 布龙菲尔德著，袁家骅等译：《语言论》，商务印书馆 2004 年版。

2. [美] 霍凯特著，索振羽、叶蜚声译：《现代语言学教程》(上、下)，北京大学出版社 1986 年版。

3. 赵元任著，吕叔湘译：《汉语口语语法》，商务印书馆 1979 年版。

4. 朱德熙：《语法讲义》，商务印书馆 1982 年版。

5. 张斌：《汉语语法学》，上海教育出版社 1998 年版。

6. 陆俭明：《现代汉语语法研究教程》(第四版)，北京大学出版社 2013 年版。

二、问题思考

1. 什么是语法的递归性？举例说明。
2. 什么是语法形式？什么是语法意义？两者有什么关系？
3. 什么是语法手段？常见的语法手段有哪些？
4. 什么是语法范畴？常见的语法范畴有哪些？
5. 词类划分的标准有哪些？各有什么长处和短处？
6. 英汉两种语言在词类划分上有哪些异同？
7. 什么是直接成分分析法？采用直接成分分析法必须遵循哪些原则？
8. 什么是向心词组？向心词组与基本词组有哪些交集？
9. 什么是离心词组？离心词组与特殊词组有哪些交集？
10. 句子的聚合类型主要有哪些？各有哪些特点？

第六章

语用

第一节　什么是语用

一、语用的内涵

关于语用的内涵，语言学界内尚存分歧。但有一种观念大家已达成共识，那就是语用的研究对象并非客观的、静态的语言系统，而是被人们使用着的“活语言”。实际使用中的语言与抽象语言符号之间的重要区别，在于“意会可以大于言传”。例如“今天很冷”这句话，从表面上看是在陈述一个客观的气温状况；但在实际使用中，说话者要传达的信息往往比气温高低要丰富，可能是要提醒听话者多穿衣服，可能是要求听话者打开暖炉，也可能是在为不愿出门找理由等。至于说话者想表达哪一种意思，取决于交际双方所处的语境。

通俗地讲，语用学正是要从理论上解释所谓“意会可以大于言传”的现象，并探究人们是如何利用言语的这一特点进行交际的。因而我们可以这样下定义：语用学是一门研究语言运用的学科，主要研究语言如何在具体语境中获得和传达话语意义，进而探寻和确立言语交际者得以恰当表达和准确理解这些话语意义的基本原则和策略。

二、语用学中的意义和语境

从语用学的定义可以发现，语用学的研究中有两个基本概念是不能绕开的，那就是“意义”和“语境”。这两个概念在语言学的多个领域中都会涉及，但在语用学领域中所表达的内涵比较特殊，需要加以说明。

1. 语用学所谈的“意义”

我们已经知道，形式和意义是组成语言符号的不可分割的两个部分。传统语义学家关注的是固定在语言形式上的静态意义，比如英语中的“dog”或汉语中的“狗”，其形式意义是指一种属于犬科的哺乳类动物。这种意义具有一定的恒常性，不受时间、空间等外界因素的影响。对于句子（尤其是陈述句）的意义，传统语义学家只考虑其所构成的语义命题是否具有真实值，比如“下雨了”这句话的语义命题就是“某地某时有降水天气”，至于是谁在什么情况下、出于什么目的说这句话，则不在传统语义学的研究范围之内。

与传统语义学不同的是，语用学更关心词语、句子在实际语境中所具有的交际价值，即是谁在什么时间、什么地点、对什么人使用了什么词句，他要达到什么目的。比如上面所说的“dog”，在特定语境下，说话者使用这个词的目的可能是对听话人进行警告或恫吓；“下雨了”从语义命题上可以判断真假，但说话者的意图往往不只是对天气作客观判断，还可能是要提醒听话者带伞等。这部分意义并不是固定在语言形式上的，而是以固有意义为基础在具体语境中衍生出来的，是交际者按照其需要而赋予语言形式的，这部分才是语用学研究的重点。所以，语用学所关注的“意义”，指的是依赖于特定的语境、涉及说话人意图或听话人理解的话语意义、交际意义。

2. 语用学所谈的“语境”

语用学上所说的“语境”，是指人们运用自然语言进行言语交际的言语环境。这个定义突出了以下几点：第一，语用学所关注的语境，其适用对象是自然语言而不是人工语言；第二，语用学研究的是言语交际所处的语境，这意味着整个动态交际过程中的任一环节所涉及的语境因素都应在语用学的关注范围内；第三，这种言语环境是人们成功完成言语交际所必须依赖的，不能从言语交际中被割离。

最狭义的语境只限于由语言因素构成的言语环境，即上下文语境，主要是口语的前言后语或书面语中的上下文。比如鲁迅《故乡》中有这样一句话：“圆规一面愤愤的回转身，一面絮絮的说，慢慢向外走，顺便将我母亲的一副手套塞在裤腰里，出去了。”这句话如果离开原文，就会让人百思不得其解：圆规怎么会说话、走路？但只要读过上下文就很容易明白，这里的“圆规”指的是“两手搭在髀间，没有系裙，张着两脚”站着的杨二嫂。因为上文已经对杨二嫂的站姿作了明确的比喻，所以这里直接用站姿来借代这个人，既巧妙又不会造成误解。上下文语境是语言学家们较早开始研究的语境，传统的修辞学、语义学都会涉及。

但是，如果要全面准确地理解实际使用中的语言，只考虑语句在段落、篇章中的位置显然是不够的。言语交际是由特定的交际者在特定的时间、空间、场合中进行的，显然会受到这些要素的影响，而这些要素的特点并不是靠语言形式来表现的。这类由非语言因素构成的语境（即语言外语境）也是语用学研究的重点。

语言外语境的具体内涵非常复杂，语用学家对其构成提出了很多不同的看法。综合这些看法，我们认为语言外语境应包括以下几个方面：

（1）情景语境。情景语境针对的是言语交际发生时的具体现场，如时间、地点、场合、话题，以及交际参与者的相关情况（身份、职业、教养、相互之间的亲疏关系）等。所谓“上什么山唱什么歌”“对什么人说什么话”等可以看作对情景语境的认识。情景语境对言语交际的影响比较直接。比如一天中不同的时间，人们打招呼的用语不同；在喜庆场合和在丧葬场合，参与者交谈时的措辞、语气、语速等都是迥异的；教授之间和农民之间的交谈用词差异较大；一个人跟家人和跟陌生人说话的严谨程度肯定是不一样的。

（2）文化语境。文化语境针对的是交际者所处的社会文化背景，如历史文化、传统习俗、社会规范、民族价值观等，所谓“在罗马就像罗马人那样思考”等可以看作对文化语境的认识。文化语境对言语交际的影响相对间接一些，但其最终带来的效果还是很明显的。比如，对于别人的赞美，中国人倾向于推辞、否定，这是中国人视谦虚为美德的价值观在言语上的体现；而西方人会大方接受别人的赞美并表示感谢，认为这是真诚、自信的表现，同时也是对对方审美眼光的尊重。再比如，不同民族的熟语与其文化语境息息相关，像汉语中的“三顾茅庐”“弄璋之喜”“龙马精神”“唱白脸”等，英语中的“Achilles' heel”“poet laureate”“meet one's Waterloo”等，这些熟语无法从字面上解释，只有在充分了解其历史文化背景之后才能理解其语用意义。

（3）心理语境。心理语境针对的是交际者在交际过程中的心理状态，如认知、情感、意图等因素。

认知因素包括交际双方对客观世界基本知识的认知水平，比如 A 看见一个受伤的人而对 B 说“快叫救护车”，那么 A 在说这句话时已经具有了对救护车的用途、呼叫方式等常识的认知；也包括交际双方对该次交际所处的特定社会、特定组织、特定场合的会话规则的认知程度，比如一个公司的新进员工往往很难理解和参与老员工之间的正式会谈，主要是因为新员工对公司内部的会话规则的了解不如老员工，不知道什么该说、什么不该说；还包括交际双方相互的认知程度，比如《红楼梦》中，贾宝玉与林黛玉之间的言谈是与众不同的，只有林黛玉会用“你可都改了罢”来向宝玉表达其痛惜和深爱之情，因为黛玉确定他不会误解，而宝玉也作出了“我便为这些人死了，也是情愿的”这样的回答，这样的对话看似矛盾实则合情合理，它是建立在宝黛二人心理思想完全相通的基础上的。

情感因素也是心理语境中的重要成分。交际过程中，双方的喜怒哀乐都会影响话语的表达和理解，比如在心情愉悦时，说话者使用的言语倾向于积极的、活泼的，听话人对话语的接受度和理解力也较高；而在恼怒或悲伤时，说话人的言语倾向于消极的、尖刻的，听话人对话语则倾向于难以接受或不恰当理解，容易造成交际效果与交际意图相悖的现象。

交际者的意图可以说是影响言语交际最关键的因素，说话人和听话人正是在交际意图的指导下选择和调整其表达、理解方式的，任何一场交际都是参与者运用各种技巧使交际效果最大程度地贴合交际意图的过程。

综上所述，语用学所谈的语境，其具体组成可以归纳为：

- 语境
  - 上下文语境（由语言因素组成的语境）
    - 书面语的上下文
    - 口语的前言后语
  - 语言外语境（由非语言因素构成的语境）
    - 情景语境
      - 时间
      - 地点
      - 场合
      - 话题
      - 交际参与者情况（身份、职业、教养、亲疏关系等）
    - 文化语境
      - 历史文化
      - 传统习俗
      - 社会规范
      - 民族价值观
    - 心理语境
      - 认知（对客观世界基本知识的认知、对特定社会会话规则的认知、对交际对象的认知）
      - 情感
      - 意图

在实际的言语交际中，语境内部各种因素经常互相交叉、对立、协调，共同作用于话语的表达和理解。

3. 语境对意义的作用

（1）制约语义，排除歧义现象，使句子意义更加明确。语言中的多义、歧义现象非常常见，但无论是语义歧义还是语法歧义，只要进入特定的语境，歧义句的某一个意义就会被有选择地提取出来，其他意义就会被制约，歧义现象因此消失。比如，“我要吃饭”这句话的歧义是由于“饭”这个词的多义，“饭”可以泛指各种食物，也可以专指米饭这一种主食，但是只要有足够的语境条件，这句话就不存在歧义：若说话人正在办公室里工作时感到肚子饿了，又正好是用餐时间，那么他说“我要吃饭”的意思更多的是指要去用餐，但不一定会吃米饭；若说话人被另一个人问“你要吃面还是吃饭?”，那么他回答“我要吃饭”的意思只能是要吃米饭而不吃面条。

（2）赋予词语以特定的临时意义。在特定语境下，某些词语会临时获得不同于其固有义项的意义。比如，鲁迅《社戏》中有一句“大约那弹性的胖绅士早在我的空处胖开了他的右半身了”。“胖”这个词本身只有形容词词性，表示肥胖、脂肪含量多，但是在这句话里并非表示其本义。联系这句话所在的语境，可知，"我"和这个胖绅士于看社戏的人群中是挤在一块的，"我"一转身，胖绅士被压着的右半身就弹回来了，所以这里的"胖"就被赋予了"弹开"的动词意义，生动幽默地表现了看戏的人之多。

（3）影响语句的语义色彩。有时，语境会影响语义色彩的褒贬，文学创作和日常交际中经常出现的反语手法就是利用了语境的这一功能。比如朱自清《背影》中的"唉，我现在想想，那时真是太聪明了!"，联系文章语境就能知道，这里的"聪明"并非称赞，而是在嘲讽自己自作聪明，没体会到父亲的爱；再如，关系亲密的朋友之间常说的"笨蛋""懒猪""坏家伙"等话语，都是贬词褒用，是表达喜爱之情的昵称。

（4）自动补充语篇中的省略意义。在日常会话中，出于省力原则，人们经常会把相对不重要的信息省去不说，因为该会话所处的语境可以帮助听话人将省略的意义补充完整。比如，在火车站买票的人只要对售票员说"上海9点两张"，售票员立刻就能理解对方是说"我要买两张9点去上海的火车票"，因为这句话所在的语境——包括地点（火车站）、交际人身份（买票人和售票员）等，使听者能将句子的意义补充完整。经过省略的句子如果被孤立地看待，往往不成话、不合理，但只要与其语境结合，就不会造成误解，可见语境是言语交际中非常重要的潜在信息。

（5）帮助理解言语的话语意义、交际意义。语境对于表达交际人意图的作用是显而易见的，生活中的例子很多。比如，"他是个很好的人"这样一句话，如果孤立地看，只是对"他"的人格作出肯定评价。但在实际交际中，这句话往往能表达丰富的言外之意，而要准确理解其话语意义，就必须揣摩其所在语境：如果是一位女性在对另一个人评价她倾心的男性，那么这句话可能是在委婉表达其爱慕之情；在某些特殊情况下，这句话还有可能是反语，是说话人在讽刺"他"的不良品行。

三、语用学的起源和发展

"语用学"这个术语译自英语的"pragmatics"，它是美国哲学家莫里斯（Morris）在1938年自造的英语单词。如果从这一时间算起，这门学科也只有近80年的历史，但是经过极为迅猛的发展，今天的语用学已经像语音学、词汇学、语法学一样被公认为语言学的一个重要分支。这是20世纪以来现代语言学的研究不断探索、深入和自我完善的结果。

20世纪初，瑞士语言学家索绪尔在其《普通语言学教程》中首次提出了"语言是一种符号"，并明确区分了语言和言语、共时和历时的概念，指出现代语言学的研究对象主要是本体的、共时的、抽象的语言符号系统。这样就把语言运用的因素排除在了语言研究的体系之外。

之后的几十年，现代语言学的研究都沿着关注语言本体结构、排斥语义语用的道路不断发展，像布拉格学派、哥本哈根学派、美国结构语言学派等代表性学派的研究都不例外。而到了 20 世纪 50 年代乔姆斯基的转换—生成学派那里，这种对语义语用的排斥倾向达到了顶点。乔姆斯基认为人类在说话的过程中会遵循大脑中特定的句法，这种句法是一套潜在的、抽象的、不受语境影响的规则系统，即“语言能力”。在乔姆斯基看来，语言学的中心任务就是揭示人类“与生俱来”的语言能力，而不用考虑语言运用。

物极必反，盛极一时的转换生成语法学日益暴露出其在语义方面的无能为力，于是与之对立的思想开始萌芽。20 世纪 50 年代之后，一些语言学家开始重新重视语义研究，大量的语义学研究成果问世，为语用学的产生和发展打下了基础。当语义研究不断深入，研究对象从词的意义扩展为句子意义、篇章意义时，新的问题就产生了：许多语句的形式意义与说话人意图似乎并不相符，有些语句离开了一定的上下文或时间空间就根本无法理解。这时，语境对于语义分析的重要性就逐渐凸显出来。语境分析的加入，加快了语义学内部的分裂。最终，语义学的研究范围被缩小到形式意义上，涉及语境意义的讨论被归入语用研究，而语用学通过不断丰富理论基础、扩大研究领域，逐渐发展为一门独立的学科。

语用学产生的早期阶段，作出突出贡献的大多并非语言学家，而是具有独特洞察力的哲学家们。1938 年，美国逻辑学家莫里斯在符号学的研究中首创“pragmatics”这一名称，并在其 1938 年出版的《符号理论基础》中列出了符号学的三个分支学科：句法学（syntactics）、语义学（semantics）和语用学（pragmatics）。句法学研究“符号之间的形式关系”；语义学研究“符号与其所指事物之间的关系”；语用学则研究“符号和解释者之间的关系”。1939 年，莫里斯在《美学和符号理论》一书中谈到语用学时将“解释者”改为“使用者”。可见，莫里斯不仅最早提出了“语用学”的术语，还从宏观上划定了这个学科的研究范围。

1954 年，以色列哲学家巴尔·希勒尔（Bar Hillel）发表《直指表达式》一文，提出了语用学的一个重要研究课题——指示。

1955 年，英国哲学家奥斯汀（J. L. Austin）受邀到哈佛大学作题为“论言有所为”（How To Do Things with Words）的系列演讲，其中提出的对“言语行为”的分析震动了美国学界。后来奥斯汀的学生赛尔（J. R. Searle）继承并完善了老师的思想，于 1969 年出版《言语行为》、1975 年出版《间接言语行为》，将奥斯汀的理论正式定名为“言语行为理论”。这是语言学史上第一个完整的、重要的语用学理论。

1967 年，另一位英国哲学家格莱斯（H. P. Grice）来到哈佛大学作了三次演讲，提出了著名的“会话含义理论”，其中包括了指导人类会话活动的重要原则——合作原则。这一理论对言语交际的研究意义重大，它与奥斯汀、赛尔的言语行为理论共同成为语用学的学科理论基础。

20 世纪 70 年代以后，语言学家们开始对语用研究报以极大关注，语用学进入成熟、独立阶段。1977 年，《语用学杂志》在荷兰阿姆斯特丹出版发行，标志着语用学作为语言学的一门独立学科得到了正式的承认。1983 年，有两部非常优秀的语用学教材问世：列文森（S. C. Levinson）的《语用学》和利奇（G. N. Leech）的《语用学原则》，这两部教材代表着 80 年代初语用学研究的最高水平。1986 年，国际语用学学会在比利时成立，并将《语用学杂志》和《语用学和其他学科》作为其学术刊物。世界各地掀起了语用研究的热潮，连语义、语法、语言习得等问题的讨论也经常涉及语用因素，而社会学、文化学、心理学等学科与语用学的交叉融合更为语用学的研究开辟了广阔的天地。

第二节　指　示

一、指示的内涵

指示（deixis）是语用学最早确定的研究课题，它直接涉及言语结构与语境的关系。指示这一术语指的是在言语交际活动中，某些词语或语法范畴的所指必须依赖特定的语境因素才能确定的现象。

语用学家发现，在语言的实际使用中，有很多词语或语法范畴不能按照传统语义学的方法判断真假，它们的所指对象只有联系语境条件才能被准确理解。例如，“I'll be here again in an hour”这句话如果脱离其所在的语境，几乎无法传递出任何信息，我们无从得知是谁在什么时间再次回到了什么地方。句中的人称代词“I”在语用学上称为人称指示词，地点副词“here”在语用学上称为方位指示词，这两个词的所指必须根据说话人本身、说话人说话时所在的地点来确定，短语“in an hour”虽然不是一个指示词语，但它所指的确切时刻也是要以说话的时间点（即时间指示词“now”的所指时刻）为基点去推算的。可见，离开了语境，就无法确定这类词语的所指，也就无法理解这个句子的意义。

最早将指示确定为语用学研究对象的是以色列语言哲学家巴尔·希勒尔。他在1954年发表的论文《直指表达式》中举了三个例句：

例1：Ice floats on water.（冰块浮在水面上。）

例2：It's raining.（下雨了。）

例3：I am hungry.（我饿。）

其中，例1是一个陈述句，说英语的成年人对其意义的理解是一致的。但是，如果要准确理解例2，就必须知道说这句话的时间和地点。如果要准确理解例3，就必须知道说这句话的人是谁以及说这句话的时间。可见，例2、例3跟例1是不同的。从句型来看，巴尔·希勒尔把例2和例3称为指示句型。他指出，人们在言语交际中会大量使用指示句，因而对于指示的研究是语用学的重要内容。

现代英语中常用的具有指示功能的词语主要包括：人称代词，如“I，you，he，she”等；指示代词，如“this，that”等；定冠词，即“the”；时间副词，如“now，then，today，yesterday”等；地点副词，如“here，there”等。具有指示功能的语法范畴主要是动词的时态。

使用和理解指示词语必须有一个明确的参照点。在言语交际尤其是面对面交谈这种典型的交际活动中，指示词语的参照点一般都集中在说话人身上：中心人物是正在说话的人；中心时间是说话人说话的时间；中心地点是说话人说话时所处的地点；语篇中心是一段话中说话人正说到的部位；社交中心是说话人相对于说话对象的社会地位。因此，交际中所用的指示系统，一般是以说话人“我”为中心组织起来的。

二、指示词语的不同用法

指示词语的用法较多，分为指示用法和非指示用法。

1. 指示词语的指示用法

指示词语的指示用法可分为两种：身势用法和象征用法。

具有身势用法的指示词语必须借助对所指对象的实在的听觉、视觉、触觉等感受才能被理解，即说话人在说指示词语的同时，必须配合做手势、甩头、使眼色等方式才能让听话人明确所指的对象，例如：

例4：He is not the criminal，but he is. He is just a passer-by.（他不是犯人，他才是。他只是个过路人。）

如果听到这句话时，看不到说话人说话时的情景和动作，我们就根本不明白谁才是犯人、谁是过路人。因而，身势用法依赖最真实的交际现场，要理解身势用法的指示词语，就必须在感官上对所指对象有直观的了解。

象征用法的指示词语在使用时则不一定要伴随手势、眼色等，只需知道言语活动的基本时间、空间或参与者的情况就可以理解，例如：

例 5：This city is really beautiful.（这座城市真美。）

如果知道这句话是在北京说的，不管说话的具体地点是在天安门广场还是在王府井大街，“this city”必指北京无疑，又如：

例 6：We have no time to travel this year.（今年我们没有时间去旅行。）

只要知道这句话是在 2010 年说的，那么不管具体的说话时间是在 1 月还是在 12 月，“this year”都是指 2010 年。可见，象征用法的指示词语并不十分依赖交际现场的详细情景，也不需要说话者使用特定的手势等来明确所指对象。

2. 指示词语的非指示用法

指示词语只是表示这些词语在大多数情况下具有指示功能，并不是说它们不可以作为非指示词语来使用。指示词语的非指示用法也分为两种，即照应用法和非照应用法。

照应用法表示某个词语的所指跟前面出现过的另一个词语的所指是同一个对象，例如：

例 7：Jack plays the guitar well. He wishes to set up a band.（杰克弹吉他弹得好，他希望能成立一个乐队。）

这句话中“he”和“Jack”相照应，“Jack”和“he”所代表的是同一个人。又如：

例 8：The teacher mentioned a formula but I didn’t take that down.（老师提到了一个公式，但我没有把那记下来。）

这句话中“that”和“a formula”照应，“a formula”的实际内容也就是“that”所指的内容。

非照应用法，是指有的时候指示词语所指的对象既不与前文任何词语的所指相同，也不与语言外语境中的任何一个具体要素相对应，例如：

例 9：No littering, or you will be fined.（禁止乱扔垃圾，否则罚款。）

这句中的“you”并不是明确指向现实中的某个人，而是泛指某个理论上潜在的群体。又如：

例 10：Now, what shall we eat?（那么，我们吃什么呢?）

这句中的“now”并不是要指明“eat”这个动作发生的确切时间，而是在提议吃什么之前用来引起对方注意。

三、指示的分类

指示在传统意义上包括人称指示、时间指示、方位指示，这是最普遍、最基本的三种指示。20 世纪 70 至 80 年代，又增加了语篇指示、社交指示两种类别。

1. 人称指示

人称指示是交际双方对交际活动的参与者或相关角色的称呼。人称指示词语在语法上主要表现为由三种人称构成的代词体系，如英语中的“I（we），you（you），he（they），she（they），it（they）”，汉语中的“我（我们）、你（你们）、他（他们）、她（她们）、它（它们）”等。第一人称单数“我”是说话人的自称，说话人在言语交际中处于中心地位；第二人称单数“你”是说话人对听话人的称呼，听话人是次于说话人的角色，但也是必不可少的，否则就构不成言语交际；第三人称是说话人对除了自身、听话人之外的其他角色的称呼，没有固定的对应角色，是可有可无的。

需要注意的是，虽然人称指示直接反映在语法的人称范畴上，但语法上的人称代词和语用上的人称指示词语不能被视为同一个概念。因为人称指示与交际语境紧密相关，人称指示词语的选用和所指是以说话人为基准的。在交际过程中，随着说话人和听话人的角色不断交替，“我”“你”的所指也是不断互换的。例如，一位英语老师说“I am a teacher”，然后要求学生把这个陈述句改为疑问句，仅从语法上看，这个学生回答“Am I a teacher?”或者“Are you a teacher?”都是可以接受的；但从语用上看，如果学生要向老师提问其职业，就必须将原陈述句中的第一人称换成第二人称，用“Are you a teacher?”来提问。因为当说话人从老师变为学生时，人称指示的基准就从老师换到了学生那里，学生所说的“I”指的是学生自己，学生所说的“you”才是指老师，如果用“Am I a teacher?”就成了学生向老师询问学生自己的身份了，显然不合适。

除了人称代词以外，呼语也是常见的人称指示词语。呼语是用来称呼听话人的名词性短语，一般由姓名、职业、身份地位、亲属关系等词语充当。呼语属于句子中的独立成分，可位于句首、句中或句尾①。例如：

例 11：老王，好久不见，身体怎么样？

---

① 英语中的第二人称代词“you”也可以作呼语，但基本只能位于句首。例如：Hey you，get out of my house.

例 12：不好意思，司机，请开快一点。

例 13：The truth is，my kid，we can't afford such a long-distance trip.

例 14：May I come in，professor?

呼语的作用是要表明，说话人已经选定被称呼人为交际对象。

2. 时间指示

时间指示是交际双方在交际中提到的关于各种动作、活动、事件发生的时间。为了表示动作行为是已经发生、正在发生还是将要发生，语言中就必定要有表示相应时间的指示词语或语法范畴。

“时间”是个抽象而难以捉摸的概念，它本身的起点或终点是人们无法确定的。为了表示时间，人们不得不人为地选定一些参照点，作为计算时间的依据。比如现在通行的公元纪年法，就是以耶稣诞生的那一年作为参照点来计算的，才有了“公元前……年”“公元……年”的说法；此外，君王即位、国家建立、战争、改革等重大政治历史事件也常被作为计算时间的参照点，如“永和九年”“解放前”“‘二战’后”“‘文革’后”等。

在言语交际中，时间指示一般是以说话人在说话的那一时刻作为参照点来计算和理解的。如时间副词“now，today，yesterday，tomorrow，recently，soon，later”等。“now”指说话的那一时刻，“today”指说话的那一天，其余的则以说话时间为基准向前或向后推算。又如“two hours ago，in a week，last Monday，next year”等带有指示时间短语，它们所指的具体时间也要从说话的那一时刻向前或向后推算。除了时间副词、时间短语以外，英语中动词的时态这个语法范畴也具有时间指示的功能。

时间指示与非指示性的时间表达是有区别的。非指示性的时间表达依据的是钟点、历法等较为固定的标准，它所表示的时间可以是不受说话时间影响的绝对时间，或者受说话时间的影响较小。比如，无论说话人在什么时候说到1949年，他指的都是同一年份，我们随时都可以用“1949年10月1日中华人民共和国成立”这句话来陈述这个历史事实；在一年之内，说话人只要说到9月，不管说话当时是在1月还是12月，他所指的都是这一年中的第九个月份。可见非指示性的时间表达对对话时的语境依赖较小，离开了交际语境，其表示的时间还是相对明确的。但是时间指示的参照点一般都是说话人说话的时刻，时间指示的表达和理解完全依赖对话时的具体语境，比如“我一小时之后回来”这句话，如果不知道说话时的时刻，就无法确定说话人什么时候回来。

在日常交际中，指示性的时间表达和非指示性的时间表达的选用往往是相对立的，而且人们经常倾向于优先选用指示性的词语。比如，如果说话时是星期三，说话人想约听话人次日再见，那么他通常会说：

例 15：I'll see you again tomorrow.（我明天再来见你。）

而不大会说：

例 16：I'll see you again on Thursday.（我星期四再来见你。）

又如，如果商店 10 点钟关门，说话时是 9 点 55 分，那么说话人通常会说：

例 17：The shop will be closed in five minutes.（商店五分钟后关门。）

在一句话中，一旦优先选择了指示性的时间表达，就不能同时再用非指示性的时间表达方式，比如一般不说“我明天星期四再来见你”。

这两种时间表达方式的选用，和说话时间与所要表达的时间之间的间隔有一定的关联。一般来说，时间间隔越长，选择非指示性的时间表达的可能性就越大；时间间隔越短，选择指示性的时间表达的可能性就越大。另外，语体也会影响这两种时间表达方式的选择，一般来说，越是在正式的语体中，使用非指示性的时间表达的可能性越大；而在日常口语中，使用指示性时间表达方式的可能性更大。

3. 方位指示

空间和时间有相似之处，就像时间找不到起点和终点一样，空间本身也是没有界限的。为了表示人或物的空间位置，必须人为地选定一些参照点。同样地，如果参照点不依赖于交际语境、较为固定的事物或地点，那么，这样的方位表达方式是非指示性的；如果参照点存在于交际语境之中，那么这样的方位表达方式是指示性的。

一般来说，言语交际中的方位指示是以说话人所处的位置为中心参照点的。英语中常见的方位指示词语有方位副词“here，there”；指示代词“this，that”。还有一些带有方位指示性的动词，如“come，go，bring，take”。以说话人的位置为轴心，离说话人的位置较近的用“here，this”，相对而言，离说话人的位置较远的用“there，that”；朝着说话人的方位移动的用“come，bring”，远离说话人方位的用“go，take”。

这些是最基本的方位指示用法。但要注意的是，空间指示和时间指示有一个重要的区别。上面说过，在大多数言语交际中，编码时间和接收时间是基本一致的，但从空间上看，交际双方不可能处于完全相同的位置，说话人和听话人之间总有一定的空间距离，有时这种距离会很大。这种交际双方的位置差异可能会带来方位指示上的一些特殊现象。比如，“there”这个词的指示意义是“远离说话人的地方”，本来是以说话人为参照点的远指，但如果说话人与身在异地的听话人打电话时说“How is everything there?”，这里的“there”同时又是以听话人为参照点的近指了。又如，“come”本指朝说话人的方位移动，但在日常用语中我们常听到“I'm coming”这样的说法，例如：

例 18：—Hurry up. We are leaving.（快点，我们要走了。）

—Go ahead. I'm coming.（走吧，我就来。）

汉语中也有不少这样的例子，例如：

例 19：（电话中）“李老师，请您赶紧到会议室来开会。”“好，我就来。”

例 20：“有人在家吗？”“（我）来了来了！”

从语义上看，“I'm coming（我就来）”这种说法似乎有问题，说话人怎么可能朝着自己的位置移动呢？语用学家把这种用法解释为“礼貌的观点转移”：即说话人不以自己为参照点，而把参照点转移到听话人所处的位置上，以表示礼貌。因而，“I'm going（我就去）”在语言表达上就变成了“I'm coming（我就来）”。

“come”还有一种特殊的用法：既不以说话人的方位为参照点，也不以听话人的方位为参照点，而是以双方其中一人的住宅为参照点，而且说话时两人都不在该住宅内。例如：

例 21：There will be a big party at my house tonight. Will you be coming?

（今晚在我家要举办一场盛大的宴会，你会来吗？）

例 22：I came over several times to visit you，but you were never there.

（我好几次来你家拜访你，但你一直都不在那儿。）

例 21 是以说话人的住宅为参照点，例 22 是以听话人的住宅为参照点。语用学家认为这是“以家宅为基础”的用法，它不会造成误解是因为人们在情感上会把自己本身和自己的家连为一体，即使在实际空间上与自己的住宅相距很远，当说到或听到以自己的住宅为参照点的地点指示时，在心理上也会认为这是在向自己靠近。说话人以自己的住宅为参照点很好理解，而以听话人的住宅为参照点使用“come”，又符合了上面提到的“礼貌的观点转移”理论。实际上，不仅是住宅，只要是说话人或听话人在心理上认为能与自己连成一体的地点，如家乡、母校、就职公司等，都可以作为“come”的参照点。

对于英语的“go，bring，take”等，也可以进行如上的分析。

4. 语篇指示

语篇指示就是用语篇中的某个指示词语来指同一语篇中的某一部分，或表明该指示词语所在的话语与同一语篇中的其他话语之间的关系。和人称指示、时间指示、方位指示不太相同的是，语篇指示的参照点，是正在被产生的话语在其语篇中所处的位置。

英语中常用于语篇指示的词语大致有三类：

（1）指示代词“this”一般用于指后，即用来指语篇接下来即将讲述的部分，例如：

例 23：Have you heard this story?（你听过这个故事吗?）

而"that"一般用于指前，即用来指语篇已经讲述过的部分，例如：

例 24：That was the most moving story I have ever heard.（那是我至今听过最感人的故事。）

（2）具有时间指示性的一些形容词，如"last，next，preceding，following"等，例如：

例 25：In the last section we talked about the definition of language.

（上一节中我们讨论了语言的定义问题。）

例 26：The detailed reasons will be listed in the following paragraph.

（详细原因将在下一段中列出。）

（3）语篇中用以表示前后话语之间关系的一些词或短语，这些词经常出现在话语的开始位置，如"however，so，therefore，besides，actually，anyway，in conclusion，to the contrary，after all，on the other hand"等。这些词语不仅表达了句与句之间的语义关系，在语用学家看来，它们以复杂的方式表明包含这些词语的语句跟前面的一部分话语相呼应。

要注意的是，语篇指示和前面提过的指示词语的照应用法是不同的。照应属于指示词语的非指示用法，照应用法的词语表明它与前面出现的某个词语指的是同一个实际对象；而语篇指示是指示性的用法，语篇指示词语比较明显地指向前文或后文中的某个部分，而且它所指的是该部分的话语本身。例如：

例 27：That's a rhinoceros. It is really strong.（那是一头犀牛。它真强壮。）

例 27 中的"it"与"rhinoceros"互相照应，所指的是同一对象，即犀牛这种动物。这里的"it"并不带有对前方的"rhinoceros"这个词语本身的指向性。

例 28：A：That's a rhinoceros.（那是一头犀牛。）

B：A what? Spell it for me.（一头什么？帮我把它拼一下。）

例 28 中的"it"是指"rhinoceros"这个词语本身，而不是这个词语所指的动物，"it"与 A 所说的"rhinoceros"并不构成照应。在这个对话里，"it"的交际作用在于提及前面说过的话语，是个语篇指示词。这是一个比较典型的例子，而上面的例 23 至例 26 在日常用语中就很常见，也能表明语篇指示是对语篇本身的某一话语的提及。这些都反映出，语篇指示的参照点存在于语篇的言语之中。

5. 社交指示

社交指示是指语言结构中能反映语言使用者的身份和相对社会地位的词语

和语法范畴。具体地说，社交指示能够反映的信息主要包括：①言语交际参与者的社会面目；②说话人和听话人之间相对的社会地位；③说话人和所谈到的人之间相对的社会地位。社交指示的参照点是说话人自身的社会地位，听话人和被谈到的人的社会地位都是相对于说话人的社会地位而言的。

在亚洲语言中，尤其是日语、朝鲜语、爪哇语中，社交指示是十分典型的。这些语言中存在着“敬语”这样系统的、完备的语法形态体系，哪怕是表达很简单的话语内容，交际者面对不同社会地位的听话人时，都会采用不同的语言结构。也就是说，在没有用到能表明听话人身份的称谓形式的情况下，从说话人选用的语言表达体系中就可以看出两者之间相对的社会地位。这样典型的社交指示现象，在多数欧洲语言以及现代汉语中都不多见。

在多数欧洲语言和现代汉语中，社交指示主要表现在某些词汇的选用上，这其中又以称谓词为主。欧洲的许多语言和现代汉语中存在着两种不同的第二人称单数形式：法语中的“tu/vous”，德语中的“Du/Sie”，西班牙语中的“tu/vos”，意大利语中的“tu/lei”，汉语中的“你/您”。前者用于称呼社会地位低于自己的人，后者用于称呼社会地位高于自己的人。多数欧洲语言中第二人称单数形式的差别，被证明来源于拉丁语的“tu”和“vos”[①]，故语言学家把这类差别称为T/V差别。

值得注意的是，现代英语中却没有这种差别。社交指示在现代英语中并不典型，相对明显的社交指示方式只有两种：①选用不同的称呼来表示说话人和听话人之间的关系，比如对听话人的姓名作不同程度的修饰，如“Mr. Smith, Sir John Smith, Professor Smith, John, Dear John”等；②对某些具有特殊身份或地位的人使用其专属的正式称呼，如对法官使用“Your Honor”，对国王、皇室子女等使用“Your Highness”等。

---

① 与欧洲语言的两种第二人称单数形式不同，拉丁语中的“tu”和“vos”分别是第二人称单数和复数形式。约公元4世纪时，罗马帝国分为东西两部分，各有一位皇帝。当时的臣民向皇帝进言时是面对两位皇帝，故用复数形式“vos”表示对他们的尊称。后来，“vos”被许多欧洲语言借用过去称呼各自国家的统治阶层。公元12到14世纪，欧洲许多语言开始明确规定，有权势者对平民使用“tu”，平民对有权势者使用“vos”，T/V都是单数形式，这种区别保留到现代欧洲，就成了表明相对社会地位的两种第二人称单数形式。

第三节　言语行为理论

一、什么是言语行为理论

言语行为理论由牛津派语言哲学家约翰·L. 奥斯汀于1955年开创，由美国语言哲学家赛尔修正、完善，从行为角度解释人类言语交际的理论，也是第一个完整的、重要的语言学理论，是语用学的理论基础之一。

在奥斯汀生活的时代，大部分哲学家只关心语言中陈述之言的真实性，即如何验证某个陈述是真实的还是谬误，以及真实的陈述应当满足的条件。当时的逻辑实证主义学说的中心信条是："除非一个句子至少在原则上能被证实（即能验证其真或假），严格地说，它是没有意义的。"奥斯汀对这种研究传统提出了疑问。作为牛津大学教授，他于1955年在哈佛大学作了题为"论言有所为"的系列演讲，提出了其言语行为理论的基本观点，给美国学界带来了极大的震动。在他过世后，这些演讲的内容被整理出版。

奥斯汀言语行为理论的核心思想用一句话来概括就是：言即行。他反对逻辑实证主义的真值论观点，指出"施为句"无法验证真假但确实有意义，认为说话本身就是一种行为，主张阐释完整的言语环境中的完整的言语行为。言语行为理论既不像结构主义语言学那样关注语言自身的语法结构，也不像系统功能语法学那样关注语言的潜在系统，而是关注人们的话语中包含的行为，关注人们如何以言行事以及话语所产生的交际效果。

二、施为句理论

1. 陈述句和施为句的区分

奥斯汀发现，自然语言中很多句子并没有陈述事实，而很多貌似陈述的句子也无法验证真实性，但它们确实有意义，其主要功能是实施行为。据此，他提出必须区分两大类句子：陈述句和施为句。陈述句是用来做陈述的话语，可以验证真假，例如：

例29：Mr. Smith has a daughter and a son. （史密斯先生有一个女儿和一个儿子。）

例30：Albert Einstein was born in 1879 in Ulm，Germany.（阿尔伯特·爱因斯坦1879年生于德国乌尔姆。）

例31：The prisoner escaped yesterday.（囚犯昨天逃走了。）

而施为句并不是在陈述某种事实或描述事物状态，无所谓真或假，它是用来实施某种行为的话语。例如：

例32：I name this ship Elizabeth.（命名）

例33：I give and bequeath my watch to my brother.（遗嘱）

例34：I bet you six pence it will rain tomorrow.（打赌）

像这样通过说话来实施某种行为，在日常交际中是相当普遍的，还有“I order…”“I warn…”“I promise…”等。奥斯汀将这类“言有所为”的话语区分出来，就是要强调它们在言语交际中的重要性，推翻“真值条件是语言理解的中心”这一语言观点。

奥斯汀还指出，施为句虽无真假的区别，但必须满足三个“恰当条件”，才能成功实施话语中的行为：

（1）必须存在使某一行为得以实施的条件。比如说话人必须具备实施该行为的资格，像例32中的说话人必须具有给船只命名的权力；还必须存在合适的实施对象，像例32中就必须有一只船正待命名；另外，还必须存在合适的实施场合等。

（2）该言语行为的程序必须被所有的参与者正确地、完备地实施。像例33中说话人发表遗嘱后，说话人的弟弟、法律顾问等相关人员必须通过合适的程序，才能实现这一遗嘱。

（3）说话人必须对自己表达出的言语行为抱有诚意，不能反悔。比如例34中说话人打了赌就不能反悔，如果第二天没有下雨，就得给听话人六便士。

2. 施为句区别于表述句的语法特征

为了更清晰地区分施为句和表述句，奥斯汀通过观察分析，提出了典型的施为句具有的语法特征：①主语是第一人称单数；②谓语是一个施为动词，并且是一般现在时；③整个句子在形式上是主动态陈述句。这样的施为句结构可以用“I＋VP”来表示，如“I promise…”“I bet…”等。缺少上面的任何一个条件，话语就不是施为句，比如“I promised…”，“He promises…”等都只是对事实的陈述，而不是施为句。

同时，奥斯汀还加上了一个重要的检验标准：在谓语动词前加上“hereby”（在此），话语仍然能保持通顺、恰当的句子就是施为句，反之就不是施为句。比如，例32加上“hereby”后变成“I hereby name this ship Elizabeth”，话语仍然通顺，所以是施为句；而例33加上“hereby”后得到的“Mr. Smith hereby has a daughter and a son”就不成立了，所以例 33 不是施为句。

但是，奥斯汀提出的这些区分标准只能用于判断某个句子是否为显性施为句，即说话人明确、直观表达自己所要实施的言语行为所用的特定形式。奥斯汀指出，除此之外，人们在言语交际中实际上常使用一些不那么明确、不那么特定的语言手段来实施某种行为，他把这些话语叫作隐性施为句。与显性施为句相比，隐性施为句的形式灵活多变，而且在实际中比前者使用频繁。例如，希望对方关窗，我们一般不说“I request you to close the window”，而会根据语境的不同选择下面的说法：

例 35：Close the window，please. （请关窗。）

例 36：Can you close the window？（你能把窗关上吗？）

例 37：Do you mind closing the window？（你介意关窗吗？）

例 38：The window！（关窗！）

例 39：It’s a little cold in this room. （房间里有点冷。）

这些话语都能实施请求听话人关窗的行为，但从形式上看都不符合奥斯汀所提出的施为句的语法标准。尤其是例 39 无论从形式上还是从普通的交际语境上看，都是一个可以判断真假的表述句，但在“说话人希望听话人关窗”的语境下，它具有了实施“请求”行为的功能。可见，一旦施为句的范围扩大，很多表述句就可以被纳入隐性施为句了。

另外，奥斯汀最初界定的施为句，其基本语法形式是“I + VP”，但是像“I state…”“I assert…”这样的句子，虽然形式上符合施为句的标准，但功能上是在陈述一个确定的事实，应属于表述句。这说明，表述句可以跟施为句具有共同的语法形式。

以上的这些事实都证明，施为句并不具备明显区别于表述句的语法特征。虽然奥斯汀后来因此放弃了施为句和表述句的区分，但这种尝试对于他重新提出言语行为三分模式具有重要的意义。

三、言语行为三分模式

1. 言内行为、言外行为和言后行为

陈述句与施为句之间的诸多共同点使奥斯汀认识到，陈述句本质上也是一种施为句，它实施的是“陈述”行为。因此，奥斯汀放弃了陈述句和施为句的区分，提出了言语行为的三分模式：大多数情况下，当一个人说话时，他实际上同时完成了三种行为，即言内行为、言外形为、言后行为。

言内行为，又叫“说话行为”，是指说话这一动作行为本身，即移动发音器官发出语音，说出单词、短语，并将它们排列成句。它本身并不构成言语交际，却是后两种行为得以实施的基础。

言外行为，又叫“行事行为”，是表明说话人意图的行为，通过这一行为说话人试图达到一定的目的。常见的言外行为包括陈述、命令、许诺、裁决、批评、道歉、感谢、祝颂等。

言后行为，又叫“取效行为”，是指话语对听话人造成影响的行为，表示该话语造成的效果。要注意，言外行为跟说话人的意图有关，并且在说话人的掌控之下，但言后行为跟说话人的意图无关，它的结果是不受说话人控制的。比如A对B说了“Morning!”，这句话的言外行为是A意欲向B传递问候；而从言后行为来看，如果两人关系正常，那么B当然会接受这种问候，但如果B对A成见较深，他可能反而会把这看成是一种虚伪的示好行为。所谓的“好心说坏话”，就是言外行为和言后行为不相符的情况。

奥斯汀通过言语行为三分模式，将陈述句也纳入了言语行为理论的研究范围，力图从行为角度解释人类所有的话语类型。在以上三种言语行为中，言外行为是奥斯汀研究的重点，他的言语行为理论很大程度上就是行事行为理论，致力于分析话语的“言外之意”。

2. 言外行为的合适条件

一个言外行为的成功实施需要满足一定的条件。前面提到，奥斯汀曾经提出施为句成功实施言语行为的三个恰当条件，而他的学生——美国哲学家赛尔则对其作了发展和完善。

赛尔将言外行为的合适条件归纳为四个方面：①命题内容条件，即话语的基本命题内容；②预备条件，即言外行为的成功实施在客观上需要预先具备的条件；③诚意条件，即说话人对其要实施的言语行为抱有诚意；④必要条件，即说话人通过该言语行为要达到特定的意图或目的。

比如，一个许诺行为要满足的合适条件是：

（1）命题内容条件：说话人言及他将要做的一个动作。

（2）预备条件：

①听话人愿意说话人做这一动作，而不是不做这一动作，而且说话人相信听话人愿意他做这一动作。

②说话人和听话人都不认为，正常情况下，说话人会做这一动作。①

（3）诚意条件：说话人意欲做这个动作。

（4）必要条件：说话人通过这句话使自己承担了做这个动作的义务。

---

① 如果正常情况下说话人本来就会做这个动作，那就不用“许诺”。比如一对婚后生活很融洽的夫妇，如果男人对妻子许诺说他下个星期不会抛弃她，那反而会引起妻子的担忧。

对于各种言语行为，都可以从这四个方面去规定它们成功实施所要具备的条件。

3. 言外行为的分类

奥斯汀曾将言外行为分为五个类型：①裁决型，即根据一定的证据对某事的性质作出裁决、判定、估量；②行使型，涉及职权的使用，包括判刑、任命、降职、命名等；③承诺型，即说话人使自己承担某种义务；④表态行为型，用于表明说话人的态度，如道歉、感谢、谴责、欢迎等；⑤阐述型，用于陈述某种观点。奥斯汀的分法存在许多问题，如分类界限不明确，是在对行事动词而不是对言外行为作分类等。

赛尔发展、改进了奥斯汀的分类法。首先，他规定了比较明确的分类标准。他认为言外行为可以在十二个方面有区别，其中最主要的四个方面是：言外之的、适从向、所表达的心理状态、命题内容。其中三个方面可以和上面提到的言外行为的合适条件对应，即言外之的对应必要条件，所表达的心理状态对应诚意条件，命题内容对应命题内容条件。而适从向指的是话语和客观世界之间的关系，可分为两种：一种是从话语到客观世界，即先有客观现实，然后使话语符合客观现实，如“陈述”；另一种是从客观世界到话语，即先有话语，然后通过一定的行动使客观现实符合话语，如“许诺”或“要求”。

根据以上标准，赛尔将言外行为分成五大类：

（1）阐述类。这一类的言外之的是说话人对命题的真实性作出担保；适从向是从话语到客观现实；所表达的心理状态是相信；命题内容则是可变的，取决于所阐述的事实。这一类言外行为的命题内容是可以验证真假的，大体上相当于奥斯汀最初所说的陈述句。陈述、断言、声称、报告等都属于这一类。

（2）指令类。这一类的言外之的是说话人试图使听话人做某事；适从向是从客观世界到话语；所表达的心理状态是意愿、希望；命题内容是听话人将做某事。命令、请求、建议、警告等都属于这一类。

（3）承诺类。这一类的言外之的是说话人对自己将做的行为作出的承诺；适从向是从客观世界到话语；所表达的心理状态是说话人意欲做这件事的态度；命题内容是说话人将做某事。许诺、发誓、拒绝、威胁等都属于这一类。

（4）表达类。这一类的言外之的是说话人对话语中涉及的事态表达一定的态度；它没有适从向，说话人既不需要用话语依附客观事实，也不需要改变客观事实来符合话语，因为此时话语和世界之间的适从，已经预先设定了，比如当你感谢别人为你帮忙时，你的话语中所提到的“帮忙”已经成为事实，你只是在对这个事实表达一种感激的态度；所表达的心理状态则是个变量，取决于说话人所表达的态度；命题内容是说话人或听话人具有某种特性、处于某种事态之下，比如听话人帮了说话人的忙等。道歉、感谢、祝贺、责备等都属于这一类。

（5）宣告类。这一类的言外之的是说话人通过话语让现实世界发生一定的变化；它的适从向是双向的，因为话语的发出和现实世界的改变是同步的，比如当老板成功任命你为经理，那你就成了经理，而你能成为经理，说明老板已经成功发出了任命；这类言外行为没有明显的心理状态，说话人并不需要表达自己的个人态度；命题内容则随事件而变化。命名、宣战、任命、判刑等都属于这一类。

赛尔的言外行为分类法具有一定的科学性，对言语行为理论作出了重要贡献，影响力很大。

四、间接言语行为

1. 什么是间接言语行为

言语行为有直接言语行为和间接言语行为之分。如果话语的字面意义就能表达说话人真正要实施的行为，那么这属于直接言语行为；如果话语的字面意义和说话人真正的意图不相符，那么这就属于间接言语行为。赛尔将间接言语行为定义为“通过实施另一个言外行为来间接地实施的一个言外行为”。其中，说话人真正要实施的言外行为被称为首要言外行为，而话语字面上表达的言外行为被称为次要言外行为，它是说话人为了实施首要言外行为所采取的手段。

间接言语行为在实施时多半是出于礼貌，事实上生活中大多数的言语行为都是间接的。比如，英语中很少用祈使句来实施“请求”的言语行为，其常见的说法大多是间接的，像“Can you close the window?”，表面上似乎是对听话人的能力进行提问，实际上表达的是一种请求。除此之外，还可以说“Would you mind closing the window?”“I wonder if you can close the window”或“It’s cold outside”等；又如，“拒绝”这类言语行为经常是间接性的，比如拒绝别人邀请你看电影时，你一般不会直接说“不，我不去”，而是会说类似“我今天有事情”的陈述，语气就比较委婉。

2. 间接指令

在多数场合下，出于礼貌等原因，指令类言语行为的实施都是通过间接的方式。赛尔把这些间接的指令类言语行为称为“间接指令”，并对其进行了重点研究。他将间接指令分为六大类，并举出了相应的常见形式。

第一类——涉及听话人做某事的能力的句子：

例 40：Can you reach the salt?（你能伸手够到盐吗?）

例 41：You can go now.（你可以走了。）

例 42：Have you got change for a dollar?（你有一美元的零钱吗？）

第二类——涉及说话人意欲听话人会做某事的句子：

例 43：I would like you to go now.（我希望你现在走。）

例 44：I would/should appreciate it if you would/could do it for me.（如果你能为我做这件事，我会很感激的。）

例 45：I wish you wouldn't do that.（我希望你不要做那件事。）

第三类——涉及听话人将要做某事的句子：

例 46：Will you quit making that awful racket?（你别吵闹了好吗？）

例 47：Aren't you going to eat your cereal?（你不是要吃你的麦片吗？）

第四类——涉及听话人做某事的意愿的句子：

例 48：Do you want to hand me that hammer over there on the table?（你愿不愿意把那边桌子上的锤子给我？）

例 49：Would you mind not making so much noise?（你介意不要吵闹吗？）

第五类——涉及做某事的理由的句子：

例 50：You'd better go now.（你最好现在走。）

例 51：It wouldn't hurt if you shut up.（你闭嘴并没有坏处。）

例 52：It would be a good idea if you left town.（你如果离开城镇，这会是个好主意。）

第六类——包含上述成分的句子，以及在上述任一形式中嵌入一个直接性的指令动词的句子：

例 53：Would you mind awfully if I asked you if you could write me a letter of a recommendation?（你介意我请你为我写封推荐信吗？）

我们可以发现，赛尔主要是依据指令类言语行为的合适条件来分类的。其中，第一、二、三类分别与预备条件（听话人有能力做某一动作）、诚意条件（说话人想要听话人去做某一动作）和命题内容条件（说话人言及听话人将要做的一个动作）有关。

这样一来，我们就能理解为什么间接言语行为能够通过字面意义转而表达另一个言语行为了。以“Can you...”这个常见的间接指令为例，字面上对听话人做某事的能力的提问之所以能够用于请求，是因为听话人具有做某事的能力是说话人对其成功实施“请求”行为必须满足的预备条件。对于其他的间接指令，乃至其他类别的间接言语行为，大都能作这样的分析。比如赛尔分析过下面这个“拒绝”行为的推理过程：

例 54：A：Let's go to the movie tonight.

B: I have to study for an exam.

赛尔给出了 A 要推理出 B 的首要言语行为是“拒绝”而不是简单声言必须采取的十个步骤，其中重要的一步就是 A 推断 B 不具有接受 A 的“建议”行为的预备条件，因为 B 没有能力在同一个晚上既看电影又准备考试。

第四节 会话含义理论

一、什么是会话含义理论

会话含义理论是牛津语言哲学家保罗·格莱斯（H. P. Grice）提出的以“合作原则”为核心、从交际意义角度探讨句子意义的理论体系，它是语用学最重要的内容之一。1967 年他在哈佛大学作“威廉·詹姆斯系列讲座”时，首次将“会话含义”的学说公之于世，之后陆续提出了会话含义理论的主要内容，全文在他身故后的 1989 年出版成书。

格莱斯会话含义理论首次超越语法和形式意义来考察句子，分析话语的字面意义和实际语境意义之间的关系，这一开创性研究为语言学、社会学以及人工智能等学科作出了巨大贡献。合作原则的提出引发了语言学家的热烈讨论，出现了许多对合作原则进行修正补充的理论，这些理论被称为“新格莱斯会话含义理论”，比较有代表性的是“霍恩二原则”和“列文森语用三原则”。

二、合作原则

1. 合作原则的定义以及具体准则

格莱斯认为，通常情况下，人们的交谈并不是由一连串互不相关的句子组成的，而应在某种程度上是一个合作举动。参与者都在某种程度上意识到一个或一组共同目标，或者说有一个彼此接收的方向。这个方向可能是开始就明确规定的，比如在商务会谈等情况下；也可能不是很确定，在交谈过程中逐渐变化。但是至少在谈话中的每个阶段，总有一些会话举动可能会被认为不合适而遭到排斥。因此，格莱斯指出，人们在交际中为了使会话顺利进行，一般会共同遵守一种“合作原则”（Cooperative Principle）：要使自己的话语符合谈话当前阶段所公认的目标或方向。合作原则是格莱斯会话含义理论的核心内容。

为了进一步说明合作原则的内容，格莱斯模仿德国哲学家康德提出的数量、质量、关系、模态四大哲学范畴，提出了合作原则的四条准则：

（1）数量准则：使你的话语如（交谈的当前目的）所要求的那样信息充分；你的话语不能比所要求的信息更充分。

（2）质量准则：不说自己认为是虚假的话语；不说缺乏足够证据的话语。

（3）关系准则：所说的话要有关联。

（4）方式准则：避免含混不清；避免歧义；要简要（避免冗长）；要有条理。

简而言之，这四条准则就是要求人们提供足够的信息量、说真话、说有关联的话、清晰地说话。在人们的潜意识里，这些原则和准则一直都存在着。比如，当你对自己所说的话的真实性没有完全的把握时，会说“我不确定”“可能是这样”等；又如，人们倾向于认为对方说任何话都是有目的的，总是要表达一定意思的，所以当对方的某句话从表面上看似乎信息量不足、关联性不够、有些含糊时，人们会努力找出其背后隐含的意义，这也就为交际的某一方违反合作原则中的某条准则提供了基础。

2. 违反准则的情况

在实际交际中，人们不一定总是严格遵守合作原则，而是会为了其交际目的，故意违反一条或多条准则，格莱斯用“蔑视”一词表达了这种对某条准则的有意违反。① 而恰恰是对准则的违反，才产生了话语的言外之意，即格莱斯所重点研究的特殊会话含义。下面举一些违反各条准则以表达言外之意的例子：

（1）违反第一条的数量准则，即故意提供不足的信息量。例如：

例 55：A：昨天你去看的电影怎么样？

B：电影院的环境还是挺好的。

B 的回答违反了第一条的数量准则，因为 A 想要知道的不光是电影院的环境，还有电影本身的好坏；但如果 A 假设 B 仍然是合作的，他会设法从 B 的回答中寻找自己需要的信息。B 故意只说电影院的环境而不说电影本身，他的

---

① 并不是所有违反准则的情况都是为了传达言外之意。格莱斯总结出四种不遵守准则的情况：说话人直接宣布不遵守合作原则及其准则，如“我无可奉告”；说话人悄悄地、不加声张地违反某条准则，这样做往往会把听话人引向歧途，如说谎行为；说话人面临“冲突”的境地，为了维护这一条准则而不得不违反另一条准则，如说话人在对听话人需要的信息确实不够了解时，为了不违反质量准则，只能违反第一条的数量准则，即为了不说缺乏证据的话，只能提供不足量的信息；说话人故意违反某条准则，而且试图让说话人知道自己违反了准则，但不是为了使交谈无法进行，而是为了传递某种隐含意义。格莱斯研究的是后两种情况，认为只有后两种尤其是第四种才有会话含义。

言外之意很可能是：电影并不好看。

（2）违反第二条的数量准则，即故意提供过多的信息量。例如：

例56：A：小王去哪儿了？

B：他去图书馆了。他走的时候是这么说的。

格莱斯认为，如果A想知道某条信息，B不仅告知了这条信息，还提供证据来证明这条信息，那么B就违反了第二条的数量原则。他可能想用这种方法间接地表示，在某种程度上，这条信息的真实性是有争议的。像上面这个例子，如果B十分确定小王去图书馆了，他只要简洁地告诉A就可以，但他又加上一句证明前面信息的话，在某些语境下，B可能想表达的是：小王实际上去了哪里我也不确定，或者实际上小王去的不是图书馆。

（3）违反第一条的质量准则，即故意说不真实的话。例如：

例57：当三个女子从容地转辗于文明人所发明的枪弹的攒射中的时候，这是怎样的一个惊心动魄的伟大啊！中国军人屠戮妇婴的伟绩，八国联军的惩创学生的武功，不幸全被这几缕血痕抹杀了。（鲁迅《华盖集续编·记念刘和珍君》）

例58：You are the cream in my coffee.（你是我咖啡里的奶油。）

例59：（一个人喝得酩酊大醉后把所有的家具都打碎了）

A：What happened to him?（他怎么了?）

B：He's a little intoxicated.（他有点儿醉了。）

例60：飞流直下三千尺，疑是银河落九天。（李白《望庐山瀑布》）

格莱斯讨论的违反第一条的质量准则的情况，大都是传统意义上的修辞格。像例57这种就是反语，其中的“文明人”“伟大”“伟绩”“武功”等词实际上传达的都是相反的意思，表面上看似赞扬的话语，实际上表达的是作者愤怒的谴责；例58是隐喻，从字面上看，人怎么能是奶油呢？实际上，说话人意指听话人跟自己咖啡里的奶油一样重要，表达自己对听话人的喜爱；例59是缓叙，B故意说他只有一点儿醉，其实是指他醉得很厉害，这样就产生了幽默诙谐的意味；例60则是夸张，瀑布不一定真有三千尺高，这种说法是为了极言瀑布之雄伟壮观。

（4）违反第二条的质量准则，即故意说缺乏证据的话。例如：

例61：A：彼得还没来，他会迟到吗？

B：以他的性子，他现在没准还在家里呢。

B在说这句话时，可能没有足够的证据，但因为比较熟悉彼得的一贯作风，他仍然作了这样的假设，目的是向A传达一种更为确定的信息：彼得是一个经常迟到的人，所以今天完全有可能迟到。

（5）违反关系准则，即故意说不相关的话。例如：

例 62：A：你考试考得怎么样？

B：今天天气不错啊，去逛街吧。

B 不可能不知道 A 需要什么信息，却作了毫无关联的回答，显然是在暗示：他考试考得不理想，不愿意谈论这个话题。

（6）违反方式准则，即故意说含混的、歧义的、冗长的话。例如：

例 63：A：Let's get the kids something.（我们去给孩子们买点什么吧。）

B：OK，but I veto I－C－E－C－R－E－A－M.（好，但我反对买 I－C－E－C－R－E－A－M。）

例 64：I am a Ford，not a Lincoln.（我是福特，不是林肯。/我是一辆福特车，不是一辆林肯车。）

例 65：a. Miss X sang *Home sweet home*.（X 小姐唱了《甜蜜的家》）

b. Miss X produced a series of sounds that corresponded closely with the score of *Home sweet home*.（X 小姐发出了一串声音，跟《甜蜜的家》的调子似乎是相近的。）

例 63 是一对夫妻的对话，B 违反了第一条方式准则，故意把冰淇淋的单词逐个字母拆开来，让意思变得含糊，暗示了不要让孩子听到“冰淇淋”而吵着要吃；例 64 是福特 1973 年就任美国副总统时说的，“Ford”既可以指福特，也可以指他的公司生产的朴素、大众化的汽车，“Lincoln”既可以指前任总统林肯，又可以指一款非常高档的汽车。福特故意说了一个有两层含义的句子，既表示了谦虚的态度，又表明了自己愿意与民众打成一片的方针，显得风趣而充满智慧；例 65 中 a、b 两句在字面意义上差别不大，但 b 句复杂冗长，如果一个音乐评论家故意用 b 而不用 a 来描述 X 小姐的演唱，那他的言外之意可能是“X 小姐的演唱很糟糕”。

当听到表面上异常的句子时，听话人往往不会放弃对其含义的理解，而是相信说话人虽然违反了某条准则，但一定还是遵循着合作的大原则，并依此去推导说话人的真实意图。

三、会话含义

1. 会话含义的定义及其特点

会话含义是区别于句子字面意义的用于表达说话人意图的隐含意义、语用意义，它的产生往往是由于交际中对合作原则某条准则的违反。会话含义关注的重点不是说话人说了什么，而是说话人说某句话可能意味着什么。

会话含义具有自身的一些特点，格莱斯将其概括为五点：

（1）可取消性：一个句子原有的会话含义，有时会因为说话人另外附加的成分或特殊的语境而被取消。

（2）不可分离性：会话含义是由整个句子的语义内容和语境信息推导出来的，而不是取决于句中的单个词语或形式，即会话含义不是由句中分离出的词语的意义的简单加合。也正因如此，当一个句子在特定的语境中具有某个会话含义时，它的同义说法一般也具有该会话含义，不管形式上与原句有多么不同。

（3）非规约性：会话含义建立在话语的规约性意义（基本相当于字面意义）的基础上，但它并不是话语的常规意义，必须结合具体语境才能推导出来。有些会话含义在长期使用中可能会转化为规约性意义，但至少在开始时它们是非规约性的。会话含义的非规约性还表现在话语命题的真假不影响会话含义的真假，比如上面举过的例55，B的话语命题是"电影院的环境还是挺好的"，会话含义是"电影不好看"，不管B的话语命题是真是假，即不管电影院的环境是不是真的很好，B要表达的会话含义都是真的。

（4）不确定性：同样一句话在不同的语境中很可能会有不同的会话含义。联系前一条非规约性我们可以看出，改变会话含义的不是句子本身的形式或真假，而是语境的变化。

（5）可推导性：会话含义是能够通过语用推理推导出来的，这里的语用推理不同于传统的逻辑推理、语义推理。只有具备可推导性的才是会话含义，因此可推导性是会话含义的根本特点。

2. 推导会话含义的过程和必要条件

格莱斯提出了会话含义的推导过程：

说话人S对听话人H提出命题P，其会话含义为Q，如果：

（1）S说了P；

（2）没有理由认为S不遵守合作原则；

（3）为了维持S是遵守合作原则的假设，必须假定S想表达Q；

（4）S知道交谈双方具有关于Q的共知；

（5）S没有阻止H作Q的理解；

（6）因此，S在说出P时，有意让H听出自己意指Q。

而听话人需要依赖以下几点来推断说话人的目的：

（1）所用词语的字面意义和所涉及的事物本体；

（2）合作原则及其准则；

（3）话语的语言语境和交际语境；

（4）其他基本的背景知识；

（5）上述四项必须是说话人与听话人的共有知识。

3. 会话含义的上级归属和下级分类

根据格莱斯的理论，“意义”首先被分为两大类：自然意义和非自然意义。自然意义完全不带有任何说话人的意图，它只反映事物内在的特征，是一种逻辑意义，可以被“自然地”理解。比如“Those spots meant measles（那些斑点意味着麻疹）”这句话的“meant”表达的是自然意义，并不带有任何人为的约定。而非自然意义是具有人为约定成分的，它是说话人意欲表达的意义，其意义并不能被“自然地”理解。非自然意义具有两个特征：一是说话人发出话语，并试图使该话语在听话人那儿产生某种效果；二是听话人只有认可说话人的意图，才能使说话人的愿望完全实现。从真值条件[①]的角度来说，非自然意义是在非真值条件下的推断。

非自然意义又分为明说意义和含义。明说意义相当于“字面意义”，是在话语中直白地、完整地讲出来的，说话人要表达的意义基本不超出他所说的话语，听话人也不需要推断话语背后有什么更深的意思。含义则并不是以直白的语言呈现出来的，它隐含在词语、语法结构或更高层的语用系统中，需要听话人以某种方式去推断出来。

含义又分为规约含义和非规约含义。规约含义的理解不需要语境知识和合作原则，只要凭借语言知识，从话语中的特定词语中就能获得其隐含的意义。比如下面两个例句：

例 66：He is poor and honest.

例 67：He is poor but honest.

首先，这两个句子从真值条件的角度看意义是相同的，即只要他贫穷是真，他诚实也是真，那么这两个命题就都是真的。但例 66 中的“and”和例 67 中的“but”带有不同的规约含义：“and”表示前后两项的并列，而“but”表示前后两项的对立，而且后一项往往是出人意料的，因为人们的常规推断是“人穷就不诚实”。可见规约含义是非真值条件下的推断，但只是从语句自身具有的意义得到的，并不需要考虑语境。而非规约含义则并不是词语自身固有的含义，而是以规约含义为基础、在具体语境中表达出的语用含义。

非规约含义又分为非会话含义和会话含义。非会话含义不是在人们交际会话中产生的含义，它的实例很少见，不在格莱斯的研究范围之内。会话含义基本上可以看作非规约含义的主要部分，甚至有学者认为，非规约性含义就是会

---

① 可以使一个语句为真的条件就是该语句的真值条件。真值条件语义学（又叫“逻辑语义学”或“形式语义学”）认为，理解句子的意义就在于获取它的真值条件。

话含义。

会话含义内部还可以进一步区分小类，格莱斯根据所依赖语境的特殊程度，将之分为一般会话含义和特殊会话含义。

一般会话含义是指在大多数语境下某个话语通常具有的会话含义，它的推导不需要非常特殊的语境。例如：

例 68：X is meeting a woman this evening.（X 今晚要见一个女人。）

例 69：我坐在家里，一个男孩走了进来。

例 68 通常暗示 X 要见的女人不是他的妻子，也不是交际双方所知的 X 的亲戚朋友。说话人说了这句话后，如果听话人追问“他妻子知道这件事吗?”，而说话人却回答“当然知道，因为他今晚要见的就是他妻子”，那么听话人一定会生气，认为说话人故意找茬。可见例 68 的会话含义是大多数情况下听话人会默认的解读。同样，例 69 通常暗示这个男孩并不是“我”家的成员，或者至少据“我”所知并不是。

特殊会话含义则是需要特殊的语境才能推导出来的会话含义，它的产生大多是跟故意违反合作原则的某条准则有关。格莱斯重点研究的正是特殊会话含义，研究在什么样的语境下说话人会说某个句子，说话人想要表达什么特殊的含义，以及听话人如何推导出这种特殊会话含义。

列文森（1983）总结出了格莱斯的“非自然意义理论”图式：

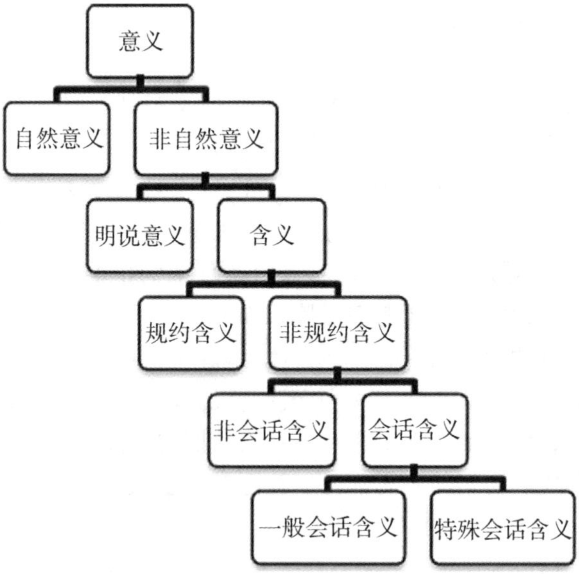

格莱斯将非自然意义与自然意义严格区分开来，目的是凸显日常交际中说话人意图的重要性和超越字面意义的会话含义的重要性，主张运用会话含义理论，研究和指导人们对话语意义的恰当表达和准确理解。

本章建议阅读书目及问题思考

一、建议阅读书目

1. Austin，J. L.. *How to Do Things with Words. 2nd ed.* Oxford University，1975.

2. Halliday，M. A. K. & Hasan，R.. *Cohesion in English.* Longman，1976.

3. Grice，P.. *Studies in the Way of Words.* Foreign Language and Research Press，2002.

4. 何兆熊主编：《新编语用学概要》，上海外语教育出版社 2000 年版。

5. 索振羽编著：《语用学教程》，北京大学出版社 2000 年版。

6. 姜望琪：《当代语用学》，北京大学出版社 2003 年版。

7. 冉永平编著：《语用学：现象与分析》，北京大学出版社 2006 年版。

8. 钱冠连：《汉语文化语用学》，清华大学出版社 1997 年版。

二、问题思考

1. 什么是语用学？语用学与传统的修辞学有何差异？
2. 什么是语境？语用学中所谓的语境主要有哪些？
3. 语境对意义具有怎样的作用？
4. 什么是指示？指示词语主要有哪些用法？
5. 指示可以分为哪些类别？
6. 简述言语行为理论的内涵。
7. 简述施为句理论的内涵。
8. 言语行为三分模式指的是什么？
9. 什么是合作原则？具体有哪些准则？
10. 什么是会话含义？会话含义有哪些特点？

第七章 文字

第一节　文字的性质和起源

一、文字的性质

文字是语言的书写符号系统。

首先，文字是一种书写符号。人类用来表达意义、传递信息的符号有很多，如街头指挥交通用的红绿灯，海上舰船联系用的灯语、旗语，聋哑人用的手势语等，所有这些均非书写符号，而文字是书写符号。

其次，文字是语言的书写符号。人类用来表达意义、传递信息的书写符号也非仅文字一种，如电报代码、生物学中的“雌性符号（♀）”和“雄性符号（♂）”等，它们不是用来书写语言的，前者代表的是文字符号，后者只是生物学符号，而文字才是书写语言的符号。

再次，文字是一种符号系统。文字不是一堆杂乱无章、毫无联系的符号，而是一种相互联系、相互制约的系统，一种由一定数量的字符按照书写要素和书写规则构成的系统。

文字起源于图画，图画与文字的关系自然就相当密切，尤其是早期的图画文字颇类似于所谓的“文字画”。所以，文字学界对一些表示比较复杂的意思以及夹杂一部分字符的图画跟文字的关系的界定，存在较大的分歧。如北美奥杰布华人为了保护渔业权，于1849年向美国总统递交了一份请愿书。请愿书上画了七个动物（分别为七个部落的图腾），这些动物的眼睛和心都由线互相连接，线的一头指向前方，而另一头连在后面的小湖上，表达的意思为：他们一条心，一个意志，希望美国总统还给他们在苏必利尔湖附近的渔业权（见下图）。

又如我国西南地区纳西族的东巴经文，画中夹杂了一部分字符（见下图）。

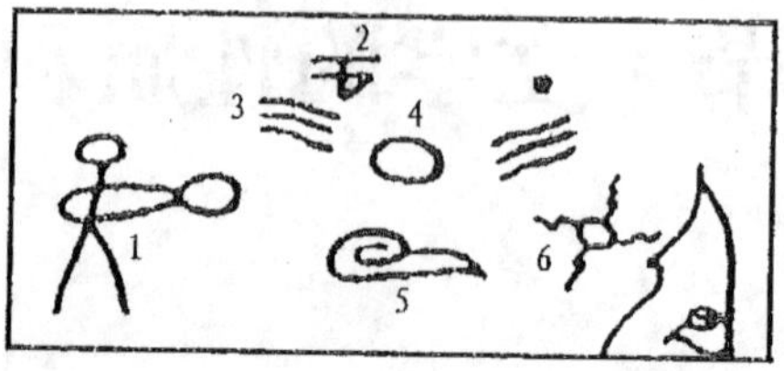

裘锡圭先生分析道：“表示拿蛋。本是｛解开｝的表意字，在纳西语里当‘解开’讲和当‘白’讲的两个词同音，所以这里假借它来表示‘白’。‘·’是｛黑｝的表意字。是风。是蛋。是湖。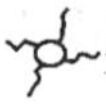表示蛋破发光。最右边是……｛山崖｝的形声字。据纳西经师的解释，这段原始文字的全部意思是：‘把这蛋抛在湖里头，左边吹白风，右边吹黑风，风荡漾着湖水，湖水荡漾着蛋，蛋撞在山崖上，便生出一个光华灿烂的东西来。’在这段原始文字里，虽然已经使用了假借字和形声字，但是很多意思仍然是用文字画的手法表现出来。”（裘锡圭《文字学概要》）

针对上述两幅画出现了三种不同意见：一种认为它们都是原始文字，理由是：只要能表示比较复杂的意思的图画都可以被认为是文字，至少是原始文字。一种认为奥杰布华人的请愿书不是文字，而夹杂一部分字符的东巴经文才是文字。还有一种认为都不是文字，最多是一种“文字画”，理由是：作为文字的图形应该同语言单位有确定的关系，而上述这些图画中的图形同语言单位没有确定的关系，可以用不同的词语去解释。大多数人对第三种意见比较认同。

二、文字的起源

1. 文字起源于图画和契刻

从目前世界上保存下来的三种最古老的文字——苏美尔楔形文字、古埃及的圣书字和中国的甲骨文来看，文字起源于图画和契刻的观点是比较可取的。

在上述三种古老文字中，字符的图画性特征非常突出，我们来看下面的文字：

这些文字像一幅幅素描，勾勒出了词所反映的客观对象。另外，还有一些契刻符号构成的字符，如甲骨文中刻一画表“一”，刻两画表“二”，刻三画、四画表“三”和“四”。苏美尔文字则用一到几个同样的楔形符号来表“一、二……九”。

可以推断，文字系统的形成是一个相当长的历史过程。文字的初创期，只有少数图形和契刻符号同某些语言单位建立起稳定的联系，那时候，语言中只有少数词语可以被记录、书写；随着时间的推移，字符的数量逐渐增加，越来越多的词语可以被记录、书写；直到有一天，一种文字的字符基本上能够记录和书写某种语言中的所有词语，这个时候这种语言的文字系统才彻底形成。这一个过程应该说是相当漫长的。从这一点来看，中国的甲骨文绝不是初创期的古代汉字，因为甲骨文是一种已成系统且发展已相当成熟的古文字了。

2. 古代苏美尔文字

苏美尔人居住在亚洲西部的两河流域（今伊拉克境内），早在公元前4000多年，他们就发明了一种文字，用象形的图形记录表实物的词语，用假借的形声字记录多音节的人名的读音，用刻画表示数字，这种文字就是高度象形的古代苏美尔文字。这是一种词语文字，也是一种意音文字。在使用文字的过程中，苏美尔人发现用芦管在泥版上压印文字比较方便，于是就采用了这种方法来写字。由于压印出来的字的笔画像一个个楔子，所以后人就称这种文字为“楔形文字”，也叫“钉头文字”。

随着外族的入侵和本族文化的扩散传播，楔形文字曾先后被阿迦德人、巴比伦人、亚述人等使用过。到了公元前2000年以后，随着两河流域古文明的消亡，楔形文字被埋入地下，无人知晓达数千年，直到18世纪才得以重见天日。

3. 古代埃及文字

早在公元前3000多年以前，古埃及人已经有了自己的文字，而且已经由于使用场合的不同而分化出不同的字体。一种是碑铭体，也叫“圣书字”，专用于特别庄重的场合，相当于今天所说的“正体”。这是一种象形程度很高的文字符号，也是一种很成熟的文字。一种是僧侣体，也叫“僧书字”，是僧侣阶层平时使用的文字，相当于今天所说的“草体”。还有一种是平民体，也叫“民书字”，是公元前 7 世纪出现的一种由僧侣体简化而成的字体，是老百姓使用的文字，相当于今天所说的“俗体”。例如：

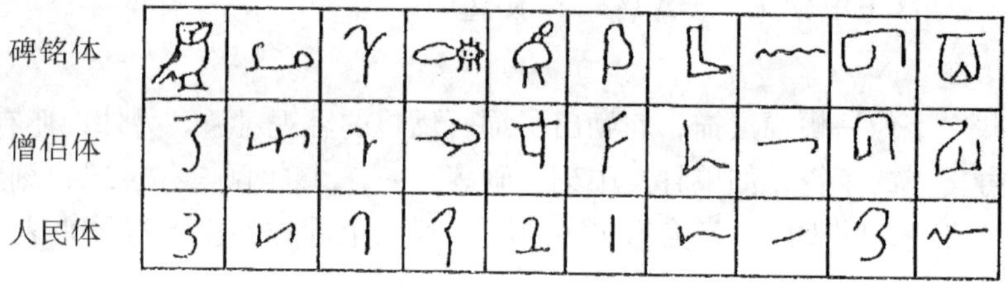

这三种字体仅仅是书写形式有所不同，文字的性质并没有差异。

古埃及文字中有大量的意符，也有不少的音符，所以是一种意音文字。从字符所联系的语言单位来看，它同古苏美尔文字一样，也是词语文字。

4. 腓尼基人的辅音文字及其支脉

腓尼基人（即闪族人）生活在公元前 2000 年初期的地中海东岸一带（今黎巴嫩、叙利亚沿海）。大约在公元前 13 世纪，他们在古埃及文字的基础上（可能同时也受到了楔形文字的影响）创造了一种不同于以往的意音文字的辅音文字，这是人类最早的拼音文字。

腓尼基人的辅音文字共有 22 个字母符号，都只表示辅音，书写顺序自右至左。下面就是 22 个腓尼基字母（顺序是自右向左）：

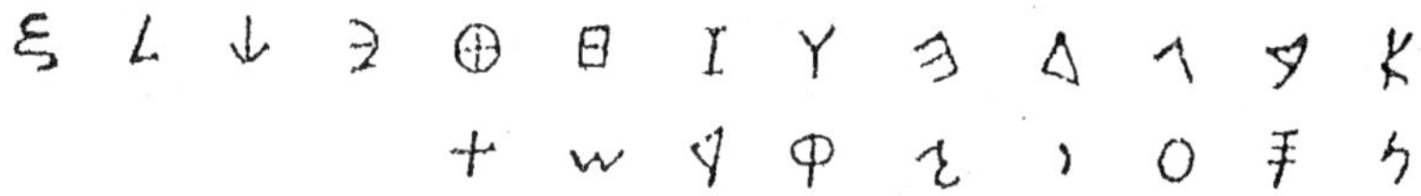

腓尼基文字问世后，随着宗教的传播和商贸的往来，很快向周围扩散，到了公元前 1000 年左右就出现了几个重要的分支，即形成了阿拉马字母系统、撒巴字母系统、迦南—腓尼基字母系统和希腊字母系统，其中以希腊字母影响最大。希腊人在接受了腓尼基字母以后，结合自己的语言特点进行了一番创造性的改革：增添了元音字母，这样就诞生了全音位文字；书写顺序由右到左改为自左到右，书写更为方便；还将字母外形改造成简洁的几何形体，既美观明确，又便于使用。

公元前7世纪，罗马人又在希腊字母的基础上创制了目前世界上流传最广的字母——拉丁字母。

综上所述，我们会发现一个很值得研究的现象：已知的所有的自源文字都是意音文字和词语文字，而已知的所有的表音文字都是他源文字。

5. 文字发展三阶段论

这是国内外文字学界长期存在的一种著名观点，即认为文字的发展从低级到高级可以分为三个阶段，即象形文字或表意文字阶段、音节文字阶段、音位文字阶段。

从现有的文字史资料来看，文字的发展确实经历了这么一个阶段：最早的字符都是象形的、表意的，后来才有了表音的字符；在表音文字中，也确实是先有音节文字，后有音位文字。而就使用字符的数量和学习的难度而言，音位文字使用的字符少，较易学，音节文字次之；表意文字或意音文字使用的字符最多，较难学。但是用“低级”和“高级”来评说不同类型的文字恐怕不怎么妥当，因为不管是音位文字、音节文字，还是意音文字，只要能很好地为相关的言语社团服务，就不能说孰优孰劣，哪个高级，哪个低级。

三、汉字的起源、构造和发展

1. 汉字的起源

汉字起源于什么年代，目前还没有一个确切的说法。现在所能看到的最早也是最可靠的汉字资料是距今3 000多年以前的商代的甲骨文。甲骨文是一种相当成熟的文字，绝不是初创时期的汉字，所以，汉字起源的时间应大大推前。学界比较流行的一个说法是汉字起源于禅让制，即民主选举制初期，也就是传说中的黄帝到夏禹时期，距今约4 000年以前。

2. 象形字、指事字和会意字

在甲骨文里，表意字符占绝对优势，表音字符极少。这些表意字符主要有三种：一种是简单描摹事物形状的字符，传统文字学称其为象形字。例如：

，像太阳之形，表日。

，像牛后视之形，表牛。

，像弦月之形，表月。

，像雨从天上落下之形，表雨。

一种是用点画等象征性符号或在象形字上添加点画等符号来表示所要表达的意思的字符，传统文字学称其为指事字。例如：

，用两条杠表示数字“二”。

，用短的一画表示在上面的方位，即“上”。

≡，用三条杠表示数字“三”。

，用短的一画表示在下面的方位，即“下”。

，在象形字“木”的底部加上一个符号，以表示树根之所在，即“本”。

一种是用几个字符的复合形式来表示所要表达的意思的字符，传统文字学称其为会意字。例如：

（步）：是止，即脚，两脚一前一后，表示步行。

（莫，即“暮”的本字）：“”即“艸”，为“草”的本字，上下均为草，太阳在草中，表示日落西山，天快黑了。

（牧）：左边是牛，右是攴，表手执鞭、棍放牧牲畜。

（祭）：“”像肉之形“”表手，“示”指神案。表手持肉放到神案上祭祀。

3. 独体字、合体字和偏旁

汉字中有一些是单独成字的单纯字符，也有一些是由单纯字符和单纯字符或单纯字符和不成字的记号组合而成的复合字符。传统文字学把单纯字符称为独体字，把复合字符称为合体字，同时将合体字中的独体字称为偏旁，其中表意的偏旁叫形旁，表音的偏旁叫声旁。

汉字中的形旁、声旁原本的作用分别是表示字所表对象的意义类属以及字的读音的，这种作用在汉字创制初期是非常明显的，而且在那个时候，形旁同原来的独体字在形体上是一致的，声旁同字的读音也是相同或相近的。后来，由于语音的演变、字体的演变以及社会的发展等原因，很多形旁、声旁不仅难以辨认，而且表义、表音功能也大大衰退、弱化，形旁、声旁的作用已不像早先那么明显了。

汉字合体字中的形旁、声旁同作为独体字的表意字符、表音字符是不完全相同的。

形旁是合体字中的表意字符，但它同独体字中的表意字符不完全相同。这是因为作为独体字的意符是同语言中确定的词语相联系的；而合体字中形旁只表示意义类属，并不同语言中确定的词语相联系，如“盼、相、盲、瞋”等合体字中的形旁“目”，表示这些词语的意义类属都同眼睛有关；“挈、挲、抠、抢”等合体字中的形旁“手（扌）”，表示这些词语都同手有关。

同样，合体字中作为表音字符的声旁同独体字中的表音字符也不完全相同。作为独体字的音符都是由意符转化而来的，它们一旦作为音符出现，其原先的意义就消失了，如我们前面提到的“易、其、亦”等，都是只在语音上同语言中的特定的词语相联系的音符，一句话，只表音，不表意。而合体字中的声旁，有一部分是纯粹表音的，如“槛、狎、江”等中的“监、甲、工”；也有一部分既表音又表意，如“椁、奘、汲”等中的“享、壮、及”。汉字合体字中的这种声旁表意的现象早在东汉时期就被当时的许慎发现，后人称之为“亦声”现象。因此，有人认为合体字中的形旁、声旁不是严格意义上的意符和音符，至少两者是有区别的，这是不无道理的。

4. 汉字的构造和“六书”理论

所谓汉字的构造，指的是汉字内部的构成方式，也就是我们通常所说的造字方法。关于汉字的构造，我国古代就有所谓的“六书”理论。

“六书”一说最早见于《周礼·地官·保氏》。但是关于“六书”的具体名目，则未有记载。今天所能见到的最早的“六书”细目是在西汉末刘歆的《七略》里头：“古者八岁入小学，故《周官》保氏掌养国子，教之六书，谓象形、象事、象意、象声、转注、假借，造字之本也。”以后，关于“六书”的理论就多了起来。汉代，有著名的“六书”三家说：班固、郑众和许慎。这三家在“六书”的具体名称及次序上略有不同：

班固：象形、象事、象意、象声、转注、假借。

郑众：象形、会意、转注、处事、假借、谐声。

许慎：指事、象形、形声、会意、转注、假借。

唐宋以后，文字学家往往选取自己满意的“六书”名称和次序，各行其是。清代以后，人们对于“六书”的认识才逐渐趋向统一：采用许慎的名称、班固的次序，形成了后世大家所公认的“六书”，即象形、指事、会意、形声、转注、假借。

至于这六种名称所蕴含的具体内容，我们今天只能在《说文解字》里看到许慎对其的阐释：“一曰指事。指事者，视而可识，察而见意，上下是也。二曰象形。象形者，画成其物，随体诘诎，日月是也。三曰形声。形声者，以事为名，取譬相成，江河是也。四曰会意。会意者，比类合谊，以见指伪，武信是也。五曰转注。转注者，建类一首，同意相受，考老是也。六曰假借。假借者，本无其字，依声托事，令长是也。”

关于许慎的“六书”，清人戴振提出了“四体二用”之说，即认为“六书”中的前四书为造字之法，后二书只是用字之法。此说一经提出，便得到多数学者认同。所以，如今讲造字法，一般只讲象形、指事、会意、形声四种。

5. 汉字字体的演变

汉字的形体，有两种含义：一种指的是字的结构，一种指的是字的笔画姿态。前者比较稳定，一旦形成变化就较少，如“好”字是由“女”和“子”

两个偏旁组成的，从金文到小篆，从小篆到隶书，从隶书到楷书，都是如此，数千年没有改变。后者则屡经变化，直到魏晋楷书兴起时才稳定下来。我们这里讲的汉字的形体，指的是后者。

从现在能看到的最早的汉字——甲骨文到汉字的定型字体——楷书，历时1500多年，先后出现了甲骨文、金文、大篆、小篆、隶书、楷书等六种主要字体以及草书和行书这两种辅助字体。尽管目前学术界对汉字形体演变的阶段性分期尚存在不同的意见，但都承认秦末是汉字形体演变史上的一个转折点，其标志就是秦隶的出现。

甲骨文是殷商时期的通行字体。这种文字主要刻写在龟甲、兽骨上，因而叫“甲骨文”。由于其内容大多是记录殷代统治者占卜的情况，所以也叫“卜辞”。甲骨文主要是用刀刻写的，所以也叫“契文”“殷契”。由于这种文字是在殷都废墟中发现的，因而又叫“殷墟文字”。

金文是周代通行的字体。因其刻铸在青铜器上面，所以也叫“铜器铭文”。古人称铜为金，所以也叫“金文”。因铭文中常有“吉金”二字，所以也叫“吉金文字”。周代铜器主要分为乐器和食器两类，乐器以钟为代表，食器以鼎为代表，所以也叫“钟鼎文”。大家通常称其为“金文”。

大篆这个术语有广义、狭义之分，狭义的大篆只指春秋战国时代秦国的通行字体；广义的大篆则指包含其本身在内的先秦所有古文字，包括甲骨文、金文等。这里说的大篆显然指的是前者。大篆的典型代表是石鼓文和籀文。

小篆是秦代的标准字体，由李斯、赵高和胡毋敬等在大篆的基础上整理改造而成。其代表是秦朝的泰山刻石。

小篆在汉字形体史上具有重要的意义：一是废除异体字，使汉字写法单一、结构定型；二是简化笔画，使汉字结构简洁，便于书写。小篆是汉字古文字阶段的终结。

隶书产生于秦末，在汉代成为一种标准字体。隶书可以分为秦隶和汉隶两种。

秦隶，又叫“古隶”，相传是秦代下级官吏程邈所创，是由小篆省易快写而形成的一种字体。由于当时小篆是标准字体，而秦隶是下级官吏所使用的辅佐性字体，所以又称为“左（佐）书”。秦隶的笔画尚没波磔。

汉隶，又叫“今隶”，是在秦隶的基础上发展起来的，几经变更，最后趋于成熟。以汉代的刻石为代表，存世著名的有《史晨碑》《曹金碑》《乙瑛碑》《张迁碑》等。

隶书的出现，被称为“隶定”“隶变”，在汉字形体演变史上具有划时代的意义。具体表现在：

（1）把小篆的圆转笔画改为平直，使汉字由图画性文字向纯符号性文字转变，从而使汉字从古文字阶段跨入今文字阶段。

（2）省简改造合体字的偏旁，使之进一步简化定型，便于书写。

隶书是古文字同今文字的分水岭，方块汉字至此已见雏形。

楷书是为纠正草书的漫无标准和减省汉隶的波磔而形成的一种字体，故名“正书”“真书”。因其形体方正，笔画平直，可作楷模，所以又叫“楷书”。

楷书兴于汉末，盛于魏晋，史载为王次仲所创。而今天所能见到的最早的楷书是三国时魏国的书法家钟繇所写的《宣示表》，而楷书的代表作是王羲之的《黄庭经》《乐毅论》和王献之的《洛神赋》。

汉字形体至楷书最终定型。在此后的1000多年中，楷书一直是通用的标准字体。

至于行书和草书，它们不是普遍通行的规范字体，可以看作一种别体。

行书是介于草、楷之间的一种字体，是楷书的草化、草书的楷化。所谓楷书如立，草书如走（跑），而行书便由此得名——介于立、跑之间。相传行书是汉末刘德升所创，只是其作品已失传，我们今天所能见到的最早的行书作品是曾跟他学过行书的钟繇所写的《墓田丙舍贴》。

行书可分为两种：一种是楷法多于草法的，称之为行楷；一种是草法多于楷法的，称之为行草。行书在人们的日常生活和工作中具有极大的实用价值。

有人把草书作为汉字形体演变史上的一个环节，显然是欠妥的，因为从理论上讲，自有文字以来就有草书，每一种字体都会有草书。

“草书”的名称是到了东汉初年才有的，在东汉明帝时才有草书书法家出现，所以后世谈草书，一般都从东汉谈起。

东汉以后出现的草书主要有三种：章草、今草和狂草。

章草是隶书的草写体。关于其名称的由来说法不一，有的说是因流行于东汉章帝时而得名；有的说是汉元帝时的史游用草书体写了一本字书《急就篇》，因它有三十一个章节，所以后世称之为“章草”。章草还保留着隶书形体扁平和一波三折的特点，代表作是皇象的《急就章》。

今草是楷书的草写体，由章草发展而来。它打破了章草字字分离的规则，形体连绵，上下字相连，不易辨认，代表作是王羲之的《十七帖》和孙过庭的《书谱》等。

狂草是从唐代兴起的一种楷书的草写体，由今草发展而来。其字体变化多端，不计较一笔一画的工与松，而多着意于通篇气势的畅达雄放，纯属于艺术品，字体基本无法辨认，代表作是张旭的《古诗四帖》、怀素的《自叙帖》等。

第二节 字符类型和文字类型

一、字符及其类型

1. 什么是字符

字符是文字符号，是文字最基本的单位，如汉字的一个一个的字以及拼音文字的字母。字符是一种图形，与一般的图形有别的是它同一定的语言单位，如音位、音节、语素或词语等，存在着稳定的联系。

2. 音符、意符和记号

各种文字的字符从功能上看大体可以分为音符、意符和记号三类。

（1）意符，指的是同文字所代表的语言单位在意义上有联系的字符，即表意的字符。如汉字的“雨”最初就是画的雨滴从天上落下的情形——“⺫”。

（2）音符，指的是同文字所代表的语言单位语音上有联系的字符，即表音的字符。由于语音没法用图形来表示，所以音符最初都是由意符转化来的，如古汉字的“自”原来是“鼻子”的意思，是一个意符，后来采用这个字的字音去记录同音的虚词“自”，于是便成了音符。所有独立发展起来的文字，即自源文字，都是先有意符，后有音符，音符由意符转化而来，如古汉字、古埃及文字、苏美尔文字、玛雅文字等。在这一点上，他源文字就有所不同，所谓他源文字，指的是在别的文字的基础上创制的文字，如古希腊文字、古阿拉马文字等。由于绝大部分他源文字都是借用别的文字来表示本民族语言的语音单位的，所以其音符是比较纯粹的音符，一般说来，同其所代表的语言单位只有语音上的联系，而在意义上没有任何联系。

（3）记号，指的是同文字所代表的语言单位在语音上和意义上都没有联系的字符。记号往往来源于原始的契刻符号，如古汉字中的“⧗（五）”“⋀（六）”“十（七）”“)(（八）”等；而后世对文字笔画的简化也会导致一些新的记号的出现，如现行汉字中常见的“戏、艰、鸡、邓”等中的“又”和“风、冈、赵、区”等中的“㐅”。记号在字符中所占的比例很小，所以，一般就把字符分为音符和意符两大类。

3. 单纯字符和复合字符

根据字符能否被再分解出更小的字符，可以把字符分为单纯字符和复合字符两类。

单纯字符是不能再分解出更小的字符的字符，汉字中被称为独体字的象形字、指事字都是由单纯字符构成的，如“日、月、牛、羊、水”等都是单纯字符，将它们再分解，得到的是笔画，笔画不是字符，它只是构成字符的各种点和线。每一个拉丁字母，如“a，b，c，d”等都是单纯字符。

复合字符是由单纯字符组合而成的字符，其中也包括由单纯字符和复合字符组合而成的字符。汉字中被称为合体字的会意字、形声字都是复合字符。如“古”是由单纯字符“十”和“口”组合而成的复合字符，“胡”是由单纯字符“月（肉）”同复合字符“古”组合而成的复合字符，“湖”是由单纯字符“氵（水）”同复合字符“胡”组合而成的复合字符。英文的“sh［ʃ］”和“ch［tʃ］”也是复合字符，前者由单纯字符“s”和“h”构成，后者由单纯字符“c”和“h”构成。

单纯字符构成复合字符有一定的规则，那就是字符的组合规则。不同类型的文字字符的组合规则是不一样的，总体上有简单和复杂之分。像汉字这样的非表音文字的字符组合规则就比较复杂，一方面是复合字符比单纯字符多，另一方面有些复合字符中的单纯字符缠绕在一起，若不懂一点文字学知识还真弄不清它们是如何组合的，如“夜（从夕，亦声）”“更（从攴，丙声）”“秉（从又，持禾）”等字。而像英文那样的表音文字的字符组合规则就比较简单，一方面是复合字符比较少，另一方面组合方式也不多。

二、文字类型

1. 音位文字、音节文字、语素文字和词语文字

这是根据字符同语言中什么样的单位相联系的标准对各种文字所作的理论上的分类。

音位文字是全部字符内只同语言单位中的音位相联系的文字。音位文字又可以分为辅音音位文字和全音位文字两小类。前者指的是全部字符只同语言单位中的辅音音位相联系的文字，也叫“辅音文字”，如阿拉伯文；后者指的是字符既同元音音位相联系，又同辅音音位相联系的文字，也叫“音位文字”，如拉丁文。

音节文字是全部字符只同语言单位中的音节相联系的文字，如日文的假名就是一种典型的音节文字，其特点是：一个字符只代表一个确定的音节，一个音节只由一个字符来表示。

语素文字指全部或绝大多数字符都只同语言单位中的语素相联系的文字。语素文字只是理论上的分类，因为至今还没有发现这样的语素文字。

词语文字指全部或绝大多数字符都只同语言单位中的词语相联系的文字。已知的自源文字，如古汉字、古埃及的圣书字、苏美尔人的楔形文字等都是词语文字，因为这些文字中的字符绝大多数代表的是词或词语。

因此，从目前已知的文字来看，根据字符同语言中什么样的单位相联系的标准来分类，只有音位文字、音节文字和词语文字三类。

2. 表音文字、表意文字、意音文字

这是根据字符是同语音单位的语音还是同语言单位的语义相联系的标准对各种文字所作的理论上的分类。

表音文字指全部字符均为音符的文字，又称“拼音文字”，上面所讨论的音位文字、音节文字均为表音文字。

表意文字指全部字符均为音符的文字。同语素文字一样，表意文字只是理论上的分类，因为至今人们还没有发现这样的表意文字。

意音文字指部分字符为意符、部分字符为音符的文字。目前已知的自源文字，如古汉字、古埃及文字和苏美尔文字等都是意音文字，这是因为自源文字为了表示那些无法用图形来表示的词语而采用了假借已有的同音字符或音近字符来替代的方法，即出现了“假借字”，这些表音不表意的假借字久借不还，便成了表音字符，如汉字中的“自、族、其、亦、易、戚”等。

3. 汉字的类型归属

关于汉字的类型归属，目前比较一致的意见是：根据字符同语言中什么样的单位相联系的标准来归类（汉字是一种词语文字）；根据字符是同语言单位的语音还是同语言单位的语音相联系的标准来归类（汉字是一种意音文字）。

当然，这个问题并非没有异议，归纳一下，主要有以下一些不同的看法：

（1）音节文字说，即认为汉字是一种音节文字，理由是：汉字所代表的是一个音节。可问题是，音节文字的所有字符均为音符，不存在意符，而汉字中则有大量的意符，此其一。音节文字中，往往一个字符代表一个音节，一个音节由一个字符来表示，而汉字中一个字符往往代表几个音节，如“和”字可以代表“hé”“hè”“huò”“hú”“huó”五个音节。一个音节也可以由许多字符来表示，如“伪、炜、伟、玮、苇、暐、韪、纬、韡”等都表示同一个音节文字“wěi”，此其二。所以将汉字归为音节文字是欠妥的。

（2）表意文字说，即认为汉字是一种表意文字。关于这一点，我们在上面已有所论及。汉字中有大量的意符，这是事实，可汉字中也有音符。既然是有意符又有音符，那归为意音文字最为恰当，若归为表意文字，那些音符该作何解释？

（3）拼形文字说，即认为汉字是一种“拼形文字”。这是随着汉字编码研究的盛行而产生的一种观点。这显然是将汉字同类似于英语的拼音文字中写词的字母组合等同起来，然后进一步将汉字的笔画或部件同拼音文字中的字母等同起来，最后再作不恰当的类比：既然英文的字母组合是拼音（文字），那么汉字中的笔画或部件组合便是拼形（文字）了。当然，此说是站不住脚的。因为文字的类型是根据字符同什么样的语言单位或同语言单位的语音和语义的哪一方面相联系来划分的，笔画、部件等根本不是字符，所以不能作为文字分类的依据。退一万步来说，即使以笔画同字符的关系来作为文字分类的依据，也不能这样分类，因为任何一种字符均是由笔画构成的，如拉丁字母的“a”由半个圆圈和一个半圆的折笔构成，“d”由半个圆圈和一竖构成，汉字的“人”由一撇和一捺构成，哪种不是“拼形文字”？

第三节　文字的创制和改革

一、文字的创制

1. “文字的创制”的含义

这里所说的“文字的创制”并非指的是历史上各种民族语言的文字的创制过程，而是指现代社会里政府或语言学家等为还没有文字的民族的语言创制文字。

第二次世界大战以后，非洲和亚洲的一些殖民地纷纷取得独立，可这些民族往往有自己的语言而没有自己的文字，于是一些国家的政府或语言学家等就着手为这些没有文字的民族语言创制文字，这项工作在 20 世纪四五十年代形成了一个高潮，国外称这项工作为“语言规划”。

2. 非洲一些新兴的国家的文字创制工作

由于殖民统治留下的后遗症，非洲的一些新兴国家只有自己的语言，没有自己的文字，所以独立以后不得不在行政、司法、教育等领域仍然使用过去宗主国的语言、文字，这不仅有损民族尊严，而且也极大地影响了社会生活的正常运转，阻碍了国家和民族的发展。于是这些国家的政府和语言学家纷纷为取得官方语言地位的民族语言创制了文字，可是很难真正推广使用，个中原因是：①由于殖民统治时期西方列强的强行瓜分，非洲的这些新兴国家大多为多民族国家，一国内往往有多种势均力敌的语言，即使其中的一种取得官方地位也难以推广，所以仍得使用原宗主国的语言（主要是法语和英语），新创制的文字也就没法流行传播开来。②由于种种历史的和现实的原因，一些国家本民族的语言、文字在小学阶段还能用上，到了中学或大学就用不上了，到了社会上也用不上，人们还得掌握殖民时代宗主国的语言文字。非洲的所谓法语国家和英语国家均存在上述现象。

3. 新中国的文字创制工作

新中国成立后，积极致力于为境内少数民族语言创制文字的工作。自20世纪50年代起，政府有关部门组织语言学家先后为侗、苗、瑶、佤、哈尼、傈僳、纳西等十几个少数民族的语言创制了用拉丁字母组成的拼音文字。其中，佤族和傈僳族的文字一直在使用；也有一些民族由于人口不多，且同汉族杂居，很多人既会说本民族语，又会说汉语；还有的民族在使用了很短一段时期新创制的拼音文字以后就渐渐将之抛弃不用，而改用汉字了。

4. 文字创制工作中需要注意的问题

（1）为一种有方言分歧的语言创制文字，首先必须解决的问题是确定其中的基础方言。而确定基础方言，一方面固然要考虑使用人口的数量，另一方面也要考虑该方言在社会、经济、文化各方面是否占优势，这需要我们综合衡量。一般情况下，坚持“一种语言一种文字”的原则，若方言分歧过大，也可以为不同方言创制不同的文字。

（2）有一种现象不能不引起我们关注并思考其中的原因，那就是有相当数量的新创制的文字往往很快就夭折，被人们所抛弃，没法发挥其应有的作用。

（3）许多政府机构或语言学家往往将为没有文字的语言创制文字看作一种慈善之举，所以也就很容易忽略倾听本民族人士的意见。而一种新创制的文字是否具有生命力，能否推广传播，在很大程度上要取决于使用这种文字的人民群众。

二、文字改革

文字改革有三种类型：一是正字法的改革，二是字符类型的改革，三是文字类型的改革。

（1）正字法的改革，即整个文字类型和字符类型不变，只是对正字法的个别规则和个别字符进行调整，如我国在20世纪50年代推行的《汉字简化方案》，英国、法国在19世纪进行的正字法改革等。这种改革由于涉及面不广，对整个文字系统也无影响，所以比较容易推广。

（2）字符类型的改革，即不改变文字类型，而改变字符类型。如20世纪20年代，土耳其进行文字改革，用拉丁字母代替了原来使用的阿拉伯字母，字符类型改变了，而文字类型没变，阿拉伯文字是表音文字，拉丁字母也是表音文字。又如13世纪，越南进行文字改革，用在汉字基础上创制的文字“字喃”代替原来使用的汉字，字符类型改变了，而文字类型也没变，汉字是意音文字，字喃也是意音文字。字符类型的改革在难度上要大于正字法的改革。

（3）文字类型的改革，即改变文字类型的一种改革。如7世纪，日本进行文字改革，用在汉字基础上创制的文字“假名”代替原来使用的汉字，汉字是意音文字，假名是表音文字，文字类型改变了。15世纪朝鲜进行的用在汉字笔画基础上创制的表音文字“谚文”代替汉字的文字改革，20世纪40年代越南进行的以采用拉丁字母的越南拼音文字代替原来采用的意音文字“字喃”的文字改革等均属此类。文字类型的改革是文字改革中难度最大的一种。

文字是记录语言的书写符号系统，同一种语言可以使用不同的文字，所以无论是从理论上还是从实践上来看，文字都是可以改革的。但是文字改革不同于为没有文字的语言创制文字，后者比较单纯，没有书面语，也没有历史文献，语言工作的干扰就比较少；而前者就不同了，尤其是那些具有悠久历史的文字，其书写的历史文献极为丰富，所以实施起来就会受到各种各样的干扰，遇到各种各样的麻烦，若不作认真细致的调查研究，仓促行事，往往会导致流产。如我国于1977年公布、1986年废止的《第二次汉字简化方案（草案）》就是一个很好的教训。

第四节　文字和语言

一、文字和语言的本质区别

文字是在语言的基础上产生的，又是记录语言的书写符号，所以文字同语言的关系是十分密切的。尤其是伴随文字的产生而产生的书面语同文字的关系更为密切，以至于常常有人将两者混为一谈，并进而将文字同语言等同起来。

1. 字符的长度同语言的精练

常常有人感叹汉语的精练，理由是：同样的内容，用汉字书写的文本往往要比英文、法文、俄文、西班牙文等书写的文篇幅本要短。这是典型的将文字和语言混为一谈的现象。汉语文本篇幅短是因为书写汉语中的词或语素的汉字是方块型的平面文字，词或语素的长度相对比较短，而西方的英文等拼音文字往往要用较多的字母来书写词，词的长度相对比较长。这完全是所使用的文字符号的问题，同语言的精练与否毫无关系。

2. 常用字的数量同语言的贫乏

现代西方语言的常用词语有几万个，而现代汉语中的常用汉字只有3500个，于是又有人感叹汉语的贫乏。这显然是把文字的基本单位“字符”同语言中的词语混为一谈。国家公布的3500个是常用汉字字符，而不是汉语常用词语，这3500个常用汉字可以构成好几万个常用词语。事实上，现代汉语的常用词语同现代西方语言的常用词语从数量上相比是差不多的，不然我们就无法表述现代社会无比繁复的生活和工作内容，只不过英文是用26个字母来书写的，而汉字则是用3500个常用字符来书写的。

3. 文字是否可以使语言更为丰富

有人认为，英文可以通过不同的字形把语音形式［rait］分化为四个不同的词：“right，write，rite，wright”，由此可见，文字可以使语言更加丰富。这实在是一种误解。英语中“right，write，rite，wright”四个词并非由字形将同一语音形式分化所致，因为英语中的这四个词原本是四个语音形式和书写形式均不相同的词，后来由于语音的历史演变成了同音词，而书写形式并未改变。这是一种极为常见的语言现象，这种现象在许多语言中都存在。若将之视为文字使语言不断丰富的例证，则是颠倒了因果关系，而这种观点实质上也混淆了文字和语言，即将拼音文字记录语言的语音形式的功能同书面语保存古代语言的语音形式的现象混为一谈。

因此，文字和语言虽然有着密切的联系，但两者不是一码事，不能画等号。

二、文字和语言的相互影响

1. 语言对文字的影响

文字是记录语言的书写符号系统，文字的特点和语言的特点是有一定联系的，不同的语言的特点同这种语言选择什么样的语言单位作为字符所代表的对象之间也是有一定的联系的。如汉字在语音上代表一个音节，汉字所联系的是汉语中的词这一种语言单位，而非音位或别的什么，这同汉字产生初期，汉语中的词绝大多数是单音节词的特点密切相关。又如腓尼基语、阿拉伯语等语言最初都采用辅音文字，也是同“其语言中的词根一般包含三个辅音音位，只是通过在不同的地方添加不同的元音来表示形态变化”这一个特点分不开的。同样，希腊语等采用全音位文字，也是同“其语言中的词根一般是由元音和辅音组合而成”这个特点相联系的。因此，语言的特点对文字的特点是有影响的。

但是，不能把语言对文字的影响绝对化，更不能由此得出什么样的语言只能使用什么类型的文字这样的结论。因为同一语系的语言也可能会采用不同类型的文字系统，如汉藏语系中的汉语采用的是意音文字，而藏语则采用音位文字。即使是同一种语言，在不同的历史时期也会采用不同类型的文字系统，如朝鲜语在公元15世纪以前采用的是汉字这种意音文字，15世纪之后开始采用在汉字基础上形成的表音文字——谚文；越南语在13世纪之前采用的也是汉字，之后开始使用在汉字基础上形成的意音文字——字喃，直到20世纪中叶才改用拉丁字母这种表音文字。可见，文字的类型同其所记录的语言之间不存在某种必然的因果联系。

2. 文字对语言的影响

语言对文字会产生一定的影响，反过来，文字对语言也会产生一定的影响，具体表现在：

（1）文字使语言突破了时间和空间的限制。以文字作为载体的书面语，不仅可以使远隔千山万水的人们能够进行交际，也使后世的人们能够接触到几百年甚至数千年前的古人的语言，从而大大加强并扩展了语言的交际功能。

（2）文字类型的相同与否会对语言之间的相互影响起积极的或消极的作用。一般说来，相同的文字类型会促进语言间的相互影响，而不同的文字类型则会在一定程度上阻碍语言之间的相互影响。

但是，文字对语言的影响也是有限的，无限夸大这种影响，认为文字具有造词功能，文字的类型决定所记录的语言的特点等，要么是没有事实依据的，要么是将语言和文字混为一谈，都是不足信的。

本章建议阅读书目及问题思考

一、建议阅读书目

1. 周有光：《比较文字学初探》，语文出版社1998年版。
2. 王元鹿：《普通文字学概论》，贵州人民出版社1996年版。

3. 裘锡圭:《文字学概要》,商务印书馆1988年版。
4. 陈炜湛、唐钰明:《古文字学纲要》,中山大学出版社2009年版。

二、问题思考

1. 为什么说文字是语言的书写符号系统?
2. 什么是字符?字符同汉字学中所谓的偏旁是一回事吗?
3. 文字是如何分类的?文字可分为哪些类型?
4. 简述“文字发展三阶段论”的内涵并加以批评。
5. 简述“六书”的内涵。
6. 简述今日世界文字格局形成的过程。
7. 文字与语言有着怎样的关系?
8. 简述汉字形体的演变史。
9. 什么叫作文字的创制?文字的创制工作通常有哪些难点?
10. 文字的改革可以分为哪些类型?

第八章 语言的起源、发展及类型

第一节 语言的起源

一、关于语言起源的诸种旧学说

1. 关于语言的起源

人类的祖先并非从诞生之日起就会使用语言，从不会使用语言到会使用语言，其间经历了一个漫长的过程。研究语言的起源问题就是要破译、了解这个过程是怎样的一个过程，主要应弄清人类的语言是在什么时候、什么条件下产生的，以及人类语言的前身是什么。

2. 几种不同的语言起源说

（1）“神授说”：认为语言是上帝或神赐予人类的。这是人类关于语言起源的最早的解释。早在古印度时期，婆罗门教的经书《吠陀》就把语言说成是神赐给人类的一种特殊的能力；基督教的《圣经》中也说上帝创造了人类的祖先亚当，而亚当则给世间万物起名。语言“神授说”是在科学文化水平极其低下的条件下，因人们无法科学地解释语言起源问题而产生的。

（2）“人创说”：认为语言是人类自己创造的，不是上帝或神赐予的。但是对于人类是如何创造语言的这个问题又有种种不同的观点。

①“摹声说”：认为语言起源于人类对外界各种声音的模仿，依据是各种语言中都有一些摹声词，如英语中的“cuckoo（布谷鸟）”，汉语中的“知了、蛐蛐”等。但这种观点最多只能解释语言中摹声词的产生，任何一种语言中摹声词的数量都是极少的，所以这种观点也不能解释人类语言的起源问题。

②“感叹说”：认为人类语言起源于原始人类因各种感受而引发的感叹。依据是每种语言中均有一些感叹词。同“摹声说”一样，这种观点最多可以解释语言中叹词的产生，而任何一种语言中叹词的数量也是极少的，所以这种观点同样不能解释人类语言的起源问题。

③“劳动叫喊说”：认为人类语言起源于人们劳动时发出的各种叫喊声。这种叫喊声演变为劳动号子，并进而演变为原始语言。这种观点已经注意到了语言的起源和劳动的关系，但无法解释劳动号子是如何演变为语言的。

④“社会契约说”：认为人类语言起源于人类社会集体内部通过彼此约定

而对各种事物命名的一种规定。这种观点注意到了语言的社会属性和语言符号的任意性，但也并非无懈可击：一是人们在还没有语言的情况下是如何相互约定的？二是我们可以为具体的事物命名，但抽象的事物是如何命名的？

⑤“手势说”：认为人类语言是在手势的基础上发展而来的，人类先有手势语言，而后才有有声语言。这种观点还是没有说清楚无声的手势语言是如何发展为有声语言的。

⑥“劳动创造语言说”：恩格斯在《劳动在从猿到人转变过程中的作用》一文中提出了“劳动创造语言说”。恩格斯认为：劳动引发了创造语言的必要性——人类为了共同协作，在劳动中协调行动，已到了彼此间非说些什么不可的地步；而同时又是劳动发展了原始人的思维，改善了原始人的发音器官，从而为人类语言的产生提供了必要的心理条件和生理条件。因此，可以说语言起源于劳动，是劳动创造了人类语言。在这里，恩格斯对语言的起源问题的论述已经相当全面了，这种学说在目前已有的各种语言起源说中是最具有说服力的一种。

3. 语言起源的基本条件

综合现代科学的不同学科、不同领域的研究成果，一般认为语言的起源必须具备三个基本条件：

（1）人类的思维能力必须发展到一定的水平，即人类已经具备了对客观事物进行分类和概括的能力、记忆和想象的能力、判断和推理的能力。

（2）人类的发音器官必须进化到能够发出各种清晰的声音，即人类已经具备了能发出各种清晰声音的喉头、口腔等发音器官。

（3）人类社会必须发展到渴求使用语言的阶段，即在这个阶段，人类已经到了彼此间非说些什么不可的地步了。

二、现代科学关于语言起源的解说

现代科学研究表明，人类有声语言产生于距今四五万年前的旧石器时代，即晚期智人时期。

人类语言的前身是使用诸如动作、面部表情、手势、叫唤等前语言的交际手段。人类的有声语言有可能是从原始人类各种复杂的叫唤声发展演变而来的。随着发音器官的不断进化和思维能力的不断提高，人类的声音不断清晰，逐渐可以被分解和组合，这样，真正的语言就产生了。

第二节　语言的发展

一、语言发展的动因

1. 社会交际的需要是语言存在和发展的基本条件

我们在第一章第二节讨论语言的性质时就已指出语言是一种特殊的社会现象，语言依存于社会，它是为了社会的需要而产生的，也是为了社会的需要而存在的，离开了人类社会，就无所谓语言，一种脱离了社会交际的语言，等待它的只能是消亡，因而也就谈不上发展演变了。如我国古代的鲜卑语随着鲜卑人的汉化而逐渐不再被人使用，很快便消失得无影无踪。

2. 社会的进步推动语言的发展

一方面，社会的进步带来了社会生产力的发展、生产关系的改变以及社会生活各方面的变化，新事物、新概念不断出现，这些都要求新的词语不断产生以满足人们交际的需要。可以说，社会的进步是词汇不断丰富的根本原因和直接动力。

另一方面，社会的进步推动了人的思维的发展，人类的思维变得越来越复杂、精密。而思维的发展则促进了语言的发展，使语言表达在形式上更多样化，在结构上更严密，在表意上更精确，在效果上更趋向完善。

3. 社会的分化和统一推动语言的发展

社会的分化和统一推动语言的分化和统一，语言随着社会的分化而分化，随着社会的统一而统一。当某个社会走向分化的时候，这个社会的各个部分的交际就会逐渐减少甚至停止。久而久之，已经分化的同一社会的各个部分的成员所使用的同一语言就会产生差异，开始分化，从而逐渐形成不同的地域方言或不同的语言。如汉语中形成北方方言、吴方言、湘方言、赣方言、客家方言、闽方言、粤方言等地域方言，社会的分化是其中的一个主要原因；又如拉丁语产生的各种方言，如法兰西方言、西班牙方言、意大利方言、葡萄牙方言等，后来它们都发展成独立的语言，这也是社会分化的结果。

另外，社会的发展会使同一社会内部形成不同的社会集团，这些社会集团所使用的同一语言也会产生差异，形成各具特点的社会方言。反之，如果不同的社会之间或已经分化的同一社会的各个部分之间交往增多，交际频繁，也会使不同语言或地域方言之间的相互影响得到加强，其间的差异逐渐减少，语言也就会逐渐趋向统一。

4. 社会之间的接触推动语言的发展

不同社会之间的接触也会推动语言的发展演变。随着社会的发展，不同的社会（国家、民族）之间的接触逐渐频繁起来，各方面的交流也越来越多，这就必然引起不同的民族语言之间的相互影响，从而引起语言的变化，推动语言的发展。如各种语言中都存在大量的借词，一些语言中还存在一些外来句式，例如汉语中就有一些非常明显的欧化句式，这些都是不同社会相互接触的结果。

5. 语言结构要素之间的矛盾推动语言的发展

语言随着社会的发展而发展，这并不意味着语言发展中的种种事实都能从社会的发展中找到直接原因，而相当一部分还得从语言系统内部各个要素之间的矛盾中去寻找答案。

语言系统内部的各个要素以及每个要素的各个成分都处于对立统一的关系之中，相互间呈现出一种平衡的状态。如果其中某一要素或某一成分发生了变化，破坏了原有的平衡，那么系统内部有关的要素或成分就会发生相应的变化，达到新的平衡。如汉语语音系统的简化，促使汉语词汇由以单音节为主转变为以双音节为主，从而以增加词的长度来强化语言形式之间因语音简化而弱化的有效区别。而汉语双音节词的产生又引起了语音、语法的一系列变化，如轻声、儿化的出现，以及一些实词的词缀化和构词规则的复合化等。

二、语言发展的特点

语言发展的两大特点是渐变性和不平衡性。

1. 语言发展的渐变性

语言发展的渐变性即语言的发展演变是逐步进行的，而不是通过突变的方式一下子实现的。这是由语言相对稳固的特点决定的，唯其相对，语言才能发展，才不会僵化，才能不断适应和满足人们日常交际的需要；唯其稳固，语言在短时期内才不会发生巨变，若变得面目全非，社会交际就会中断，人们的生活和工作就会陷入混乱。

2. 语言发展的不平衡性

语言发展的不平衡性即语言内部的不同组成部分之间发展的速度是不一样的。这主要是因为语言的各个部分同社会的联系有疏密之分。其中词汇和语义同社会的联系最为直接，它们对社会发展的反应最灵敏，所以变化最快。而语音、语法就稳定得多，因为它们同社会发展没有直接的联系，社会生活的变化不会引起语音、语法的变化，就连词汇部分的变化也不会立即引起语音、语法的变化。

三、语言发展的具体表现

语言的发展演变首先体现在语言系统内部各组成部分的发展演变上，最明显的是词汇的发展变化。这种变化最直观的表现便是随着旧时代过去，一大批旧词语逐渐退出社会的交际活动而逐渐消亡，如汉语中的“农协、武工队、互助组、共产风、红卫兵”等，英语中的“knight（骑士），vizor（面具），ere（在……以前），foe（敌人）”等；同时，新的词语不断涌现，如汉语中的“隆胸、炒作、克隆、疲软”等，英语中的“generation gap（代沟），autostrade（高速公路），picturephone（可视电话），soft landing（软着陆）”等。

语义的发展变化也比较明显，主要有以下几种情形：①词义的扩大，即词义所指称的范围扩大了，如汉语中“江”“河”原本分别专指“长江”“黄河”，后来扩大为指称包括长江、黄河在内的一切大水道；②词义的缩小，即词义所指的范围缩小了，如汉语中“瓦”原指一切烧制的土器，后来专指铺屋顶用的一种烧制土器；③词义的转移，即词义由指称甲对象转移为指称乙对象，如汉语中“塘”原指堤岸，后来转移为指称水池。

相对来说，语音的发展变化虽然要显得隐秘一些，至少不如词汇、语义那么明显，但通过比较还是不难发现。如比较一下中古汉语音系同现代汉语普通话音系就会发现，唐宋时期存在的全浊声母“并、定、澄、从、邪、崇、船、禅、群、匣”等在普通话中已经不存在了；唐宋时期存在的韵母中的六个辅音韵尾［-m］［-n］［-ŋ］［-p］［-t］［-k］等在普通话中只保留了［-n］［-ŋ］，其余的均已消失了；唐宋时期存在的平、上、去、入四个调类，在普通话中成了阴、阳、上、去。

语法的发展尤为缓慢，但并非不留痕迹，对比一下古今汉语语法上的异同，便会看得很清楚。如在先秦时期的汉语中，当疑问句中疑问代词作宾语，或否定句中代词作宾语，两者均要置于动词之前，例如“臣实不才，又谁敢怨?”（《左传》）“臣未之闻也。”（《孟子》）而在现代汉语普通话中，这些宾语均要置于动词之后，上述两句在普通话中就得说成：“下臣实在无能，哪敢怨恨谁呢?”“下臣没有听说过那些事情。”

语言的发展除了体现为语言系统内部各组成部分的发展之外，还体现在语言的分化和统一上。随着社会的发展，一种语言内部可能会分化出不同的方言，一些方言在一定的社会政治条件下可能会成为不同的语言；反过来，随着社会的发展，一种语言内原本有分歧的方言也会走向统一，而且，即使原本是不同的语言，也有可能随着社会的发展而统一为同一种语言。

第三节　语言的分化和统一

语言随着社会的分化而分化。社会的分化有两种基本类型：一种是地域性的分化，即一个社会在发展过程中，在地域上逐渐分化为若干个相对独立或完全独立的社会；另一种是社群性的分化，即一个社会内部因所处的社会地位、具有的宗教信仰、文化程度以及所属的性别、职业等的不同而形成不同的社会群体。前者会导致语言的地域分化，从而形成“地域方言”或“亲属语言”；后者则会导致语言的社群分化，形成不同的“社会方言”。

一、地域方言

一种语言由于语音、词汇和语法等的差异在不同的地区形成的地域分支或变体叫“地域方言”，简称“方言”。如现代汉语中就存在北方方言、吴方言、闽方言等七大方言，现代德语中也存在高地方言和低地方言，现代俄语中也存在南俄方言和北俄方言两大方言。

方言的产生是社会的不完全分化和语言的发展演变共同作用的结果。语言自它产生之日起就处在不断的发展演变之中。对一个言语交际尚频繁的社会来说，每个成员的言语交际同语言的发展演变总能保持同步。但是随着人群的一次又一次迁徙，原本交往频繁的统一的社会就会分化为几个在地域上相对独立的部分，这几个部分之间由于种种原因交往越来越少，甚至没有交往。但语言并不会因此而一成不变，于是，这些不同地区的语言就会按照各自的途径而发展演变，并逐渐形成一系列属于自己的特点，久而久之就形成了方言。

如果一个方言的内部仍存在地域上的差异，那就可以分出若干个次方言，次方言又可分出若干个土语，土语又可分出若干个次土语。如汉语中华北方言是北方方言的一个次方言，河北话又是华北方言内部的一个土语，而天津话就是河北土语内部的次土语。

地域方言之间既有差别，又有明显的共同点。

地域方言间的差别主要表现在语音上。所以语音差异往往被作为方言划分的主要依据，如现代汉语的七大方言主要是依据各方言不同的语音特点来划分的。这种语音特点既有声母系统上的独特性，也有韵母系统上的特征，还有声调的不同等。

当然，不同的地域方言在词汇和词义上也会有一些差异，主要有以下三种情形：一种情形是相同的事物在不同的方言里会有不同的名称，如汉语北京话中的“肥皂”，长春话叫“胰子”，福州话叫“胰皂”，广州话叫“番枧”。另一种情形是相同的名称在不同的方言里所指称的对象有别，如“包子”，北京话指的是一种“用发酵的面粉蒸成的上圆下平的有馅的食品”，而苏州话则指“用发酵的面粉蒸成的上圆下平的没有馅的一种食品”，即北京话中的“馒头”。还有一种情形是各个方言均有一些自己特有的词汇，如汉语吴方言中的“瘪三”“蹩脚”“坍台”“拆烂污”等，它们所表示的那些特殊的意义在北方方言等其他方言中没有适当的词语来表示。

不同的地域方言在语法上的差别相对于语音、词汇来说要小一些，但涉及的方面不少，有的涉及语序，如北京话说“给我一支笔”，吴方言则说“给支笔我”；有的涉及词语的组合，如北京话说“一条凳子”，苏州话则说“一只凳子”；有的涉及句子构造，如北京话说“你去吗”，苏州话则说“倷（你）阿去”。

不同的地域方言也存在一些明显的共同点，差别较小的语法、词汇上的共同点自不用说，就是差别较大的语音上也存在明显的对应规律，如现代汉语中的北京话和苏州话之间就存在语音上的对应关系。以舌尖中塞音为例，苏州话以［t］为声母的字，如“刀、低、灯”等，在北京话中这些字也以［t］为声母；苏州话中以［th］为声母的字，如“挑、替、通”等，在北京话中这些字也以［th］为声母；而苏州话中以［d］为声母的字在北京话中可能变成以［t］为声母，也可能是以［th］，其中平声字为［th］，如“桃、头、亭”等，仄声字为［t］，如“稻、毒、定”等。地域之间具有的这种有规律的而非偶然的语音之间互相对应的关系叫作“语音对应关系”。

二、社会方言

在一种语言或方言内部，属于不同的社会群体、具有不同的社会特征的人在语言的使用上往往呈现出不同的特点，从而形成同一定的社会特征和社群相关联的全民语言的社会变体，这种社会变体就是社会方言。

社会方言和地域方言都是全民语言的分支，这是它们的共同点。除此之外，二者之间存在着极大的差别，主要表现在以下三个方面：

（1）地域方言是以地域上的分布来确定范围的，在同一个区域内只有一种地域方言，所以地域方言在通行区域内具有全民性；而社会方言不是按地域来划分的，在同一个区域内可以有好多种不同的社会方言，这些社会方言只为特定的阶级、社团和行业等服务，所以不具有全民性。

（2）地域方言的特点表现在语音、词汇、语法等各个方面，而且主要表现在语音系统上；而社会方言的特点则表现在一般词汇方面，即在词汇方面有些特殊的词语，而在语音、语法和基本词汇层面同全民语言或当地方言并无二致。

（3）地域方言在结构方面有自己独立的语音系统、词汇系统和语法系统等，它们之间有很大的差别，所以在一定的条件下，方言可以发展为独立的民族语言，如法语、意大利语、西班牙语、葡萄牙语、罗马尼亚语原本都是拉丁语的几个方言，后来成为独立的民族语言。而社会方言则没有自己独立的语音、词汇和语法系统，它们之间的差异不算大，而且在任何条件下它们都不可能发展成为独立的语言。如所谓的“贵族语言”和“平民语言”就是两种社会方言，两者在语音系统、语法结构和基本词汇方面是基本相同的。不同的是，“贵族语言”中有一些特殊的词汇是“平民语言”中所没有的，这种某一阶级专用的词汇叫作“阶级习惯语”。

影响语言产生社会变体的因素是多方面的，而阶级、阶层、职业、年龄、性别、文化程度、宗教等社会因素在社会方言的形成中所起的作用尤为明显。

阶级和阶层的差别会对语言产生影响，从而造成语言差异。如在我国古代，不同阶级、阶层的人对同一种事物或行为所使用的称呼也会有所不同，从而显示出高低贵贱。例如，对“死”的称呼就反映了当时严格的等级制度：“天子死曰崩，诸侯死曰薨，大夫曰卒，士曰不禄，庶人曰死。”（《礼记·曲礼》）17世纪法国的贵族曾经自命高雅挖空心思地自创一些词汇，即所谓的“沙龙语言”（又叫“客厅语言”），如将“日历”叫作“la mémoire de l’avenir（将来的记录）”等。在当今的美国也有所谓的“黑人英语”，这是一种属于社会下层阶级的社会方言，在发音时往往不够规范，语法上也不太严格，如常将［θ］发成［t］或［d］；动词第三人称单数现在时词尾“-s”也经常脱落等。

职业的差别也会对语言产生影响，从而造成语言差异。人们通常所说的行业语就是由职业差别而形成的社会方言。行业语，也叫“行话”，它是不同的行业由于工作的需要而使用的一些特殊的用语。如“长刨、短刨、手锯、电钻”等是木工的行业语，“处方、急诊、手术、针剂”等是医药界的行业语，“行头、老生、青衣、花旦”等是戏剧界的行业语，“教案、板书、班会、公开课”等是教育界的行业语。由于行业语中的一小部分有可能被全民语言吸收，使用行业语从而成为丰富全民语言词汇的一种途径。如曾是戏剧界行业用语的“场面、亮相、角色”等，以及军事界行业用语的“阵地、堡垒、突击队、拉锯战”等，均已成为全民语言中的成分了。

年龄的差别也会对语言产生影响，从而造成语言差异。这种差异既可能表现在对一些词的不同发音上，如苏州话中“早、高、好”等韵母为［ɑu］的字，老年人同年轻人在发音上有舌位高低之别，前者低后者高；也可能表现在对同一种事物的不同称呼上，如苏州话中，“钱”既可以叫“洋钿”，也可以叫“钞票”，而老年人多用“洋钿”，年轻人多用“钞票”。

性别的不同也会在一定程度上影响语言，从而形成语言差异。如此，京话中所谓的“女国音”现象就是这种性别差异在发音上的体现。又如青年女性往往喜欢用“人家”来指称自己，而青年男性则不会这样用，否则会被讥为“娘娘腔”。

文化程度的不同也会在一定程度上影响语言，从而形成社会方言。文化程度高的人往往使用的是民族标准语，比较规范、典雅，显得有教养，而文化程度低的人往往使用的是方言土语，比较粗糙、俚俗，显得“土”一些。

宗教信仰的不同也会形成社会方言。如北京牛街地区的回民说的是北京话，但其中往往夹杂着一些伊斯兰教用语，例如用“朵斯梯”来表“朋友”，用“法依太”来表“益处”，用“鼠灭”来表“倒霉”等。

社会方言中有一种特殊的类别叫作“隐语”，它是个别社会集团或秘密组织中使用的一种只有内部人懂得的特殊用语。同一般社会方言不同的是，隐语具有明显的排他性，即故意不让其他社群的成员了解和运用，如管“一”叫“平头”“旦底”“忆多娇”“丁不勾”等，管“十”叫“田心”“舍利子”“针不金”“紧牢固”等。其中黑社会使用的隐语叫作“黑话”，如乞丐组织中称“销售赃物”为“卖巧”，称“买赃物”为“吃巧”，称“小偷”为“钳工”，称“扒钱”为“两夹”等；一些犯罪团伙中称“警察”为“雷子”，称“抢劫”为“慰问”，称“匕首”为“玫瑰花”，称“偷自行车”为“借马”等。

在社会方言的形成过程中，由社会的分化所带来的社会距离和特定的社会行为规范所起的作用是不可低估的。

首先，社群的分化会在不同的社群之间造成一定的社会距离，而社会距离又使不同社群之间的交际不断减少。久而久之，不同的社群就会在语言上逐渐形成各自的特点，产生不同的社会方言。如处于社会上层的贵族阶级在价位判断、兴趣爱好和生活习惯上同处于社会下层的平民就存在着较大的距离，这种社会距离往往使这两大社群因缺少共同语言而不太愿意交往，时间一长两者在语言上就会显现出差异来。

其次，社会的分化会在社会上或特定的社群内形成同特定社群相匹配的社会行为规范。这种规范往往是无形的，但存在于特定社群的所有成员的意识中，它对人们的言谈举止有着很强的约束力。这样一来，各个社群按照各自的行为规范所使用的语言就必然带上特定社群的烙印，从而产生差异。如贵族阶级对自己的成员在言谈上是有很严格的要求的，所以对于一个平民出身而初入上流社会的人来说，他的言谈可能常常会招来别人的讥笑和鄙夷，这种情形在19世纪法国现实主义作家的作品中常能见到。

当然，我们应该注意到，社会距离和社会行为规范在不同的社会方言的形成过程中所起的作用可能有主次之分：在同阶级、阶层、职业、文化程度、宗教等社会因素相关的社会方言的形成过程中，社会距离所起的作用可能要大一些；而在同年龄、性别等社会因素相关的社会方言的形成过程中，社会行为规范所起的作用可能要大一些。

三、共同语、国语和标准语

1. 共同语、通用语和基础方言

共同语是一个社会内部的全体成员所共同使用的语言。现代汉语普通话就是汉民族的共同语。在没有方言分歧的社会里，全体社会成员所使用的语言都是共同语。方言出现以后，人们往往选择某种方言或其书面形式作为不同方言区之间的交际工具，这种交际工具叫作“通用语”，如我国古代的“雅言”“通语”以及后来的“官话”等，都是当时的人给通用语取的名称。宽泛地讲，通用语也是一种共同语，但从严格意义上而言，两者在所处的社会历史条件以及在语言统一过程中所起的作用等方面是有差异的：前者处于社会半统一、半分化的背景条件下，使用频率不高，通行区域不广，对消除方言分歧也起不到大的作用；后者处于社会高度统一的背景条件下，使用频率高，通行区域不断扩大，并能够对方言的发展形成制约，最终取代方言。

一种语言的共同语是在某一种方言的基础上形成的，这种能作为共同语基础的方言就叫“基础方言”。

一种方言能成为基础方言，并不是偶然的，毫无缘由的，而是有着深刻的社会文化背景和深厚的历史积淀的，一般不外乎以下三个硬指标，或叫“基本条件”：

①该方言的通行区域在历史上曾经是该民族的政治、经济、文化中心。

②该方言较之其他方言占有更大的通行区域，拥有更多的使用人口。

③该方言有更多的机会出现在该民族的已有文献（包括古文献）里，即该民族的已有文献更多地选用了该方言。

其中第一条是最重要的，因为它决定一种方言在社会中所处的地位。如我们汉民族共同语的基础方言之所以是北方方言，主要是政治原因。因为我国历代的统一政权大都在北方建都，其中“长安话”“洛阳话”都曾一度成为基础方言。北京自1153年金迁都于此以来，除明初较短时期建都金陵（今南京）外，一直是中国的首都，其政治地位相当稳固。而伦敦方言成为英吉利共同语的基础方言则主要是经济原因。18世纪60年代开始的英国工业革命，使首都伦敦迅速成为工业的中心，工业生产对劳动力的需求使伦敦的人口急剧膨胀。操各种方言的人杂居在一个城市中，为了便于交流，只能放弃自己的方言而学习并使用伦敦方言，从而使伦敦方言成为英吉利民族共同语的基础方言。

也有主要是由于文化而成为基础方言的，多斯岗方言成为意大利民族共同语的基础方言便是如此。因为意大利几位杰出的文学家但丁、彼特拉克、薄伽丘等人的许多优秀作品均是用多斯岗方言写成的，人们要欣赏这些作品，就得学习这种方言，从而提高了这种方言的社会地位，使之成为意大利民族共同语的基础方言。

共同语的形成并不意味着共同语的普及，也并不意味着地域方言的消失，这里需要一个过程，即共同语的普及过程，这个过程实际上也是逐渐缩小方言差别，使语言趋于统一的过程。

①共同语对方言的发展施加影响，形成制约，从而吸引方言向自己靠拢。如新中国成立以来，汉语各方言都出现了较为明显的向普通话靠拢的趋势，不少方言色彩较浓的词汇正逐渐被普通话词汇所取代，例如吴方言中的“打棚”已经被“开玩笑”取代，“娘子”已被“爱人”取代，“迭歇”已经被“现在”取代等。

②共同语逐步扩大自己的通行区域，而方言的使用范围将不断缩小。如随着政府的倡导以及社会交际的需要，现代汉语普通话的通行区域日益扩大，方言使用的场合越来越少，尤其是广大的青少年，都会熟练地运用普通话。随着城乡差别的缩小以及农村城镇化建设步伐的加快，普通话在我国会越来越普及。

2. 标准语和国语

在共同语的形成过程中，人们会根据语言的实际情况，在语音、词汇和语法等方面为共同语制定一套明确的标准，供人们学习和运用，这种有了明确标准的民族共同语就叫“民族标准语”，也叫“标准语”。如汉民族共同语——普通话，就有一套标准，那就是“以北京语音为标准音，以北方话为基础方言，以典范的现代白话文著作为语法规范”。普通话是汉民族的标准语。

共同语是就一个社会，或一个民族而言的。在一个多民族的国家里有许多种民族语言，为了维持一个国家内各民族之间的交往，必须有一种共同的语言交际工具，这种在一个国家内各个民族共同使用的语言叫作“国语”。有的国家，只有一种国语，如中国的汉语，俄国的俄语；有的国家则有几种国语，如加拿大有两种国语——英语和法语，瑞士有四种国语——德语、法语、意大利语和罗曼语。

第四节　语言的接触

民族之间各种形式的接触都会引起语言的相互接触。语言成分的借用、双语现象及双言现象、语言的转用、语言的混合等，都是语言相互接触的结果。

一、语言成分的借用

语言成分的借用包括借词以及语音成分和语法成分的借用。

1. 借词

语言成分的借用中最常见的是词语的借用，即借词。借词也叫“外来词”，它指的是音和义都借自外语的词。如汉语中的“沙发、雷达、扑克、克隆”等就是借自英语的词。

借词同所谓的意译词不同，意译词是用本族语言的构词材料去翻译外语中某个词的意义而形成的新词。虽然词的意义是外来的，可词的语音形式和结构方式都是来自本族语言的，如汉语中的“扩音器、收音机、发动机、民主、面包”等均为意译词。

借词同所谓的仿译词也不同，仿译词是用本族语言的语素逐个对译外语原词的语素而形成的词。这种词不但把原词的意义翻译了过来，而且也把原词的结构方式移植了过来，如汉语中的“马力、蜜月、足球、黑板、冰箱”等均为仿译词。

在词语的借用过程中存在着借出去又借回来的现象。最典型的是汉语中的所谓借形词，这些词中的一部分原先是日本人借去意译印欧语系语言的，如“选举、劳动、助教、讲师、教授、道具”等，后来又被大量地借回到汉语中来，当然这些词现在的意义是从日语中引进的，同借出去之前的意义已有了很大的不同。又如汉语中的“大风”被英语借去，音译为“typhoon（粤语发音）”，汉语又从英语中借回该词，半音译半意译为“台风”。

语言中的借词可能是在不同的历史时期、从不同的语言中借入的，因而处于不同的历史层次，可以考察民族交往和语言接触的历史。如在汉代，汉语从伊朗语言中借入了“苜蓿、葡萄、石榴、茉莉”等词，而伊朗语言则从汉语中借入了“桃、杏、茶”等词，从这些栽培植物的名称上可以看出这两个民族早在汉代就曾有过频繁的交往与接触。①

借词在语音、语法上往往要顺应借入语言的结构规则。如汉语的“雷达”音译自英语的“radar”，但为了顺应汉语普通话的音节结构，将原词中的[rei]改为读［lei］。又如汉语的“茶”和“菽”原本没有性和格的变化，借入俄语后，在语法上也像俄语中的其他名词一样有了性和格。

2. 语音成分和语法成分的借用

语音成分的借用主要有两种类型：一种是音位的借用，如侗语中原本没有辅音音位/t/，后来从汉语中借进许多包含轻唇音的词，才有了/t/；另一种是音位组合形式的借用，如裕固语就借入了汉语的十多个复元音，如［ia］［ua］［uai］等。

语法成分的借用主要有三种类型：一种是词缀的借用，如英语的后缀“-able”“-ment”等借自法语；一种是虚词的借用，如瑶语中就借入了汉语的连词“虽然［$se^{33}jwen^{21}$］”和“但是［$taːn^{12}tsei^{231}$］”等；还有一种是语序的借用，如纳西语的动宾结构，原来只有“宾＋动”的语序，受汉语的影响，现在也有了“动＋宾”的语序，壮语的偏正结构，原来只有“中心语＋修饰语”的语序，现在也有了汉语中采取的“修饰语＋中心语”的语序了。

二、双语现象、双语制和双言现象

1. 什么是双语现象、双语制和双言现象

双语现象是指一个社会同时使用两种或多种语言作为交际工具的现象。

双语现象同某些国家所谓的“双语制”并不是一码事，前者指的是社会上实际使用双语的情况，而后者指的是某些国家以法律形式规定的两种或多种语言并用的制度。在一个双语制的国家里，社会的双语程度可能很低，如比利时就是一个双语制国家，有法语和荷兰语（弗拉芒语）两种官方语言，但社会的双语程度很低，北部的人一般只会讲弗拉芒语，南部的人一般只会讲法语；而在一个单语制的国家内，社会的双语程度可能很高，如菲律宾的官方语言只有菲律宾语一种，可境内百姓使用两种语言的现象却十分普遍。

---

① 参见［德］劳费尔：《中国伊朗编》（汉译本），商务印书馆 1964 年版。

双语现象同所谓的“双言现象”很相似，但不是一回事。所谓双言现象指的是某一言语社团使用两种方言或分别使用共同语和方言的社会现象。双言现象在我国很典型，也很普遍。说典型是因为我国境内不少方言同共同语——普通话之间差异很大，大到几乎没法相互交谈，类似于两种不同的语言；说普遍是因为我国有很多人在公共场合或外出时说普通话，而在家里或同本地人交往时说方言。

2. 双语现象的形成原因

（1）使用不同语言的人杂居在一处，在交往需求的作用下容易产生双语现象。如我国不少少数民族同汉族杂居，这使少数民族中的不少成员除了讲本族语之外，还会讲汉语。

（2）外语教育也会促使双语现象的产生。不少人通过外语教学可以在本族语言之外还能学会一种或几种其他民族的语言，从而获得双语能力。当然外语教育只能使人具有双语能力，真正要产生双语行为，从而产生双语现象，还得要有同异族交往的实际需要和机会。

双语现象有对等和不对等的区别。所谓对等的双语现象指的是使用两种不同语言的言语社团均在使用各自的本族语言的同时学习并使用对方的语言，如加拿大的官方语言为英语和法语，同比利时只有法语区的人会说法语不同的是，加拿大英语社团的很多人会说法语，而法语社团的很多人也会说英语。所谓不对等的双语现象指的是使用两种不同语言的言语社团只有一方学习并使用对方的语言，而另一方并不学习、使用对方的语言。如美国旧金山华人社团和英语社团杂居，华人都会说汉语和英语，而英语社团的成员只会说英语，不会说汉语。

三、语言转用

1. 什么是语言转用

语言转用，也叫“语言的融合”，指的是一个民族的全体或部分成员放弃使用本民族语言而转用另一民族语言的现象。

语言转用可以是一个民族全体成员换用另一个民族的语言，如我国的鲜卑族在北魏时期就放弃了本民族的语言——鲜卑语，全体成员转用汉语。语言转用也可以是一个民族的一部分成员换用另一个民族的语言，如新疆的柯尔克孜族仍使用本族语言，而东北的柯尔克孜族除少数老人外均已转用汉语。

2. 语言转用的社会条件

（1）语言转用同民族的融合密切相关。民族的融合有时是出于自愿的融合，伴随着这种自愿的民族融合过程，语言也自然地完成了融合，由一种语言取代另一种语言。如鲜卑族和汉族的融合所带来的汉语对鲜卑语的替换就是如此。民族的融合有时是依赖军事征服而进行的一种强制性的融合，在血雨腥风中被征服的民族往往被迫放弃本民族语言而改用征服者的语言。如5世纪中叶，北欧的安格鲁、撒克逊等日耳曼部族侵入不列颠岛，使用强制手段迫使当地民族放弃凯尔特语而改用安格鲁—撒克逊语（即古英语）。

（2）语言转用的另一个客观条件是，各族人民必须生活在同一地区，形成杂居的局面。如我国的回族人原先分别使用过阿拉伯语、波斯语等语言，后来由于同汉族杂居在一起，便逐渐放弃了自己原本使用的语言而改用汉语。

（3）在语言转用过程中哪一种语言取代别的语言并不取决于语言使用者的政治地位，而取决于语言使用者在经济、文化发展水平和人口数量方面的优势。如我国历史上发生的多次语言转用的现象，均是在汉语的使用者汉民族处于被统治地位时期，而北魏时期的鲜卑族、辽代的契丹族、金代的女真族以及清代的满族都处于统治地位，其结果还是统治者最终放弃了本民族的语言而改用汉语，个中原因首先是汉民族的经济、文化发展水平要高于鲜卑、契丹、女真等民族，其次是汉民族在人口数量上占绝对优势。

3. 语言转用的过程

语言转用的过程并不是通过语言结构由量变到质变的方式来实现的，而是通过单语和双语的交替转换来实现的，即经历了一个从单语到双语，再由双语到新的单语的过程。开始的时候，一个民族在使用本民族语言的同时，逐渐学会了另一个民族的语言而形成双语现象；然后，新学会的语言在交际中逐渐起主要作用，而原来的本民族的语言则渐渐退居次要地位，使用范围也不断缩小；最后，新学会的别的民族的语言彻底取代了本民族的语言，本民族的语言则完全退出交际活动。由此可见，语言转用必然要经过一个双语阶段，没有这个阶段，语言转用就不可能实现。因为只有双语这种形式才能保证在用别的语言来置换本民族语言的过程中不会造成语言使用的中断。

语言转用固然要经过双语阶段，但双语现象并不必然导致语言转用。这其中还有其他的社会因素的影响和制约。所以，一个民族兼用其他民族语言的双语现象可能会长期地、稳定地存在下去，这种情况在世界各国各民族中是屡见不鲜的。

四、语言的混合：“洋泾浜”和克里奥耳语

所谓语言的混合指的是来源于不同语言的成分混合在一起，从而产生一种同这些语言都不相同的新的交际工具的现象。它是语言接触中一种非常特殊的语言现象。语言混合现象主要有两种：洋泾浜和克里奥耳语。

1. 洋泾浜

洋泾浜是两种或两种以上的语言在一定的社会条件下因互相接触而产生的混杂语言。洋泾浜原本是上海外滩的一段，位于洋泾浜（河流名，已填没）和黄浦江汇合处。鸦片战争以后，上海辟为商埠，洋泾浜一带成了外商聚集的地方。当地人在同外国人打交道的过程中学来了一种变了形的外语。它是把英语的词汇按汉语的语法规则组合起来的一种交际工具。外国人根据洋泾浜中"business（买卖）"一词的发音，给这种混杂语言起了个学名叫"pidgin（皮钦语）"。如今，洋泾浜或皮钦语已成了语言学上的一个术语，专指那些与中国洋泾浜英语性质相同、由不同语言混杂而成的交际工具。如亚洲、非洲、拉丁美洲、大洋洲就有许多在英语、法语、葡萄牙语、西班牙语等外来语言的基础上形成的洋泾浜。

洋泾浜具有以下一些特征：

（1）在语音上往往为了适应当地语言的语音系统而有较大的改动。如中国的洋泾浜，往往根据汉语的语音系统对英语词的发音加以改造，例如将"room [ruːm]"读成 [lum]，将"green [griːn]"读成 [kilin]，将"think [θink]"读成 [tinki]，将"proper [propə]"读成 [plopa]。

（2）词汇成分比较贫乏，主要来自外来语言，有时也夹杂一些当地语言的词汇成分。如中国的洋泾浜中词汇成分主要来自英语，且数量极少，有时还夹杂一些汉语的词语，例如以"chin-chin"表示"请"，以"chow-chow"表示"吃"等。

（3）语法则是不同语言的混合，且尽可能简化，形态变化基本消失。如中国的洋泾浜中"两本书"被说成是"two piece book"，"我不能"被说成是"My no can"，"这不是我的事"被说成是"No belong my pidgin"，"你是聪明的"被说成是"You belong clever inside"等。①

（4）洋泾浜一般只用于口头交际，所以只有口语形式而没有书面形式；同时，使用范围狭窄，一般只用于同外国人交往的场合，没有人把它作为母语或第一语言来学习或使用。

洋泾浜发展的前途只有两种：一种是随着社会条件和交际环境的变迁而消亡，如一些第三世界的国家获得独立之后，随着教育的普及以及标准外语的学习和推广，废弃了洋泾浜。如在中国洋泾浜已成为一种历史现象。另一种是进一步发展为一个国家或地区通用的语言交际工具，即克里奥耳语。

---

① 参见陈原：《语言与社会生活》，生活·读书·新知三联书店 1980 年版。

2. 克里奥耳语

“克里奥耳（Créole）”是“混血儿”的意思。克里奥耳语是作为某个社会群体的母语来使用的，是由两种或多种语言混合而成的语言。实际上，克里奥耳语也是一种洋泾浜。所不同的是，洋泾浜只不过是在一定场合下使用的一种特殊语言，没有人把它当作母语来学习和使用，而克里奥耳语则是某一社会的主要交际工具，可以作为母语或第一语言来学习和使用。

洋泾浜一旦在某个社会的全体成员的口头中扎下了根，就有可能转变为克里奥耳语，从而扩大词汇量，完善语法规则，并迅速发展、丰富起来，最后可能变得同其他语言一样完备。它还会有自己的文字系统，有自己的书面语言，并形成自己的文学传统。如巴布亚皮钦语就是从新几内亚的洋泾浜（英）发展而来的克里奥耳语，它已基本定型，有简明的语法规则和音位系统，并有自己的书面语形式，是巴布亚新几内亚的官方语言。

当克里奥耳语和作为它的基础的那种语言并存于一个社会之中时，由于基础语言有较高的社会声望，说克里奥耳语的人就会根据基础语言来调整自己的语言，从而使克里奥耳语同基础语言越来越接近，这种现象被称作“非克里奥耳化”。

第五节　语言的类型

一、世界上的语言

世界上每个民族都有自己的语言。语言学家一般认为，现在全世界有2 700多种语言。但据德国出版的《语言学及语言交际工具问题手册》所述，现在世界上查明的语言有5 651种，其中有1 400种还没有被公认为独立的语言。有的是正在消亡的语言，例如澳大利亚境内的250种语言和北美印第安部落中的170种语言都正在衰亡。世界上还有70%的语言没有文字。语言学家研究过的语言只有500种左右。使用人口超过5 000万的语言只有13种。

从远古开始，不同的人类共同体就有各自的语言。后来，语言随着社会的分化而分化，又随着社会的统一而统一。在氏族时代，语言分化过程占优势；阶级国家出现后，分化过程和统一过程交叉进行。分化、统一交互作用便形成了现在的世界语言的格局。

语言的分化过程，正如前面所言，是指各方言之间，各亲属语言之间差别扩大、语言增多的过程。当社会分化时，一种语言的不同方言会随之分化为独立的语言。例如，12 世纪中叶，由于基辅罗斯的崩溃，破坏了统一的东斯拉夫语言，在不同方言的基础上形成了俄语、乌克兰语和白俄罗斯语。再如，由于罗马帝国的解体，古拉丁语消亡，从 6 世纪到 9 世纪，在民间拉丁语的基础上，法语、意大利语、西班牙语、葡萄牙语等罗曼语族逐步形成。

语言的统一过程则刚好相反，它是各方言、亲属语言之间差别缩小，不同语言相互混合、语种减少的过程。语言随着社会的统一而统一。语言的统一除了不同方言集中为统一的民族共同语之外，还有异族语言的交融。例如，15—16世纪，西班牙、葡萄牙征服中南美洲，西班牙语（在大部分中南美国家使用）和葡萄牙语（在巴西使用）强迫同化了土著的印第安人所说的诸语言，成为这些国家的主要语言。

语言交融的结果总是一种语言胜利，另一种语言失败。胜利的语言保留了自己的语法和基本词汇，并从失败的语言中吸收一些成分，按自己的规律继续发展。例如，公元前 1 世纪到公元 3 世纪，在罗马帝国占领的现在的法兰西境内，民间拉丁语强迫同化了凯尔特语，因此现代法语中还有一些凯尔特语词。11 世纪时，大不列颠岛被法国的诺曼族征服，很长时期内英国贵族讲法语。在整个中古英语时期，英语和法语都在交融。最终，英语取得了胜利，1362 年，英王第一次用英语召开国会，并规定英语为英国统一的语言。

当我们对一些彼此邻近的语言进行分析对比后，常常发现它们在语音、词汇和语法等方面，有许多相似或同源现象。这是它们在历史上有共同渊源或曾经历过语言融合的证明。

二、语言的谱系分类

语言的谱系分类是从发生学角度对语言所作的一种分类。

世界上有几千种语言，但并非有几千种源头。恰恰相反，语言产生的源头是极为有限的，也就是说很多语言都具有某种共同的历史来源。这些具有共同历史来源的语言被学者们比作“亲属语言”，而作为具有亲属关系的语言的共同来源的那个语言被称为“原始基础语”或“原始母语”。

具有亲属关系的语言可以根据其源流关系，比照人类家谱的编写模式建构起一个亲属谱系图式。处于最高端的被称为“语系”，语系往往用某种原始基础语命名，如汉语、藏语、缅甸语等语言均来源于原始汉藏语，这一语系就被命名为“汉藏语系”。语系之下再分出不同的语族，语族之下根据亲缘关系再分出不同的语支，语支之下根据不同的亲缘关系再分出不同的语种。语种处于亲属谱系模式的最低端。以丹麦语为例，它便属于印欧语系、日耳曼语族、斯堪的纳维亚语支（也叫“北日耳曼语支”）的一种小语种。

关于世界上语系的划分有诸多说法，比较流行的是所谓的“九大语系”，这九大语系分别是：汉藏语系、印欧语系、高加索语系、阿尔泰语系、乌拉尔语系、达罗毗荼语系、闪—含语系、南亚语系、马来—波利尼西亚语系。

三、语言的类型分类

语言的类型分类是从采用什么样的语法手段的角度对语言所作的一种分类。

孤立语、粘着语、屈折语和复综语这四个术语代表语言学里形态学分类法中的四种语法结构类型。形态学分类法的分类基础是词的构造。按照词的组成中有无附加成分（尤其是词形变化的附加成分），我们可以把各种语言分成两大类：没有附加成分的语言和有附加成分的语言。前者又被称为“无形态、孤立语”或“词根语”。后者按照附加成分的性质分为“粘着语”和“屈折语”两类。有些语言学家把某些特殊的粘着语从粘着语类型中分出来，称为“复综语”。因为世界的语言数量众多，而且各种语言中词的构造也十分复杂，所以在形态学分类法上提出来的许多方案都是不够完善的，不能完全令人满意。

1. 孤立语

语言学家给孤立语下的定义是不够明确的，大致可以概括为下列两大特点：①没有附加成分，一个词根就是一个词，也可以有几个词根合成的复合词，因此又有“词根语”或“词根—孤立语”的说法。②有附加成分，但是限于构词成分，没有词形变化，也就是说，没有性、数、格、时、体、态等的形式变化，人们通常把这些变化的形式称为“形态”，因此这种语言又被称为“无形态语”。显然，语言学上从来就没有人认真深入研究过什么是孤立语，大家都只是以汉语作为孤立语的代表来说事而已。

除了汉语以外，汉藏语系的许多语言以及语系不明的越南语都被归为孤立语，分布在非洲中西部的苏丹、几内亚一带的诸语言也都属于孤立语。

2. 粘着语

粘着语和屈折语的词都有附加成分。它们的区别在于：屈折语的一个附加成分往往代表多个语法意义，而同一个语法意义往往有好几个附加成分；粘着语的一个附加成分只有一个语法意义，一个语法意义也只有一个附加成分。同时，屈折语的附加成分与词干结合紧密，浑然一体；而粘着语的附加成分与词干结合得不紧密，有些松散游离，就如邮票粘附在信封上一样，粘着语由此而得名。

世界上不少语言都可以列入这一类中，土耳其语是其中最为典型的。如：

例	单数	复数
人	adam	adamlar
人的	adamm	adamlarm
给人	adama	adamlara
屋子	ev	evler
在屋子里	evde	evlerde
由屋子里	evden	evlerden

从这些例子中我们可以归纳出“lar”和“ler”均表复数，两词中“a”和“e”的不同只是元音和谐律的结果，“lar”和“ler”其实是词尾附加成分的不同变体，“m”表领属关系，“a”表与格，“de”表处所，地位格，“den”表由哪里，出发格。这些附加成分可以一个个贴上去，使得词的音节长度不断增强，听上去恰似一串铃音依次响起。

3. *屈折语*

印欧语系诸语言均为屈折语。屈折语是这几种类型中被人类研究得最为充分的一种语言类型。因其使用的语法手段中有“内部屈折”这种语法形式而得名。俄语、法语都是典型的屈折语，如俄语：

格	单数	复数
主格	книг—а	книг—и
所有格	книг—н	книг
与格	книг—е	книг—ам
宾格	книг—у	книг—и
被动格	книг—ом	книг—ами
前置格	книг—е	книг—ах

4. 复综语

也叫多式综合语、编插语。洪堡特等人的语言分类研究中有此一类，其他学者往往把这一类归入粘着语。这类语言的特点是动词可以包含主语、宾语、状语等，几乎是将所有的成分都综合成一个动词，句子和词的界限很难分，一个词就是一个句子。这些成分的结合方式有的像屈折语，而更多的像粘着语。爱斯基摩语、俄罗斯东部西伯利亚北部的古亚细亚语（如楚科特语）、高加索语系诸语言以及大部分美洲印第安部落的语言，都可以归为复综语。如楚科特语：

ты—ата—каа—нмы—ркын
我 肥 鹿 杀 做

其中动词“тынмыркын”（我杀死）中间插入了“它”的定语（形容词）“ата”和宾语（名词）“каа”，因而成为一个综合动词。

除了上述的分类之外，还有依据某种语言常采用的是分析性手段还是综合性手段将语言分为分析性语言和综合性语言两大类的。如汉语就属于典型的分析性语言，俄语、法语就属于典型的综合性语言。

也有依据句子主语（S）、谓语（V）、宾语（O）的排列次序而将语言分为SVO型语言、SOV型语言、VSO型语言等。如汉语、英语、俄语均属于SVO型语言，藏语、日语均属于SOV型语言，阿拉伯语则属于VSO型语言。

第六节 语言规划和语言政策

一、语言规划

前面所讲的各种社会因素对语言的影响，都是客观的和无意识的。而社会对语言的影响也可以是主观的、有意识的，那就是语言规划。所谓“语言规划”，指的是社会对语言文字问题所作出的有组织、有意识的管理、调节和改进。如果语言规划具有法律、法令或政令的形式，那就叫作“语言政策”。

语言规划的主要内容有：官方语言的选择、基础方言的选择、民族共同语的确定和推广、语言的规范化、文字的创制、文字的改革、民族语言政策的制定等。

语言规划的主要特点是：

（1）语言规划是对语言的一种人为干预，实施这种干预的不是个人，而是政府或政府授权的机构。

（2）语言规划同社会的经济生活、政治生活密切相关。如在一个方言分歧严重的社会里确定并推广民族共同语无疑会对社会交际的畅通以及社会经济的发展起积极的促进作用。又如语言政策往往不是单纯的语言问题，它关系到国家的统一和社会的稳定，因语言政策的失当而引发的社会矛盾和冲突并不罕见。

二、官方语言的选择

关于官方语言选择的问题主要发生在那些刚摆脱殖民统治而获得独立的新兴国家。这些国家中，有些沿用原殖民当局的语言作为官方语言，如安哥拉就以葡萄牙语为官方语言；有些则选择本民族的某种语言作为官方语言，如肯尼亚就以斯瓦希里语为官方语言。

官方语言的选择应充分考虑本国或本民族人民的长远利益，应该选用国内多数人使用的语言或者经济、文化发展水平较高的那个民族的语言。如果几种语言的情况相似，也可以姑且同时选择几种语言作为官方语言，待以后时机成熟，再作进一步的选择。而若采用过去殖民当局的语言作为官方语言，虽然暂时操作起来比较便利，但日后必将为此付出沉重的代价：一方面，本国各民族的语言将从此受到排挤和压制，失去获得发展的条件；另一方面，本国各民族被剥夺了通过本民族语言接受教育和处理公共事务的权利，这会给这些国家的教育事业和社会生活造成许多不良的影响，而且还会阻碍民族传统和民族文化的继承和发展，从而导致民族意识的淡化，最终可能丧失民族特性。

三、语言的规范化

随着社会的发展，新事物、新概念层出不穷，新词产生，旧词消亡，语言创新现象不断出现。其中有一些是符合语言发展规律并能被社会公众接受的，也有一些是不符合语言发展规律且不能为社会公众所接受的，对此有必要作出明确的评价和选择，这项工作就叫作“语言的规范化”。准确地说，语言的规范化就是要把那些符合语言发展规律的新成分、新用法固定下来并加以推广，而对那些不符合语言发展规律的新成分、新用法予以否定并加以剔除，从而为民族共同语确定语音、词汇、语法方面的标准，并以此去引导人们的语言使用行为与习惯。

语言的规范化不是一个强制性的过程，而是一个通过倡导、宣传来引导社会公众自觉遵守的过程。这是因为语言是社会的交际工具，一项语言规范能否在全社会推行开来，关键要看社会公众对该规范的接受程度。如果一种新的成分和用法在社会上已经得到普遍的认可和使用，即使从理论上讲似乎不太符合语言的发展规律，也得承认其是一种新的、规范的用法。反过来，一项语言规范如果缺乏必要的社会公众基础，即使是由政府向社会大力推行，也会因得不到人们的普遍认可而导致流产。所以，语言规范化必须遵循“约定俗成”的原则。

语言的规范化也是一个不断更新和调整的过程。语言在发展，语言规范也必须跟上语言发展的步伐。旧的规范一旦被社会公众的语言实践突破，也就失去了规范的作用，这时就得用新的规范去取代旧的规范。一劳永逸、一成不变的规范是不存在的。

四、民族语言政策

所谓“民族语言政策”指的是一个国家实行的有关其内部少数民族语言的政策，也就是如何对待少数民族语言以及如何规定少数民族语言的社会政治地位的政策。民族语言政策的主要内容有：

（1）少数民族语言、文字的法律地位。在处理公共事务时，少数民族语言平等地享有同主体民族语言相同的地位和法律效力，这是正确对待少数民族语言的一个根本问题，也是民族语言政策中最重要的内容。对此，各个国家有不同的做法。有些国家制定了一系列法律和政策，明确少数民族语言同主体民族语言享有同等的法律地位，我国就是如此。

（2）少数民族的语言教育。少数民族的语言教育涉及两个方面：一是少数民族是否有接受本民族语言教育的权利；二是少数民族在各级教育机构中使用哪一种语言来实施教育。在实行民族平等、语言平等的国度里，前者都有保障，而后者实施起来有困难，这主要是因为少数民族往往在文化、科技、教育等方面的发展水平要落后于主体民族，这方面存在着很大的制约。有些国家在少数民族语言教育问题上采取了积极的政策，如我国实行双语政策，一方面保障各少数民族学习本民族语言、文字的权利，另一方面推行全国通用的普通话。

本章建议阅读书目及问题思考

一、建议阅读书目

1. ［德］威廉·冯·洪堡特著，姚小平译：《论人类语言结构的差异及其对人类精神发展的影响》，商务印书馆1997年版。

2. ［英］R. A. 赫德森著，卢德平译：《社会语言学》，华夏出版社1989年版。

3. 肯尼斯·卡兹纳著，林书武译：《世界的语言》，北京出版社1980年版。

4. 李赋宁：《英语史》，商务印书馆1999年版。

5. 徐通锵：《历史语言学》，商务印书馆1991年版。

6. 陈保亚：《语言接触与语言联盟》，语文出版社1996年版。

7. 郭熙：《中国社会语言学》（增订本），浙江大学出版社2004年版。

8. 游汝杰：《汉语方言学导论》，上海教育出版社1992年版。

9. 李宇明：《中国语言规划论》，东北师范大学出版社2006年版。

二、问题思考

1. 关于语言起源的“人创说”主要有哪些说法？
2. 人类语言起源的基本条件有哪些？
3. 地域方言是如何形成的？基础方言的选择有哪些条件？
4. 什么是社会方言？社会方言是如何形成的？
5. 地域方言与社会方言有什么差异？
6. 什么叫双语现象？双语现象与双语制相关吗？
7. 什么叫双言现象？为什么说中国是最典型的双言地区？
8. 语言成分的借用，除了词语的借用外，还存在哪些借用现象？
9. 什么是语言的转用？语言的转用有哪些类型？需具备哪些条件？
10. 什么叫语言的混合？洋泾浜与克里奥耳语有什么本质区别？
11. 什么是语言的谱系分类？按照谱系分类，世界上有哪些主要语系？
12. 中国境内分布有哪些语系的语言？
13. 汉藏语系的语言与印欧语系的语言有哪些主要差异？
14. 粘着语与屈折语有什么差异？
15. 孤立语与屈折语有什么差异？
16. 为什么语言的规范化不是强制性的过程？

第九章

语言和心理

第一节 语言和思维的关系

"思维"和"思想"仅一字之差，两者有关系吗？

思维是人们认识现实世界的过程，思想则是人们对现实世界认识的结果，可见两者不是一码事，但其中的联系也是一目了然的：有了认识的过程，才会有认识的结果，而已有的认识的结果又有助于人们推进更深一层的认识过程。如此周而复始，以至无穷。所以广义的"思维"，既包括认识的过程——思维，也包括认识的结果——思想。

那么，语言与思维有何关系？

语言同广义的"思维"所包括的两个方面都有密切的联系：一方面，语言是完成思维过程的工具，人们是依赖语言去进行思维活动的；另一方面，语言又是储存思维结果的工具，人们正是依赖语言才得以把思维的结果固定下来并传递出去。因此，语言是思维的工具，而且是思维最重要的工具，思维的各个方面都离不开语言。

一、先有思维还是先有语言

先有思维还是先有语言？关于这个问题历来都有争议，众说纷纭，比较有影响力的有以下三种不同的意见：

(1)"思维和语言各自发生说"认为，思维和语言有各自的发展过程，互不相干。这种观点一直可以追溯到古希腊哲学家柏拉图时期。柏拉图认为思维是一种洞察行为，无法用语词说出来。此后有相当一部分的哲学家和语言学家坚持类似的看法，即思维不需要语言，应该将语言排除在抽象的、纯正的思维之外，如英国哲学家霍布斯、贝克莱，德国哲学家杜林，苏联语言学家马尔等。

(2)"语言和思维同时发生说"认为，语言和思维同时发生，而且思维只能在语言的基础上进行，所以如果一定要分出先后，那么应该先有语言后有思维。这种观点可以追溯到古希腊哲学家亚里士多德时期。亚里士多德认为思维只有通过语言才能得以实现并存活下去。后来法国哲学家笛卡尔、德国哲学家赫德尔和语言学家洪堡特等均坚持类似的看法，认为语言和思维是一同发生并同步发展的，语言是思维的工具，思维活动和语言活动是不可分割的统一体。20 世纪初美国行为主义心理学家华生更是进一步指出语言是出声的思维，思维是无声的语言，离开语言就无思维可言。

“语言和思维同时发生说”影响很大，它是 20 世纪 50 年代以后我国哲学界、语言学界和心理学界普遍接受的正统观点。

（3）“思维先于语言发生说”认为，思维先于语言发生，人类早在语言出现以前就已有思维。语言出现以后成了思维的主要工具，但也存在着不需要依赖语言的思维活动。较早提出这种观点的是 17 世纪英国哲学家洛克，他认为心灵本是一块白板，人类有了观念之后才开始对事物命名的。近代美国著名科学家爱因斯坦也认为思维还可以采取语言以外的形式，这种形式甚至先于语言产生。20 世纪 70 年代末国内的生物学家周建人也指出，人们饿了就想吃饭，渴了就想喝水，这用不着语言；人类是先发明了工具，才有了（描述）工具的语言，而并不是先有了（描述）工具的语言，而后再去制造这些工具的。由此可见，思维应该先于语言而存在。

近年来，关于语言与思维产生先后的问题的讨论已从哲学界、语言学界扩展到了自然科学界。自然科学家们更多地采用了科学实验的证明方法充分证明了人的思维在很大程度上必须借助语言来进行，但思维先于语言产生，思维也可以脱离语言而存在。其中最值得关注的是以下三个方面的研究内容：

（1）人类的系统发生学角度的研究，即从整个人类的发展史来探索语言和思维产生的先后顺序。研究表明，最早的人类在距今三百万年前就已经出现了，但是三十万年前到五万年前期间生活着的早期智人还不能发出最简单的元音，因此至少那时人类还没有有声语言。而人类的思维早就存在，因为距今三百万年前的早期人类就已经能从事制造工具这种必须具有相当高的思维水平才能胜任的工作了。可见，人类先有了思维，后有了语言。

（2）人类的个体发生学角度的研究，即从儿童掌握思维和语言的过程来拟测人类发展史上思维、语言的产生过程。研究表明，婴儿从五个月开始就能根据颜色和形状区别物体，而且在没有掌握物体的名称以前，就能将图片上的各种物体按类归放。上述这些行为均离不开抽象思维，可见幼婴早就具备了抽象思维的能力。而儿童开口说话一般要到两岁左右。这说明儿童在获得语言之前已掌握了抽象思维，而且这种思维是不必依赖语言而存在的。

（3）失语症、先天聋哑人的语言、思维状况的研究，即从大脑受到损伤，丧失了语言能力和思维能力的病理现象，以及先天聋哑人的思维状况，来推测语言和思维的产生过程。研究表明，失语症患者已丧失了语言能力，但并未丧失思维能力，他们照样能进行思维活动，只是说不出来话。研究也证明，多数先天性聋哑的儿童，虽未学会手势语和文字，但都能根据“a>b”和“b>c”来完成“a>c”这样的高水平抽象推理。可见，思维活动可以不依赖于语言；思维活动可能先于语言产生。

目前，学界在思维和语言的产生先后问题上的倾向性意见是：一方面，承认语言与思维密不可分，至少语言出现之后，它是人类思维的最主要的工具；另一方面也承认人类的思维可能先于语言产生，人类先有思维，后有语言。

二、语言和思维的对应性问题

1. 思维的类型

要回答语言与思维是否对应的问题，首先我们得把思维划分成不同的类型。思维大致可以分为以下三种类型：

（1）感性思维。也叫“前思维”，有广义、狭义之分：狭义的感性思维只指运用感觉器官感受外界事物的活动，即直观思维，如视觉、听觉、知觉等；广义的感性思维也包括表象思维，即唤起表象并在想象中对表象进行加工改造的活动，如记忆表象、想象表象等。

（2）抽象思维。也叫“理性思维”“逻辑思维”，是以概念、判断和推理等复杂逻辑形式进行的思维活动。其中，概念是反映客观事物一般的本质属性的思维形式，是思维的细胞；判断是确定事物性质或事物间关系的思维形式；推理是由一个或几个已知的判断推导出未知判断，或者由一个或几个前提得出新的结论的思维形式。

（3）发散思维。也叫“新思维”，是随着感性认识和理性认识而产生的综合心理活动，如感情、意志、美感和相关的文化传统意识等。如日本人认为“龟”这个词吉利，代表长寿，所以不少男子的姓名中有这个词；但宋元以来的中国人却忌讳这个词，因为人们常用“龟”这个词来指称妻子有外遇的男人，若现在中国的男人用“龟”作名字肯定会招来别人的嘲笑。这就是不同民族的发散思维的具体表现。此外，文学、音乐、舞蹈、绘画、雕塑等也都是发散思维的表现形式。

2. 语言和思维的对应关系

语言和抽象思维在范围和功能上显然是对应的，而同感性思维和发散思维在范围和功能上就不那么对应了。

语言与抽象思维的相互对应关系应该是很清楚的。因为要表达概念就得使用词语；要作出判断或推理，就得使用单句或复句；至于一些比较复杂的论证，还得借助句组和篇章才行。由此可见，抽象思维是以语言作为工具或在语言材料的基础上进行的思维活动。正因为如此，所以有人干脆把抽象思维叫作“语言思维”。

而感性思维和发散思维则不一定必须借助语言才能进行；即使与语言有关，语言的作用也肯定不像在抽象思维中这么大。感性思维，尤其是直观思维，人以外的某些动物也具备。如黑猩猩能学会大量手势语，老马认识走过的路等，而这些动物是没有语言的，可见直观思维不必依赖语言才能进行。当然，感性思维不必借助语言，所以它只能处于思维的低级阶段，感性思维只有在语言参与之后才可能上升到抽象思维的高级阶段。至于发散思维，虽然可能比抽象思维更难把握，更高了一层，但它与语言的关系则比较疏远，语言非但不是这种思维的工具，而且还成了它所影响的对象，如前面所讲的“龟”这个词所附带的不同的色彩，并不是它本身具有的，而是不同的社会迥然有别的发散思维所赋予的。而像音乐、舞蹈、绘画、雕塑等艺术创作，也都不必依赖语言，但它们又都是人类思维活动的结果。可见发散思维也不必借助语言，语言在发散思维活动中似乎也无所作为，正因为如此，有人干脆把抽象思维以外的思维，特别是感性思维，叫作“非语言思维”；而把文化意识和艺术创作中的思维叫作“形象思维”。

当然，说“语言与抽象思维是对应的，与抽象思维以外的思维是不对应的”，这一观点过于绝对。

一方面，我们应该注意到非抽象思维也并不是完全没有或不需要语言参与的。研究发现，儿童在掌握语言之前所进行的感性思维活动中，往往就有语言的参与。语言不但帮助儿童发展了感性思维阶段的思维，而且在培养儿童形成抽象思维能力的过程中起重要作用。同样，发散思维也绝非不需要语言，无论是人的情感还是文化意识，都必然在一定程度上通过语言文字来表达。虽然文学艺术家在创作作品时主要运用形象思维而非抽象思维，但最终还是不得不用语言文字的手段来表达作品的内涵。

另一方面，我们也应该注意到语言绝不是抽象思维的唯一工具。如现实生活中，常常有抽象思维与语言脱节的现象，如明明有了某种明确的想法，却找不到合适的词语来表达。如果说思维只能在语言的基础上进行，这种现象又为何会发生呢？又如，人类的语言是线性的，而有时候人们却可以瞬间完成非常复杂的思维过程，如果说抽象思维完全是以线性的语言为工具的，那就难以解释上述现象了。可见，人类有时进行极其复杂的思维活动并非仅仅依赖语言。

此外，承认人类使用语言时运用的是抽象思维，并不意味着将思维和语言两者等同起来。它们是两种不同的社会现象，具有不同的功能和范畴。

首先，功能不同。思维和语言都有各自的内容和形式：思维的内容是对客观事物的反映，其形式是概念、判断和推理等；语言的内容是意义，其形式是语言的声音、词、词组、句子等。思维除了语言外，还可能有其他的工具；而语言除了是思维的工具外，还是人类交际的工具。

其次，范畴不同。思维形式同语言形式并非一一对应；语言中的词并不都表示概念，像“关于、似的、了、呢”等虚词就不表任何概念；语言中的单句并非都表判断，像疑问句和祈使句就不表判断；语言中的复句也并不均表推理。

目前学界关于思维和语言在范围和功能上对应问题的倾向性意见是：人类的思维活动有不同的类型，其中抽象思维是必须借助语言进行的思维活动，而感性思维和发散思维则不一定需要语言参与，但语言也在这些思维活动中起作用。语言是抽象思维最重要的工具，但不是唯一的工具。抽象思维与语言有密切关系，但两者功能、范畴均不同，是两种不同的社会现象。

三、语言和思维的地位问题

1. 关于语言决定思维的观点

即认为语言决定思维，有什么样的语言就有什么样的思维。真正提出这个观点的是美国人类学家、语言学家萨丕尔（E. Sapir）和语言学家沃尔夫(B. L. Whorf)。萨丕尔认为，客观世界中的人一般要受到语言的支配；真实的世界在很大程度上是不知不觉地根据人类集团的语言习惯建立起来的。受导师萨丕尔的观点的影响，沃尔夫进一步提出了一整套完整的理论，其核心内容是：对每一个说话者来说，语言是一种背景知识。任何人在使用自己的语言进行思维时都在无意识地运用这种背景知识。这种语言的背景知识是思想的塑造者，是个人心理活动、分析和综合思想材料的依据和基础。现实世界就是通过人们内心的语言系统而组织起来的。萨丕尔和沃尔夫这种语言决定思维的观点就是所谓的“萨丕尔—沃尔夫假说”，也叫作“语言相关论”。

这种观点并非毫无道理，因为语言对思维确实有一定的影响。如不同的民族对相同的事物在语言表达上会存在差异，从中可以反映出不同民族的某种独特的思维方式。例如汉语和英语在亲属称谓上的不同就同两个民族对亲属类系的某些认识不无关系。

2. 关于思维决定语言的观点

这一观点即认为语言对思维有影响，但这种影响不能无限夸大；是思维决定语言，而不是语言决定思维。

语言无法决定思维。理由是：一方面，对人的思维产生影响的因素是多种多样的，有来自语言的，也有来自经济、政治和文化的。总之，人所处的复杂多样的社会环境都会对人的思维能力和思想观点的形成和发展产生影响，而并非只受语言环境的影响。另一方面，并不是所有的思维活动和思维结果均受语言的影响，像发散思维中的思想认识、文化意识等，对其产生重要影响的主要是政治、经济、文化等社会条件，而不是语言。而且大量的事实证明，语言相同，思维不一定相同；而语言不同，也不一定思维就不同。正如“孔繁森们”的世界观同“王宝森们”的世界观永远不会相同，虽然他们说的都是汉语；而“保尔·柯察金们”的思想认识同张海迪们的思想认识又有着太多的一致性，虽然他们使用的分别是俄语和汉语。

思维决定语言。理由是：正是因为人类的思维过程和思维结果是基本一致的，而思维又是决定语言的，所以虽然世界上的不同语言存在着从语音形式到语言符号组织方式的巨大差异，但人们通过翻译，可以超越这些差异所形成的障碍，互相沟通交流。如果是语言决定思维，那么使用不同语言的人就有不同的思维方式和内容，不同的语言之间也就根本无法翻译，无法沟通。当然，我们也不能回避——在个别问题上，不同的语言似乎难以翻译和沟通，但这并不能作为语言决定思维的依据，因为这种现象并不是由语言符号的不同语音形式或组织方式引起的，而恰恰是由于不同语言社团的人们不了解对方的文化传统意识以及独特的思维方式、习惯等使然，只要花些功夫解决了这些问题，真正做到知己知彼，上述难以沟通的语言障碍就会迎刃而解。若真的是由语言的语音形式或组织方式引起的、决定的，那就没辙了，双方将永远无法沟通。

目前，学界在语言和思维的地位及作用问题上的倾向性意见是：在语言和思维的关系中，思维起主导作用，思维决定语言。语言对思维活动有一定影响，但不能无限夸大这种影响，语言不可能决定人的思维方式和思维活动。

第二节 语言能力和语言获得

一、语言能力问题和语言获得问题

1. 什么是语言能力问题

语言能力问题关注的是人为什么会有语言。人和动物都有发音器官和听觉器官，而人有语言，动物则没有语言，其中最根本的原因是人的大脑同动物的大脑不一样。语言能力问题就是要研究人的大脑，探究大脑与语言的关系，从而揭示人类语言的奥秘。

2. 什么是语言获得问题

语言获得问题关注的是人是如何掌握语言的。人类语言十分复杂，语音、语义、语汇、语法都有一大堆规则，而儿童差不多都能在五周岁左右就基本上掌握了这个复杂的系统，其间并没有像他们后来上学后学习“文字”“数学”“物理”等课程时才有的系统教授。可见儿童会说话是一种自然而然的获得过程，甚至是一种创造过程。语言获得问题就是要研究儿童是怎样获得语言的，并由此揭示人类语言的奥秘。

二、大脑的构造和人的语言能力

现代科学研究证明，人的大脑由大约一百亿个神经细胞——神经元组成，还有上百亿条神经纤维按特定的选择模式将这些神经元连接起来，其中，每个神经元只与几个特定的神经元相连。大脑的表面有一层起伏不平的灰色和白色的物质，这些物质就是由神经元和神经纤维构成的，统称为“大脑皮质”。大脑皮质从各个感觉器官接收信息并引发人的各种行为。

人的大脑分左右两个半球，中间由胼胝体——约两百万条神经纤维组成并与脑连通，从而使两个半球能互通信息，其中左半球掌管右半身的动作，右半球掌管左半身的动作。

除大脑外，人还有小脑，位于大脑下面，主要控制人体运动的平衡；还有脑干，位于脑的底部，是脑和脊髓的连接部分，负责内脏功能等各种低级控制。

“人脑的哪些部位同人的语言能力有关？”关于这个问题，19 世纪中叶以来，科学家们经过一系列的科学实验，取得了一批重要的成果。

1. 大脑的单侧化现象研究

“大脑的单侧化”指的是人的大脑的左右两个半球并不是完全对称的，不但有大小的差异，而且有分工的不同：左半球的一定部位掌管语言和抽象思维活动，右半球的一定部位掌管同语言无关的直观动作的思维活动。大量的科学实验证明人类是专门用大脑的左半球来处理语言的。一种最直接的实验是，将一种速效麻醉剂分别注入大脑左、右半球的动脉中，使一侧脑半球暂时停止工作，结果发现，左半球麻醉使人完全丧失语言能力，而右半球麻醉对人的语言能力的影响很小。

2. 大脑左半球的分区研究

大脑左半球的分区，指的是并非大脑左半球掌管语言的功能均相同，而是不同的脑部位分管不同的语言功能，分工明确，各司其职。各种失语症的研究为上述理论提供了大量的实验上的支撑。所谓失语症，指的是因大脑不同部位受到损伤而造成的语言障碍。主要有以下一些类型：

（1）布洛卡失语症。因1861年由法国医生布洛卡最先发现而得名。其症状为：患者脑部左半球前端的一个部位（后称“布洛卡区”）受损伤后，出现了一种语言障碍。患者虽然能听懂别人说的话，可自己基本上不能说话了。

（2）威尔尼克失语症。因1974年德国生理学家威尔尼克首先发现而得名。其症状为：患者由于大脑左半球后部的某个部位（后称“威尔尼克区”）受损伤，出现了一种语言障碍，即能够说出一些词语，但词语之间在意义上没有联系，自然也就构成不了完整的句子，而且也听不懂别人说的话。

（3）失写症。有的患者由于大脑左半球某个部位受损伤，可以正常说话，也能听懂别人说的话，但没法写出过去认识的字。

（4）失读症。有的患者由于大脑左半球某个部位受损伤，能正常说话，也能听懂别人说的话，但没法读懂原本能够读懂的书面材料。

（5）失名症。有的患者由于大脑左半球某个部位受损伤，只会说动词，不会说名词，看到本来知道的东西也叫不出名称。

上述这些失语症均表明人的大脑的左半球的不同部位控制着不同的语言功能。

3. 大脑语言遗传机制的研究

语言遗传机制，也叫“语言获得机制”，指的是人脑左半球不同部位控制的语言功能并不具有相同的生物学基础，其中有一部分是人类先天就具有的本能的知识，是可以遗传的，如语类、层次等最基本的句法原则。这当然是一种假设。最早提出这种假设的就是乔姆斯基，他认为：人的大脑中储存的语言知识应分为两类，一类叫“语言能力知识”或“普遍语法”，是全人类语言所共有的，这种语言能力知识可以通过遗传而获得，每个人出生时大脑的构造就已经赋予了他一定的语言能力；另一类叫“语言运用知识”或“个别语法”，是各民族所特有的，是人出生以后在一定的环境中习得的。这种假设虽然有一定的道理，但这种所谓的“语言遗传机制”很难通过可以直接观察得到的实验结果来证明。现在一般的研究方法是通过观察、比较不同的民族语言来寻找人类语言的普遍的语法原则。经过研究已知的一些普遍原则有：各种语言的句子的基本构造形式一般都是“名词短语＋动词短语”；人们说的话无论长短，均由两部分构成，即“修饰成分＋中心成分”或“中心成分＋补充成分”逐级构成等。

4. 人类大脑语言功能的临界期研究

无论是大脑的单侧化，还是大脑左半球的分区，或是语言的遗传机制，都只是提供一种人类具有语言能力的潜在可能性，而这种潜能日后被一定的语言环境激活从而发挥作用是有一定的时间期限的。这种能将人类的语言潜能激活的时间期限就叫作“语言功能的临界期”。这种临界期出现于什么时候，现在尚不得而知，终止于什么时候，也处于研究之中，现在一般认为临界期会于十二周岁至十三周岁终止，超过这个年龄就很难学会说话了。从理论上讲，人过了十三周岁的青春期，大脑左右半球的功能已经定型，右半球已无法部分地代替功能已经衰退了的左半球进行运作了。1970 年，美国洛杉矶发现一个名叫吉妮的女孩，她在与世隔绝的封闭环境中生活了十三年半，被发现后才开始学说话，人们花了很大的力气教她说话，可结果不太理想，即她已不能像正常人那样自如地运用语言了，虽然词汇方面有较大的进步，但常违反语言规则，且学得很慢。这个事例多少能证明大脑语言功能存在临界期，过了临界期，就很难甚至无法掌握语言了。

5. 人类大脑构造的独特性研究

所谓“人类大脑构造的独特性”体现为单侧化现象、左半球分区、语言遗传机制、语言功能的临界期等，这些都是人类大脑独有的特性。研究表明，猩猩和猴子这样的灵长目高等动物似乎也存在单侧化现象，但其单侧化并不像人类的大脑那样明显，甚至这一特性对它们的叫声和动作行为也未产生较大的影响；某些鸟类的鸣叫似乎也具有遗传的功能，有些鸟类的鸣叫习得也存在临界期等。但动物往往只具备某一方面的特性，它们的脑不像人脑的构造那样具备“独特性”中的全部特性。

三、儿童语言获得的过程和原因

1. 儿童语言获得的过程

儿童语言获得的过程也就是儿童学会说话的过程，大致可以分为以下几个阶段：

（1）非自控阶段。婴儿从出生到六个月左右的阶段属于语言前阶段中的非自控阶段。从发音来看，婴儿出生后就会啼哭，并通过哭声表示不同的要求；接着很快就会发出笑声，表示愉快的情绪。哭声、笑声就是婴儿最早发出的声音，但这些声音并不属于语言。从听音来看，婴儿在这个阶段还不能区别语言和非语言的声音，但可以分辨表示不同情感的声音，而且有关实验证明，婴儿对人类语言的声音天生敏感。

（2）咿呀学语阶段。幼儿六个月后到一岁左右的阶段属于前语言阶段中的咿呀学语阶段。从发音角度来看，这一阶段的幼儿已能发出更多的声音，也开始有一定的语调和节奏，但其发音并不具有意义。从听音来看，这个阶段幼儿对语言的声音更加敏感，已能分辨出人类语言中的一些主要元音和辅音的不同了，同时也能对大人的某些语言性指令作出感知性反应。研究表明，这时期的幼儿听觉已经开始语言化了。

（3）单词阶段。幼儿一岁左右开始进入最初的语言阶段，标志是幼儿可以说出单词。这个阶段幼儿说出来的单词实际上相当于一个句子，所以这个阶段儿童的语言就叫作“综合句语言”或“以词代句语言”。由于只有光秃秃一个单词，所以往往需要结合具体语境去揣摩幼儿所表达的意思。这个阶段幼儿已经产生了最早的语义能力，会通过语词来表示各种具体的、抽象的意义，但还不具有语法能力。

（4）双词阶段。幼儿一岁半到两岁的时候开始进入双词阶段，即幼儿开始构造具有一定句法和语义关系的双词句，而且句尾开始出现统一的语调。所以，这个阶段儿童的语言就叫作“双词句语言”。双词句不但表达的语义内容更加丰富、复杂，而且标志着幼儿产生了最早的语法能力。幼儿已经具备了最初步的组织词语的能力。这是很了不起的一个飞跃。

（5）简单句阶段。幼儿两岁到两岁半的时候就开始进入了简单句阶段。这种简单句由两个或两个以上的实词连接而成，基本上没有虚词。这种语言因其特别简洁，所以被称作“电报句语言”。这个阶段，儿童虽然还没有完全掌握语法系统，但已正确掌握语序、层次等基本的句法结构形式。

（6）复杂句阶段。一般认为幼儿三岁以后就开始进入儿童语言获得的最后一个阶段——复杂句阶段。在这个阶段，幼儿开始能正确使用虚词和各种形态来构造完美无缺的、同成人所使用的句子一样的句子了。除了词汇量不如成人外，这个阶段的儿童语言同成人语言已没有什么根本的不同，所以被称作“成人句语言”。一般认为幼儿到六岁时可以完成这一阶段，语言的获得过程至此结束，从此以后，幼儿就能自如地运用语言进行交际了。

2. 儿童语言获得的原因

儿童能在极短的时间内掌握极为复杂的语言系统，原因何在？这是一个极为诱人的研究课题，许多科学家对此产生了浓厚的兴趣并提出了一种又一种的解释也就在情理之中了。其中比较有影响力的说法主要有以下四种：

（1）“模仿说”：即认为儿童是通过模仿成人语言来掌握语言的。这一说法自然有其依据：一方面，每个做父母的都有过教幼儿说话的经历，而且会使用各种办法调整自己的语言，以便幼儿模仿。另一方面，儿童获得语言必然有一个语言环境，与语言环境完全隔绝的幼儿是不可能获得语言的。但这个说法也存在问题：有的父母经常教幼儿说话，有的父母则很少教，可这些对儿童获得语言的进程并无明显影响；而且在儿童的语言能力还没达到能说某种句子的时候，他们也没法模仿性地说出这种句子，更何况儿童早期语言中的不少句子是大人未曾说过的。

（2）“强化说”：认为儿童获得语言不但要通过模仿，还要通过强化刺激来完成。如夸奖就是一种正强化，纠正就是一种负强化。这种说法来源于苏联心理学家巴甫洛夫的“条件反射”理论与美国语言学家布龙菲尔德和美国心理学家斯金纳等的“刺激反应”理论。应该承认，强化刺激在儿童语言获得过程中确实起过作用，而且许多父母也都做过夸奖和纠正幼儿所说的话的事情。但将儿童的语言获得归结为依赖于强化刺激未免经不起推敲：一来，在儿童的语言能力还没有发展到一定阶段时，正强化和负强化均不起作用；二来，即使没有大人的强化刺激，儿童也照样能获得语言。

（3）“天赋说”：这是一种建立在人的大脑中存在语言遗传机制这样一种假设基础之上的解说。这种说法认为：人的语言知识中有一部分，如语类、层次等最基本的句法原则，是人类先天就有并可以通过遗传获得的，这些语言知识可以通过在后天接触的语言环境中不断加以调整和补充，最后才获得完整的语言知识。而在先天的语言能力和后天的调整补充之中，前者更为关键，也最为重要。这种说法可以解释“模仿说”和“强化说”所没法解释的一些现象。如任何一种语言的句子均是多得不可计量的，而儿童不可能在极有限的时间内通过模仿和强化刺激来掌握一种语言中所有的句子，而这种解说则可以使这个问题迎刃而解：因为儿童具有某种创造或生成句子的能力的遗传机制。现在的问题是，这种语言遗传机制究竟包含了一些什么东西尚不清楚。所以这也只能是一种假设，而非科学的结论。

（4）“认知说”：这种说法是建立在皮亚杰的认知心理学的基础之上的，即认为儿童的语言获得既有遗传机制的作用，又有语言环境的作用。儿童先天遗传的认知能力是使儿童具有了能够获得包括语言在内的各种知识的基础，而儿童后大发展的认知能力，使他们能通过包括语言环境在内的各种环境的多种影响建立新的认知起点，从而不断地获取更多的知识，包括语言知识在内。儿童语言的获得过程，从某种意义上来说，就是儿童先天遗传的认知能力在后天不断得到补充发展的过程。

目前，学界关于儿童语言获得原因的倾向性意见是：①儿童的语言发展肯定具有先天的生物学基础，特别是大脑的语言功能或语言的遗传机制起着决定性的作用；②语言环境是儿童获得语言的必要条件，其中包括模仿和强化刺激这样一些外部因素，这些都具有重要的作用；③儿童认知能力的发展影响儿童的语言获得，其中知识积累的阶段性和智力发展的差异性也都有一定的作用。

第三节 语言与认知活动及民族社会心理

一、语言与认知活动

1. 语言可以帮助人类实现认知过程

人类的认知活动，主要是指抽象的思维活动。语言是思维最重要的工具，人类的抽象思维始终离不开语言，语言可以帮助人类实现认知过程。如平时，我们在思考一些比较复杂的问题时，就会情不自禁地自言自语；我们在表达一个比较复杂的想法时先得打个腹稿，这些都说明人类的认知过程需要依赖语言才能完成。

2. 语言可以储存人类的认知成果

人们在认知活动过程中得到的一些结果，诸如概念、判断和一些复杂的结论等，都需要有一个物质载体将它们储存起来，否则就会丢失。而语言就充当了储存这些认知成果的物质载体：用词语去记录概念，用单句去承载判断，用复句、句组乃至篇章去储存那些复杂的结论。语言可以将科学家那稍纵即逝的灵感记录下来，语言也可以帮助人类对一些复杂的认识加以概括、抽象，语言还可以作为交流思维成果和进一步深入认识事物的基础。没有语言，人类的认知成果就得不到有效保存，人类现如今还可能在黑暗中摸索，在愚昧中蹒跚。

3. 语言可以提高人类的认知能力

人类的认知能力，包括思索问题的能力和得出结果的能力。这些能力并不是一开始就十分发达和完备的，其间经历了一个逐步发展的过程。在这个过程中，语言起着极为重要的作用，人类认知能力的强弱在很大程度上表现为语言能力的强弱。

人类从不具有思维能力到具有最初的思维能力的过程中，必须要有语言的帮助；人类从具有较低层次的思维能力到具有复杂严密的思维能力，也要借助语言；人类所具有的分析、整理原本模糊的认识的能力依然是通过语言的帮助才发展起来的。可见，语言确实可以提高人类的认知能力。

二、语言与民族文化意识

民族文化意识是发散思维最重要的表现形式，它更多的是一种情感、意志、习俗等非语言方面的心理活动。语言同民族文化意识的关系密切，但民族文化意识不一定是以语言作为工具或载体的，而是相互影响、相互关联的，即不同民族的文化意识决定不同语言的某些表现形式，而不同语言的某些表现形式又可以反映不同民族的文化意识。具体说来，语言与民族文化意识的关系主要表现在以下两个方面：

1. 语言是重要的民族标志，可以体现民族的精神

一个民族往往都有自己特定的语言，而一种语言往往也属于一个特定的民族。语言和民族的这种对应关系，包含在民族的诸多特征中，因为语言的这一特征显得最为直观，所以人们常常把语言看作是一个民族的重要的标志，进而又升华为民族精神的象征。

任何一个民族都热爱自己本民族的语言，并且往往将本民族的语言同本民族的尊严联系在一起。明明会说本民族语言却一天到晚说别国语言的人往往会成为人们鄙视或嘲弄的对象，汉民族中的人会给他们起一个雅号——假洋鬼子。而作为一个实力较强民族的首脑在访问一个实力较弱的民族时若能用当地民族的语言向人们致意，则被看作是对该民族最友好的表示之一，任何一个聪明的政治家都不会放弃此举。也正因为语言是民族的重要标志，是民族精神的象征，所以不少入侵者往往通过种种高压手段来消灭被压迫、被侵略民族的语言，试图以此来磨灭人们的民族意志，从而达到同化被压迫、被侵略民族的目的。而其结果往往适得其反，被压迫、被侵略民族的人民反而更加热爱自己民族的语言。人们把为捍卫本民族的语言而进行抗争的行为看作是在为捍卫民族尊严、民族利益而斗争。

2. 语言有鲜明的民族特点，可以反映民族的文化

对同一个事物，各个民族的语言表达方式是不相同的，这种不同既表现在语音上、语义上，也表现在语汇上、语法上，所以不同民族的语言都具有鲜明的民族特点。正因为如此，人们既可以从民族的社会历史和文化背景的角度了解不同语言的特点，也可以通过不同语言的特点研究有关民族的社会历史和文化传统。

通过考察不同民族的社会历史和文化传统来研究不同语言的特点，就形成了文化语言学。文化语言学主要关注不同语言中词语的不同意义和用法，因为不同民族的社会历史和文化传统对语言的影响在词语的意义和用法上表现得最为明显。一种情形是，对于相同的事物，不同的民族要用不同的词语来表示。

如同一条光谱，汉语用“红、橙、黄、绿、青、蓝、紫”七个词来表示，英语则用“red，orange，yellow，green，blue，purple”六个词来表示，还有的语言用五个词或三个词来表示，甚至还有用“暖色”和“冷色”两个词来表示的，这并不意味着不同民族识别颜色的能力不同，而是社会环境或生活需要使然。另一种情形是，有些词语，在甲语言中有，而在乙语言中没有，如汉语中有“馄饨”一词，在中国妇孺皆知，可英语中却没有，所以只得翻译为“dumpling soup（团子汤）”，或干脆音译为“won-ton”；而英语中有“buck（打扑克时用的庄家标志）”“buggy（一匹马拉的轻便马车）”等词，汉语中却没有，这类词叫作“文化局限词语”。还有一种情形是，不同语言中看上去似乎相同的词语，其实际意义和用法却很不相同，这种情况极为普遍，如汉语中的“老鼠”和“耗子”一般指鼠科啮齿类动物，当然也具有“胆小的”“讨厌的”之类的附加色彩；而英语中与“老鼠”“耗子”对应的也有“mouse”和“rat”两个词，前者除表“老鼠”一义外，还表“胆小怕羞的人”“姑娘，女人”“青肿，乌青块”“灰褐色”“缠口结”“小火箭”等义，后者除表“老鼠”一义外，还表“讨厌鬼，可耻的人，叛徒，密探”“破坏罢工的人，工贼”“假发卷”“新学生”“下流女人”等义。这种现象往往需要从民族文化意识的角度来加以解释。

另外，通过分析不同语言的特点来分析、研究不同民族的历史与文化传统，就形成语言文化学或语言民族学。正如 19 世纪德国语言学家雅各·格林（Jacob Grimm）所指出的：“我们的语言也就是我们的历史”；“关于各个民族的情况，有一种比骨殖、工具和墓葬更为生动的证据，这就是他们的语言。”[①] 语言材料往往是研究一个民族的古代历史和文化传统的重要依据，有时候还是唯一的依据。如马克思曾根据雅利安语的不同方言中有驯养动物的共同名称却没有谷物或栽培植物的共同名称这一种语言现象来论证“雅利安人发现和种植谷物后于牲畜的饲养”[②]。又如周秦时代语言中存在大量表染织物的色彩词：如红色的染织物有“绛、绌、纁、绑、绮、缙、绾”七种；红色同他色混合的有“缇、縓、紫、红”四种；青色的有“繱、蓝、缥”三种；青色同他色混合的有“绀、缲、绿、绢、缴、缥”六种；黄色的有“黄、缤”两种；黑色的有“缁、纔”两种。从中可以推知周秦时代我国染织技术的发展水平，同时从所占将近一半的红色染织物可以考见当时的人们偏爱红色的风尚，从而

---

① 参见张永言：《词汇学简论》，华中工学院出版社 1982 年版，第 7 ~ 8 页。

② 参见马克思著，中国科学院历史研究所翻译组译：《摩尔根〈古代社会〉一书摘要》，人民出版社 1965 年版。

可以印证《礼记·檀弓上》“周人尚赤”的记载。①

本章建议阅读书目及问题思考

一、建议阅读书目

1. ［美］爱德华·萨丕尔：《萨丕尔论语言、文化与人格》，商务印书馆 2011 年版。

2. ［苏］A. P. 卢利亚著，卫志强、赵吉生译：《神经语言学》，北京大学出版社 1987 年版。

3. 朱曼殊主编：《心理语言学》，华东师范大学出版社 1990 年版。

4. 王初明编著：《应用心理语言学》，湖南教育出版社 1990 年版。

5. 吴旭东编著：《第二语言习得研究》，上海外语教育出版社 2006 年版。

6. 赵艳芳：《认知语言学概论》，上海外语教育出版社 2001 年版。

二、问题思考

1. 关于先有语言还是先有思维的问题学界有何分歧？
2. 思维有哪些类型？它们同语言分别有何联系？
3. “萨丕尔—沃尔夫假说”指的是什么？如何给予评判？
4. 学界关于儿童语言获得原因的倾向性意见是什么？
5. 简述儿童获得语言的过程。
6. 简述语言在人类认知活动中的作用。
7. 语言和民族文化意识的关系主要表现在哪些方面？

① 参见张永言：《词汇学简论》，华中工学院出版社 1982 年版，第 9 页。

第十章

计算语言学

第一节　计算语言学发展概述

一、计算语言学的诞生

计算语言学（Computational Linguistics）是用计算机研究和处理自然语言的一门新兴边缘学科。出现"计算语言学"这个提法，是自动翻译研究受挫引起的结果。

埃尼阿克①诞生不久后，就有人开始琢磨机器是否能够懂得人类的自然语言。一般认为，自然语言的处理，可以追溯到阿兰·图灵②。他于1950年在《思想》（*Mind*）上发表了一篇名为"计算机器与智能"的论文。在这篇论文中他提出了最重要的"图灵测试"（Turing Test）③，到如今已经60余年了。在这60多年中，学者们走了一些弯路，尤其是在50—70年代，由于对计算机与语言的关系还没有一个清楚的认识，还存在许多蛮干的现象。那时候的学者认为，一台电脑若要进行语言处理，过程和解读密码差不多，因此机器翻译研究的重点集中在查询词典的方法上，并不注重自然语言理解④的研究。而当时冷战环境下，美苏科研成果各有千秋，两国政府都很看重机器翻译（尤其是俄—英双语翻译）带来的价值，因此在句法分析和语义分析上投入巨资。后来学者们发现，这样只能解决一些非常简单的翻译，无法实现大规模真实语料的处理，而且译文的可读性很差，并没有实用价值。

---

① 埃尼阿克（ENIAC），世界上第一台通用电子数字计算机。采用电子管作为元件，以冯·诺依曼的设计方案为蓝本，诞生于美国宾夕法尼亚大学。

② 阿兰·图灵（Alan Turing）（1912—1954），英国著名数学家、逻辑学家、密码学家，被称为"计算机科学之父""人工智能之父"。美国计算机协会（ACM）为纪念其在计算机科学领域的卓越贡献，在1966年专门设立了"图灵奖"。

③ 图灵在这篇论文中提出了一种方法，来验证机器是否有智能：把机器放在人看不见的地方，让机器和人进行交流，如果受试者无法判断与自己交流的是机器还是人，那么就可以说明这个机器有智能了。

④ 自然语言理解（Natural Language Understanding），又叫人机对话（Man-machine Dialog），它研究的目的是让计算机理解和应用人类的语言，懂得这些语言的含义，并且对于人提出的问题，能用自然语言予以解答。

从1954年美国乔治敦大学和IBM公司合作进行的第一次机器翻译实验[①]到1966年ALPAC（语言自动处理咨询委员会）的报告出台为止，十多年的时间里，因为政府投资的导向，很多人在机器翻译这个领域赚取科研经费养家糊口，忽略了机器翻译应该进行的基础研究，如自然语言处理等领域。

所幸真理总会透过乌云显现出它的光芒。美国政府发现，虽然投入巨资，但是机器翻译进展甚缓，于是在1964年由美国科学院成立的ALPAC，对机器翻译的进展情况进行了调查。1966年11月，ALPAC公布了一个题为“语言与机器”的报告（简称“ALPAC报告”），此报告对机器翻译采取了总体上否定的态度。报告认为人类没有理由给予机器翻译大力支持，报告还认为机器翻译遇到的主要障碍是“语义障碍” （Semantic Barriers），这是难以克服的。ALPAC报告造成了全球范围的机器翻译研究的萧条，除了美国，苏联、英国、日本等国的机器翻译研究也在行政支持和经费上遭到重创。不过在ALPAC这份报告中，提到了“计算语言学”这个名词，把计算语言学的研究带上了正途。当时ALPAC报告的主要起草人之一、美国著名语言学家海斯（D. G. Hays）希望学者们接受早期机器翻译译文质量低劣的教训，花更多的精力和时间去研究自然语言计算机处理的基本理论。计算语言学就成了用计算机处理自然语言的基本理论和方法的总称。

实践证明，计算语言学研究并不能不顾计算机的运算能力和架构而直接进行机器翻译，也不能忽略对源语言和目标语言的描写研究。计算语言学研究有它自己的客观规律，不尊重规律就会受到规律的惩罚。

二、计算语言学的发展

ALPAC报告公布以后，机器翻译的研究进入了低潮，计算语言学领域的研究逐渐转向了自然语言理解，因为自然语言理解可以用作专家系统、知识工程、情报检索、办公室自动化的自然语言人机接口，有很大的实用价值。

自然语言理解系统的发展分两代，第一代的自然语言理解系统是建立在对词类和词序分析的基础之上，分析中经常使用统计方法，时间大概是从ALPAC报告公布到1970年；第二代系统则开始引进语义甚至语用和语境的因素，几乎完全抛开了统计技术，时间大概是自1970年以来。

---

① 第一次机器翻译实验的概况：1954年，美国乔治敦大学在IBM公司的协同下，用IBM－701计算机，进行了世界上第一次机器翻译实验。IBM以计算机中的250个词语和6条语法规则为基础，将60个俄语词组翻译成了英语，结果振奋人心。事后有一篇报道提到，这60个词组翻译得很流畅。当时这个程序的指挥官利昂·多斯特尔特（Leon Dostert）表达了他的美好愿景：“在三五年之后，机器翻译将会变得非常成熟。”事实证明，事情远比他想的要复杂。

在这个时期，计算语言学的基础研究有一些重大的进展。美国语言学家乔姆斯基在计算机出现之初就把计算机程序设计语言和自然语言置于相同的平面上，用统一的观点进行研究和解说。他在《自然语言形式分析导论》一文中，从数学的角度对语言提出了新的定义："这个定义既适用于自然语言，又适用于逻辑和计算机程序设计理论中的人造语言。"也就是说，在乔姆斯基的眼中，机器语言所具有的可以进行数学表达的语法特性，我们日常使用的自然语言同样具有。后来在《语法的形式特征》一文中，他单辟章节来论述程序设计语言，并讨论了有关程序设计语言的编译程序问题。他认为这些问题是作为"组成成分结构的语法的形式研究"，从数学的角度提出来，并从计算机科学理论的角度来探讨的。他在另一篇文章《上下文无关语言的代数理论》中提出："我们这里要考虑的是各种生成句子的装置，它们又以各种各样的方式，同自然语言的语法和各种人造语言的语法二者都有着密切的联系。我们将把语言直接地看成在符号的某一有限集合 V 中的符号串的集合，而 V 就叫作该语言的词汇……我们把语法看成是对程序设计语言的详细说明，而把符号看成是程序。"在这里，乔姆斯基把自然语言中的"语言""词汇""语法"等语言学概念进行了高度的抽象，也就是说，通过对自然语言进行一定的描写，就可以把自然语言进行数学化的抽象，从而令其可以像机器语言一样，在计算机中进行运算和表达。

乔姆斯基在他的形式语言理论中定义了 0 型语法、上下文无关语法、上下文有关语法和有限状态语法 4 种类型的形式语法。其中上下文无关语法（短语结构语法），被广泛用于自然语言的处理中，是计算语言学的基础理论之一。但是不久之后，人们就发现，上下文无关语法的分析能力不高，分析时难以区分大量有歧义的句子，上下文无关语法的生成能力又过强，往往会生成大量在规则上正确，但是人们根本不会去说（不符合我们自然语言的语法）的句子。乔姆斯基本人意识到了上下文无关语法的弊端，认识到了它不能充分地描述自然语言，于是他提出了转换语法来克服上下文无关语法的这些缺点，并将之发展为转换生成语法。不过，转换生成语法的分析效率也不高，因此没有在实际的自然语言处理系统中被大量采用。从事自然语言处理的工作者们还是倾向于使用上下文无关语法，因为这种语法结构清晰，易于操作，特别适合进行人工操作（一个没有语言学基础的程序员经过简单的训练就可以比较好地掌握，并且能在机器的帮助下进行快速的标注）。于是这一次，从事自然语言处理的研究者们没有采用乔氏的新观点，而是对他的上下文无关语法进行了改造与升级，提出了各种各样对语言进行描写分析的模型，比如受限语言和ATN①、W－语法②、依尔利算法③、线图分析法④、富田算法⑤等。

语言学家们当然也没闲着，他们也忙着改进上下文无关语法。布列斯南（J. Bresnan）主张建立面向词汇的非转换的语法，她和卡普兰（R. M. Kaplan）一起，于1983年提出了词汇功能语法（Lexical-functional Grammar）。马丁·凯伊（Martin Kay）于1983年提出“合一语法”（Unification Grammar），1985年又提出了“功能合一语法”（Functional Unificational Grammar）。盖兹达（G. Gazdar）等人于1985年提出了“广义短语结构语法”（Generalized Phrase Structure Grammar）。珀拉德（C. Pollard）于1984年在其博士学位论文中提出了“中心词语法”（Head Grammar），1985年又将之发展为“中心词驱动的短语结构语法”（Head-driven Phrase Structure Grammar）。这些语法都采用复杂特征结构来改进短语结构语法，并采用合一运算来改进传统的集合运算，从而有效地克服了上下文无关语法的缺点，保持了上下文无关语法的优点。

冯志伟先生认为：“理论语言学中的层次分析法实质上就是短语结构语法，因此，短语结构语法在计算机分析和生成自然语言时出现的各种问题，在层次分析法中也是同样存在的。”同时，他认为这些为了改进自然语言在计算机中的处理效率而出现的分析方法，“都带着很强的可操作性，具有强烈的方法论色彩，必定会有助于理论语言学中广泛使用的层次分析法的改进和完善”⑥。因此，理论语言学家和自然语言处理专家应当各自发挥所长，经常对话，共同解决上下文无关语法在应用中遇到的各种问题。

这一时期，菲尔墨在语义自动分析方面提出了“格语法”（Case Grammar），建立了句法和语义之间的关系。1974年，Y. A. 威尔克斯提出了“优选语义学”（Preference Semantics），旨在提高英—法机器翻译的译文质量。衫克提出了“概念依存理论”（Concept Dependency Theory），用于英语的自动理解，并取得了很好的效果。

---

① 扩充转移网络，即“Augmented Transition Network”，简称ATN。

② 20世纪60年代后期，查斯特利（Chastellier）把程序设计语言的W－语法引进了自然语言处理中，他证实了英语和法语的转换语法都可以通过W－语法来重写。

③ 依尔利（J. Early）于1969年在《一种有效的上下文无关的分析算法》这篇论文中，把自底向上分析和自顶向下分析结合起来，提高了分析效力。

④ 马丁·凯伊（Martin Kay）在1980年的《句法处理的算法图式和数据结构》一文中，提出了线图分析法（Chart Parsing），为短语结构语法的自动分析流程，提供了一种较好的控制方法。

⑤ 富田（Tomita）于1985年在《一种高效的上下文无关的自然语言剖析算法》一文中，提出了富田算法，这是一种基于上下文无关语法的高效的自然语言剖析算法。

⑥ 冯志伟：《计算语言学基础》，商务印书馆2001年版。

在这一发展时期，计算语言学研究从之前的蛮干走向了真正的科学，并且为以后的进一步发展奠定了基础。

三、大规模真实文本的处理：计算语言学的繁荣

大概从 1989 年开始，基于前一阶段的积累，计算语言学的产品已经能够面向市场处理大规模真实文本，而不再是早期的仅限于某个领域的、处理范围极其狭窄的玩具性的试验品。这个新时期的标志就是，在基于规则的技术中引入了语料库方法，其中包括统计方法、基于实例的方法、通过语料加工手段使语料库转化为语言知识库的方法等。这种建立在大规模真实文本处理基础上的机器翻译，是机器翻译研究史上的一场革命。

其实利用数学统计来解决机器翻译问题的方法早就有人提出来了。1949 年瓦伦·韦弗在他以"翻译"为题的备忘录中即提出了这个方法，但是当时缺乏计算能力极强的计算机和大规模的联机语料库（我们可以把这种计算机看作是云计算能力的一种，而把大规模真实的文本语料看作是大数据的一种），技术上还很不成熟。

但是到了现在，互联网每天都能产生大量的来自自然语言的真实文本，用于制作巨大的联机语料库，于是在 20 世纪 90 年代，基于统计的机器翻译又兴盛起来。这种方法很有用，能够处理大规模的语料，当今世界上的大型软件公司，如谷歌、微软等都是采用这种方法进行自然语言处理的，比如谷歌公司的 Google 翻译器，微软公司的 Cortana 软件都是采用了此方法。

基于统计的机器翻译原理明白易懂。我们可把翻译问题看成是一个噪声信道模型，如下所示：

S→噪声信道→T

也就是说，源语言 S 由于经过了一个噪声信道而发生了扭曲，输出时变成了另外一种语言，即目标语言 T。于是翻译问题就简化成了如何根据观察到的 T，恢复到最可能的 S。从这种观点来看，翻译问题在某种程度上来讲就成了一个概率问题，一种语言中的任何一个句子都有可能是另外一种语言中的某几个句子的译文，只不过这些句子作为译文的可能性大小不同罢了。机器翻译的目标，就是要找出最恰当的、最可能成为译文的句子，也就是说对所有可能的目标语言 T 计算出概率最大的一个作为源语言 S 的译文。一开始，计算语言学专家想通过栈式搜索（Stack Search）的办法来完成。"栈"是一种特殊的线性表，就像手枪中的弹夹。在这种特殊的线性表中，其插入和删除运算都只能在

线性表的一端进行。一端是封闭的，不允许插入和删除数据元素；另一端是敞开的，允许插入和删除数据元素。那么实际上这种运算方式就是把S中的句子做成一个栈列，然后一条条地对应查找，循环完成后，看看哪个句子得分更高，这个句子就会被选作翻译的结果输出。今天这种算法已经几乎不再使用了，这种算法实际上是一种低效重复的暴力算法，非常消耗资源，而且栈式搜索并不能保证得到最优的结果，它会导致错误的翻译，因而只是一种次优化算法。

目前机器翻译领域最常用的模型，是隐马尔科夫模型（Hidden Markov Model，简称HMM）。隐马尔科夫模型是马尔科夫模型的扩展。这实际上是个数学概念，因此我们接下来会用比较通俗的语言去描述它。

我们来看下面三个句子：

①我们曾经去过北京游学。

②我们曾经去游学过北京。

③我们曾经去学北京游过。

任何一个说汉语的人都会感到，①更符合语感，②和③不符合语感，③尤其不符合语言规范。语言是线性的，语法可以说是组词造句的规律，也可以说是对于一种语言中词与词组合的可能性的总结。因此，可以让机器自己总结这种“语法”，也就是说，让机器自己总结出源语言和目标语言中语言片段之间的对应规律。然后，根据机器总结出的这种对应的可能性，去源语言的语料库当中寻找最可能对应的语言片段，然后组合成句子输出。

一个句子是否合理，就看它的可能性大小。用数学语言描述是这样的：假定S表示一个有意义的句子，由一连串的按顺序排列的下位语言单位“W_1，W_2，W_3，…，W_n”构成，对于词来说，这里n就代表了这个句子的词长。想知道S这句话在一种语言中出现的可能性P（S），最为准确的方法当然就是把这个语言中所有的句子记录在案，然后一一比对，看看这句话出现的概率是多少。但是这种方法是不符合实际的，我们不可能把一种语言中古往今来的语言资料全部统计一遍。于是乎，我们引入了一个数学方法，就是把这个公式展开为：

$$P(S) = P(W_1, W_2, W_3, \cdots, W_n)$$

如此把句子出现的概率转化为这些词配合在一起出现的概率，也就是说按照乘法把这个公式完全展开：

$$P(W_1, W_2, W_3, \cdots, W_n) = P(W_1) \cdot P(W_2 \mid W_1) \cdot P(W_3 \mid W_1, W_2) \cdots P(W_n \mid W_1, W_2, \cdots, W_{n-1})$$

其中P（W_1）很好理解，就是W_1出现在句首的概率，P（W_2 | W_1）就

是指已知 W_1 在句首的情况下，W_2 出现的概率；以此类推，我们就可以从左向右算出每个词出现在那个位置上的概率，这个概率是相对于语境和前面出现的词而言的。

但是这又带来一个问题，那就是计算量的复杂。计算 P（W_1）的过程并不复杂，计算第二个词出现的概率的时候要考虑第一个词出现的情况，但是也还不算复杂。当计算第三个词出现的概率时，P（W_3 | W_1，W_2）就已经很难算了，因为它涉及三个词的变量，每个词都得依靠机器去查找语料库中的信息进行对照。我们可以打个比方，就像一个任意一位数只有 9 种可能，一个任意两位数则会有 99 种可能，而一个任意的三位数就会有 999 种可能，也就是说到了三位的时候，算法的复杂度比算一位的时候高了不止一点点，更何况，一个句子往往不止三个词，可见，一个十几个词的句子翻译所需要的运算量是难以想象的。

还好，1906 年有个叫马尔科夫（Andrey Markov）的俄国数学家想了一个偷懒的办法，但是行之有效。他每次遇到这类问题的时候，就假设任意一个词 W_i 出现的概率只同它前面的词 W_{i-1} 有关系。于是，不论一个数列（句子亦然）有多长，当我们计算任一位置上的词 W_i 出现的概率时，只需要考虑两个变量 W_i 和 W_{i-1}，也就是说，只要计算基于 W_{i-1} 成立时 W_i 出现的概率。这种假设在数学上被称为“马尔科夫假设”。于是，P（S）的问题又被大大地化简了：

$$P(S)=P(W_1)\cdot P(W_1|W_2)\cdot P(W_2|W_3)\cdots P(W_i|W_{i-1})\cdots P(W_n|W_{n-1})$$

下面的问题就是怎么估计条件概率 P（W_i | W_{i-1}）。将它展开：

$$P(W_i|W_{i-1})=P(W_i|W_i-nW_i-n+1\cdots W_{i-1})=P(W_i|W_i-(n-1)\cdots W_{i-2}W_{i-1})$$

上述式子当中，有两个量需要我们求，一个是联合概率 P（W_{i-1}，W_i），还有一个是边缘概率 P（W_{i-1}）。联合概率实际上就是指当一个词出现时，另一个词同时出现的概率，就像计算一句话中“我”“是”这两个词同时出现的概率是多少一样。这个计算过程很简单，只要让计算机去语料库里面帮我们数一下这两个词项相邻出现了多少次#（W_{i-1}，W_i）就行了。同样，边缘概率 P（W_{i-1}）的计算过程也很简单，只要让计算机去语料库里数一下 W_{i-1} 这项文本在同样的语料库中共出现了多少次，即求#（W_{i-1}）①。最后分别用这两个频度去除以语料库样本总量，就可以得到一个相对频度。就像我们用抛硬币的实

① #是指语料库的总样本，#（X）是指 X 这个词项在#这个语料库中出现的频度（次数）。

验来估计正反面出现的概率。我们通过统计一个词语出现的相对频度以及两个词语相邻出现的相对频度来估计一种语言中这些语言片段出现的概率，以及词与词之间的统计学联系。根据大数定理（Law of Large Numbers）①，当语料库的规模足够大时，基于对用词规律的经验统计，我们就可以完成对一种语言的语法规则的描写，从而用它来进行翻译和语言识别等工作。实际上，根据这个简单的公式，我们就能够知悉计算语言学的核心内容，这体现了数学和语言学的完美结合，也是大数据时代带给我们语言学研究方面的福利。

以上这个公式就是今天语言处理（包括机器翻译、语音识别等）中常用的一种模型，即二元模型（Bigram Model）。当然，随着计算机技术的发展，也会有更复杂的模型，比如可以假设一个词由前面 N－1 个词决定，对应的模型就会被称为 N 元模型。理论上来说，随着元数的提高，精确度应该会提高。比如当使用二元模型时，“美丽的花朵”这个短语可以被切分为“美丽”“的”“花朵”这三个语言片段，这里“花朵”就和“美丽”有关系，二元模型就不适用了，因此目前比较常用的是三元模型（Triplet Model）。我们举二元模型的例子，是因为它比较容易理解，比较容易推导和运算。但是，并不是提高元数就能解决所有问题，因为有时候上下文的联系并不局限于一句话中的几个词，段落和段落之间也会有起承转合的关系。而且，过分强调提高元数，也是目前计算机的运算能力所不能承受的。从事自然语言处理的工程师们开发了其他方法来解决这类问题。总的来说，处理 N 元模型的时间复杂度与 N 的关系是一个单调增的指数函数，而经过研究发现，N 从 1 到 2，再从 2 到 3 时，模型效率的上升效果显著，但是当 N 从 3 到 4 时，上升效果就不那么显著了。所以，现在一般使用的都是三元模型，只有 Google 公司的罗塞塔翻译和语言搜索系统用的是四元模型，这也是因为 Google 公司有着强大的云服务器可以支撑这些资源耗费巨大的运算。

值得一提的是，在刚开始进行机器翻译的时候，大家都是倾向于基于规则的算法。到了 2005 年，大家经过评估发现，Google 基于统计方法的翻译系统已经全面超过基于规则方法的 Systran 翻译系统②，基于规则方法的最后一个堡垒被推翻了。

作为一个语言科学的研究者，很多时候我们会被偏见蒙住双眼。我们应该

---

① 简单地说，大数定理就是“当试验次数足够多时，事件出现的频率无穷接近于该事件发生的概率”。

② Systran 这个系统目前还在运作，大家可以上网搜索并比较它和 Google 翻译的准确性。不过，应该注意的是，今天的 Systran 也并不是墨守成规地只依赖语言学家写的规则，而是引入了统计方法。

认识一个事实：语言学家在谷歌、微软等公司里的数量越来越少，而他们所从事的工作，也越来越接近于程序员。“在谷歌的机器翻译团队中，这些工程师们都不会说他们翻译出的语言；类似的还有，微软机器翻译部门的统计学家们在茶余饭后的谈资就是说每次一有语言学家离开他们团队，翻译的质量就会变好一点。”① 其实，计算语言学家的工作重点已经不在于为一种翻译系统写程序了，因为这一点已经被专业的程序员和统计学家替代。

实际上，随着语料库的扩展和算法的改进，目前进行自然语言处理的内容更多地被程序员们承担，比如计算两个新闻的相似度，是通过余弦定理来进行的。

第二节　计算语言学的研究范围

在我国现行的教育体系中，有两个子学科可以说是和计算语言学有关的。一个是计算机专业下面开设的自然语言处理方向，一个是语言学专业的计算语言学方向（有些学校称之为“应用语言学专业”，比如北京大学）。这两个专业的课程有着相似之处，两者都强调对于算法的基础知识（各种数学知识）的培养，另外还强调要掌握一些语言学的知识。其实这两个专业的毕业生虽然拿着不同的学位，但是他们的工作有着非常大的相似性，他们在毕业后进入类似于谷歌、百度这样的大公司，同时也承担着几乎相同的工作。因此，语言学本身具有跨学科的基因，而计算语言学是语言学跨学科性的重要体现。它集成了计算机科学、数学、语言学等领域，是一门综合性的科学。

计算语言学的研究范围很广泛。其研究主要分为学术上的研究和应用上的研究。学术上的研究主要是用计算语言学的知识来揭示语言现象，总结语言规律。

学术上的计算语言学研究主要包含以下几个方面：

---

① 引自维克托·迈克—舍恩伯格：《大数据时代：生活、工作与思维的大变革》，浙江人民出版社 2013 年版，第 180 页。

1. 文本切分（Text Segmentation）

文本切分分为两个方面，即词例还原（Tokenization）和句子分离（Sentence Splitting）。前者又叫“切词”，是指把文本中的单词、标点符号、数字、字母、字符切分出来，以便做进一步处理。后者主要是指把文本中的句子分离出来，在很多自然语言处理系统中，句子分离都是极其重要的环节。

2. 词类标注（Part of Speech Tagging）

词类标注是指对于词类标注器（POS Tagger）的设计技术以及兼类词的“消歧”（Disambiguation）方法。目前有基于局部性手写规则的标注器、基于N元语法的词类标注器、基于隐马尔科夫模型的词类标注器、基于机器学习的词类标注器、基于全局性手写规则的词类标注器。

3. 句法剖析（Parsing）

主要研究内容是自动句法剖析的关键技术。句法剖析的深度因自然语言处理的具体要求的不同而不同，有浅层句法剖析（Shallow Parsing）和深层句法剖析（Deep Parsing）之分。①

4. 词义消歧（Word Sense Disambiguation）

主要研究如何在上下文中确定多义词的准确意义。近年来，此方法主要有基于词典的方法、联结主义方法（Connectionist）、统计方法、机器学习方法，相关研究均取得了很大进步。

5. 回指消解（Anaphora Resolution）

主要研究代词的指向性。比如上文交代了一件事，然后下文说“这件事标志着……”，对于计算机来说，理解“这件事”是个大难题。广义上说，回指消解（又称“指代消解”）就是在篇章中确定代词指向哪个名词短语。按照指向，可以分为回指和预指。回指就是代词的先行语在代词前面，预指就是代词的先行语在代词后面。按照指代的类型可以分为六类：人称代词、指示代词、有定描述、省略、部分—整体指代、普通名词短语。这些类别中前四个都是和语言学息息相关的。目前国内外的研究人员主要是偏向语言学领域的，对于不同的语言需要深入了解这种语言的机制，否则很难实现与语言无关的方法和算法。指代消解首先要构造先行候选录，然后再从候选录中作多选一的选择。另一种指代消解的方法是基于语料库的方法。

6. 自然语言生成（Natural Language Generation）

主要研究如何让计算机自动生成人的语言。这个领域和心理学、社会学等

① 比如在处理翻译的时候，“北京大学”宜作为一个词，而在语音识别的处理中，“北京大学”宜分作两个词。进行句法剖析时，不必拘泥于规则。

学科有着极大的联系，因为很多致力于研究自然语言生成的科学家都在力图了解在人们的心智以及计算机中，语言究竟是怎样产生的。自然语言生成可以分为四个问题："宏观规划"（Macroplanning）、"微观规划"（Microplanning）、"表层实现"（Surface Realization）、"物理表达"（Physical Presentation），分别实现了由内而外的四个技术层面。

7. 语音识别（Speech Recognition）

主要研究如何把作为声学信号的声波转换为单词的序列。目前最有效的方法是语音信号统计建模的方法，类似于我们前文提到过的机器翻译方法。

8. 文本—语音合成（Text-to-speech，简称 TTS）

主要研究方向是文本—语音合成的技术。这个技术除了自然语言处理外，还涉及数字信号处埋技术。TTS 系统主要包括自动形态—句法分析、自动语音分析、自动韵律生成，最终达成的结果是从文本中近似地计算语音的声调和时长并生成声波。声波生成目前有两种技术："规则合成技术"（Synthesis）与"毗连合成技术"（Concatenative Synthesis）。

9. 有限状态技术（Finite-state Technology）

主要研究有限状态机（Finite-state Machine，简称 FSM），又称"有限状态自动机"，简称"状态机"，是表示有限个状态以及在这些状态之间的转移和动作等行为的数学模型。[①] 在有些语言中，词类的格变总是由具体的句法环境触发，可以看成是自动状态机。由对自动状态机的研究开发出了正则表达式。

10. 统计方法（Statistical Methods）

主要研究内容是计算语言学中的统计方法。前文已经介绍过，统计方法成为自然语言处理的主流方法。目前有一些统计模型，比如前文介绍过的隐马尔科夫模型和"最大熵模型"（Maximum-entropy Models）。由这些模型产生了一系列算法，比如"韦特比搜索"（Viterbi Search）、"最大熵方程"（Maximum-entropy Equations）等。

11. 机器学习（Machine Learning）

主要研究内容是通过"有指导的训练实例"（Supervised Training Examples）来自动地获取语言资源中蕴含的"决策树"（Decision-tree）和"规则"（Rules）。目前已经开发出了各种算法，比如"基于实例的分类方法"（Instance-based Categorization）、"K—临近分类算法"（K Nearest Neighbour Categorization Algorithm）等。这些机器学习算法可以用来解决目前遇到的一系

① 比如说电灯的开和关两种状态，以及操作这两种状态的按键，就可以看成是简单的自动状态机。

列歧义和自动分析问题，提高自然语言处理的精确性，扩充计算机的语言知识库。

12. 词汇知识的获取（Lexical Knowledge Acquisition）

主要研究使计算机从语料库中和词典中自动获取和总结词汇、语义的方法。通过这些算法能够获取“搭配关系”（Lexical Collocation）、“联想关系”（Lexical Association）等词汇知识，从而建立词汇的“相似度”（Similarity）计算与“叙词表”（Thesaurus）构建的方法。由于现在在自然语言处理的模型中越来越重视词汇研究的方法，词汇知识的自动获取已成为当前计算语言学研究的亮点之一。

13. 测评（Evaluation）

各种模型与算法，总归要有一个评估的机制和方法。在计算语言学技术发展的早期，采用“基于技术的测评”（Technology-based Evaluation）。现在自然语言处理面向大众，开始大规模商用，于是有些就使用“以用户为中心测评”（User-centered Evaluation）。测评技术有很多，各有优缺点，针对不同的自然语言处理系统采用的测评系统也要因地制宜，不能一概而论。

14. 子语言和可控语言（Sublanguages and Controlled Languages）

所谓子语言，就是指在限定领域，比如机器制造行业的说明书中使用的语言。这种语言往往是自发形成的，而且这种语言一般是精准和严格的，因此不存在那些日常语言的歧义问题，可以用另外的方法处理。比如说子语言的机器翻译、文本数据抽取、自然语言生成、自动文摘等等。当然子语言也不是完全可控的，子语言也有溢出严格语法的部分，本研究的另一重点就是把子语言转化为可控语言。

15. 语料库语言学（Corpus Linguistics）

主要研究语料库在自然语言处理中的应用问题。语言学研究需要依靠语料库。目前语料库分为“生语料库”和“熟语料库”，前者指未标注过的语料库，如我们熟知和常用的北京大学 CCL 语料库；后者指标注过词性等的语料库，如教育部提供的“语料库在线”。值得注意的是，不论生语料库还是熟语料库，在计算语言学的研究中都是有用的。标注过的语料库并不是十全十美的，有些是人工标注的，有些是机器标注的，人工标注的语料库往往准确率较高而一致性不高，机器标注的语料库往往一致性较高而准确率不高。

16. 知识本体（Ontology）

主要研究知识本体及其在自然语言处理中的应用。知识本体是对概念体系的明确的、形式化的、可共享的规范。实际上就是由计算机给各种概念下一个定义，并且这个定义是不受限制的、可被其他计算机读取的。知识本体分为四种：第一类是通用知识本体（Common Ontology），比如事物（Entity）、时间（Time）、空间（Space）、数量（Quantity）、行为状态（Action-state）和属性（Attribute）等；第二类是领域知识本体（Domain Ontology），指具体学科的概念定义，比如生物学知识本体；第三类语言知识本体（Language Ontology）是一个词表，它描述了单词和术语之间的概念关系；第四类是形式知识本体（Formal Ontology），它是一个机读的知识本体，是最严格的知识本体。

当然学术上的计算语言学研究也可被用于商业领域，比如机器翻译、TTS等技术已经被广泛地运用到商业当中。我们平时上网的时候，很多推送过来的广告也是基于词汇的聚类推送的。比如当你浏览过一把画着猫的伞，那么系统认为你很可能喜欢画着动物的伞，于是就去“猫”这个词的聚类表中搜出所有带有“可爱”这种色彩义的动物，再加上“伞”这个关键词进行搜索，并将排名最高的几个结果呈现给你。这样的算法，既满足了客户的需求，也使得广告的投放更加精确，广告商的效率得以提高。

第三节　计算语言学的应用领域

目前，人类在这一领域主要研究用计算语言学的知识编制各种算法和程序，为现实生活中的各种商业行为提供必要的语言处理工具。

下面以由暨南大学刘华教授创立的“澜科语言科技中心”为例。“语言科技”将语言学的基础研究、应用开发、社会服务紧密结合起来，利用智能方法进行科学实证的语言学研究和应用开发，涉及语言学、语言教学、心理学、计算机技术、数学等多学科。澜科语言科技中心以自主研发的中文信息处理技术为基础，以语料库、计算语言学、文本内容自动标引为核心，坚持“面向应用，数据导向，计算驱动”的语言学研究理念，致力于大数据时代的语言信息应用，主攻大数据处理、智能汉语教学、汉语移动学习、语言学研究和语言科技产品开发。在智能信息处理方面，中心提供自主创新的信息抽取、信息标引和信息检索技术；拥有自主研发的文本内容标引一体化系统，集成文本分类、主题词标引和自动文摘模块，为新闻门户网站、智能搜索引擎、图书文献情报组织和检索、智能分众传媒提供解决方案。同时，提供社会化计算和舆情监测解决方案。该中心建设了各种大规模语料库，其开发面向汉语教学的字、词、句、篇资源，利用词语计算技术，提供高效、人性化的智能汉语教学和移动学习系统。利用词语聚类、话题识别、文本标引等成果，在分国别、分领域、分话题的汉语教学方面提供有效的计算机支持。同时，研发辅助汉语教学的备课、教材编写、学习词典编撰、作文批改、阅读分级、移动学习等应用系统。该中心还基于各种大规模语料库，利用语料库和计算语言学技术，进行科学实证的语言学研究，特别是语言生活研究、华语研究和词语计算研究。

目前的计算语言学的应用领域主要有以下几个：

1. 机器翻译（Machine Translation）

这个领域主要研究将目标语言还原成源语言。目前的自动翻译，已经实现了从“基于规则”到“基于规则的方法”过渡，从以语言学家写程序为主到以数学家编算法为主，我们一般把这种经验主义的机器翻译系统称为“基于实例的机器翻译”（Example-based Machine Translation）和“统计机器翻译”（Statistical Machine Translation），主要的方法是基于隐马尔科夫模型，前文已经介绍过，此处不再赘述。机器翻译的语料库主要是双语平行语料库，目前通过平行的双语语料库建立机器翻译系统已经非常成熟。2003 年，在美国马里兰州巴尔的摩举办了一项机器翻译比赛，来自德国亚琛大学（Achen University）的一名年轻的博士研究生 F. J. Och 获得了第一名。他使用统计方法，在很短的时间内就构造了阿拉伯语和汉语到英语的若干个机器翻译系统。他说：“只要给我充分的平行语料，那么，对于任何的两种语言，我就可以在几个小时之内给你构造出一个机器翻译系统。”（Give me enough parallel data, and you can have translation system for any two languages in a matter of hours.）过去一个翻译系统的建立需要国家投入巨额资金，以及数百人员耗费几年时间，如今居然仅凭一人之力，借着现成的平行语料库，就能构建可靠高效的翻译系统，真是令人吃惊。

2. 信息检索（Information Retrieval）

主要研究文本的信息检索。信息检索的任务在于，对于用户提出的提问或者命题，给出相关文献的集合，作为检索的结果。当前的趋势是使用语义信息来进行信息检索。其主要技术支撑在于文献处理、提问处理、检索匹配、索引技术。

3. 信息抽取（Information Extraction）

主要研究如何从自由文本中自动地分析出特定的“实体”（Entities）、“关系”（Relation）和“事件”（Events）的方法和技术。目前比较常用的有：“名称的自动抽取”（Extraction of Names）和“事件的自动抽取”（Extraction of Events）。

4. 问答系统（Question Answering）

主要研究如何从大规模真实的联机文本中针对指定的提问找出正确回答的方法和技术，这是文本信息处理的一个新的发展趋向。这个领域为人机对话的商业应用服务，比如苹果公司的 Siri，谷歌公司的 Google Now，微软公司的 Cortana、小冰，他们需要这一类技术支撑。

5. 自动文摘（Text Summarization）

主要研究对单篇或者多篇文本进行自动文摘的方法。自动文摘的过程如下：第一阶段是“主题辨认”（Topic Identification），第二阶段是“主题融合”（Topic Fusion），第三阶段是“文摘生成”（Summary Generation）。由于可以对文本实现自动文摘，因此也可以对文本实现自动缩写。针对不同类型的文本，目前有不同的方法进行文摘，但还不能做到开放性。评价自动文摘系统的好坏主要有两个标准：“压缩比”（Compression Ratio）和“内容保留率”（Retention Ratio，简称 RR）。

6. 术语抽取和自动索引（Term Extraction and Automatic Indexing）

主要研究术语自动处理的技术。术语的自动识别，有助于帮助我们理解和翻译科技文献。术语自动识别技术，方便了学者的知识管理和政府的决策，可以和翻译系统结合起来，使得全球的科技文献流动起来，真正做到科学无国界。

7. 文本数据挖掘（Text Data Mining）

主要研究从大规模真实文本数据中发现或推出新的信息，找出文本数据集合的模型，发现文本数据中隐含的趋势，从文本数据的噪声中分离出有用的信号。因此，电脑通过语义联结，就能发现知识之间的内在联系，建立自己的逻辑体系，并且能够从大数据文本中总结出规律来。可以幽默地说一句，将来电脑只要看看我们写的论文，说不定也会做出科研发现。

8. 自然语言接口（Natural Language Interaction）

主要研究如何把用户使用的口头的自然语言转化为计算机可以处理的形式。

9. 多模态和多媒体系统中的自然语言（Natural Language in Multimodal and Multimedia Systems）

主要研究在多模态系统和多媒体系统中自然语言的作用。比如当你在 KTV 唱歌的时候，若是屏幕上有个帅哥或者靓妹在随着你歌声的起伏以及所表达的感情跳舞，那种互动感真的是极其强烈的。

10. 计算机辅助语言教学中的自然语言处理（Natural Language Processing in Computer-assisted Language Learning）

主要研究在计算机辅助语言教学中使用自然语言处理技术的问题，包括但不限于形态学教学、语法教学、偏误的识别和诊断中的应用。目前比较成熟的外语学习软件有罗塞塔等，用过罗塞塔的人都知道，罗塞塔是需要搭配耳机使用的，而且罗塞塔软件有一个部分就是识别你的发音是否正确，这些都是自然语言处理在计算机辅助教学中的应用。

11. 多语言的在线自然语言处理（Multilingual On-line Natural Language Processing）

随着互联网的发展，越来越多的语言接入了互联网，英语一统互联网的时代已经一去不复返了。比如，有些互动网络游戏在网上的玩家可能来自几十个甚至上百个国家，他们之间的交流不可能依靠机器翻译，而且可能他们输入的语言也是各式各样的。系统需要有自动辨别的能力和手段，同时能够进行跨语言的信息检索，帮助用户更好地理解网上的各种语言。

第四节 计算语言学前瞻

计算语言学的研究目前已经进入了一个崭新的时代。我国著名计算语言学家冯志伟先生认为，当前计算语言学发展有四个特点：一是计算语言学的战略目标是基于语料库的大规模真实文本处理。二是计算语言学越来越多地使用机器自动学习的方法来获取语言知识。三是计算语言学越来越多地使用统计数学方法来分析语言数据。四是计算语言学越来越重视词汇的作用，出现了“词汇主义”（Lexicalism）的倾向。

目前的计算语言学研究，也结合时代的需求，呈现出了新的研究热点。下面试举几个热点和前沿的问题供参考：

一、利用计算语言学对语言演化进行研究

研究语言演化，实际上就是研究人的语言如何诞生与发展。在生物学上有着地球演化模型，利用大型计算机，设置好各项参数，就能够模拟出语言是如何产生的，从而检测各种语言起源假说。这实际上是数学建模的范畴。王士元先生是研究语言演化的专家，他说：“计算模型能够说明某些语言结构是如何出现或变化的……计算模型的一个优点在于，各种假设必须表达明确、机器可

以实现，因而可以进行检查、核实和比较。"[①] 目前计算机能够模拟出词汇的出现、音韵系统的形成、句法的结构性的出现等语言现象，但是对于层级句法是如何出现的这一课题还没有什么好的办法。层级句法大概相当于乔姆斯基所说的"递归性"，即成分依存关系。语言学家还在对各种语言中的成分依存关系进行系统的研究，希望这些研究成果能够帮助计算机模拟出这种层级结构。如果计算机能够模拟出层级结构，就可以进行循环算法，也就是说可以不停地在句子中插入成分，可以生成无限长的、符合句法的句子。歧义的问题也是研究的重点。人类语言的歧义何时出现、是否存在普遍的歧义、如何给歧义做类型学上的分类，这些都是目前尚待解决的问题。通过建模计算研究的最重要的问题是语言丰富的异质性。在计算机中模拟人类的语言时，一开始肯定是假定人数有限、相互说着一样的话，但是随着人口的增加以及迁徙，如何形成具有多样性的语言，这是计算机模型和算法要解决的问题。如果我们能够模拟出这个过程，那么人类很多看上去似乎永远无解的史前问题，便可得到一个可信的回答。

二、将万维网（WWW）升级为语义网（Semantic Web）

目前的因特网，实际上只能被看成是一个数据的合集，这些数据本身并不是"智能"的。计算机专家和语言学家提出，要将无结构的、基于网络的数字信息转化为带有语义结构的知识库，这样的动机是十分契合计算语言学研究的。语言技术如何服务于语义网的建设，对计算语言学家来说是一个很大的挑战。随着大量的只懂一点英语和几乎不懂英语的新网络用户开始上网，网络将经历一个向多语言环境的量化转变。

三、从结构到意义

虽然基于隐马尔科夫模型的算法总体上已经取得了比基于规则的算法更好的处理效果，但是在 21 世纪初，计算语言学家意识到概率模型也存在极限，它无法完美解决小样本、小概率的语言问题，于是如何把规则视为能被统计方法操作的对象，以及如何使二者融合起来，成了值得我们思考的问题。

以上这些前沿问题，并不是计算语言学一个学科就可以解决的。计算语言学的持续发展仍然要根植于从结构到意义的映射以及必需的可复用语言资源的基础建设。实际上，把数字信息转化为结构化知识的问题，是 21 世纪多学科

---

① Huang and Leaders, eds. "Computational Studies of Language Evolution", in *Computational Linguistics and Beyond*, Institute of Linguistics, Academia Sinica, 2004.

重点研究的问题，因为这是关系到 Web 3.0 智能时代的问题。总体来说，计算语言学面对挑战，任重而道远。

本章建议阅读书目及问题思考

一、建议阅读书目

1. 冯志伟：《计算语言学基础》，商务印书馆 2001 年版。

2. 俞士汶、黄居仁主编：《计算语言学前瞻》，商务印书馆 2005 年版。

3. 张政主编：《计算语言学与机器翻译导论》，外语教学与研究出版社 2010 年版。

4. 吴军：《数学之美》，人民邮电出版社 2012 年版。

5. [英] 米特科夫：《牛津计算语言学手册》，外语教学与研究出版社、牛津大学出版社 2012 年版。

二、问题思考

1. 乔姆斯基的“上下文无关语法”有何长处和缺陷？
2. 简述二元模型的工作原理。
3. 计算语言学研究的方面主要有哪些？
4. 计算语言学的主要应用领域有哪些？
5. 目前计算语言学研究主要在哪些国家开展？

附录一：　　　　课程教学大纲

教学目的：

汉语言文学专业有一系列语言学方面的课程，“语言学概论”是其中的总结性课程。它的任务是在开设了“现代汉语”“古代汉语”等课程之后，站在理论的高度阐明语言学的一般理论和概念，使学生可以提纲契领地重新审视之前学过的个别语言学课程，从而对语言学有更深一层的了解和把握。

本课程包括语言学导论，语音，词汇，语义，语法，语用，文字，语言的起源、发展及类型，语言和心理，计算语言学十个部分，每个部分根据学习内容要求再分成若干小节，循序渐进，以便于学生学习和掌握。教学中要讲清楚语言学的基本概念，使学生通过学习能比较系统地掌握语言学的基础知识。

教学安排：

第一章　语言学导论

教学课时：2 周，共 4 课时

教学内容：

第一节　语言学的历史

一、语文学时期的语言研究

二、历史比较语言学：从语文学到语言学

三、索绪尔和结构主义语言学

四、乔姆斯基和转换生成语法学

第二节　语言的性质

一、语言和言语

二、语言是一种符号

三、语言是一个系统

四、语言是人类最重要的交际工具和思维工具

五、语言是一种特殊的社会现象

第三节　语言和语言学

一、语言的两种客观存在形式

二、口语和书面语
三、语言和民族
四、语言和种族
五、语言学的研究对象

第四节　语言学的分支和类别

一、语言学的分支
二、语言学的类别

第五节　“语言学概论”课程设置的意义及目的

一、“语言学概论”课程设置的意义
二、“语言学概念”课程设置的目的

第二章　语　音

教学课时：2 周，共 4 课时
教学内容：

第一节　语音的性质

一、语音是什么
二、语音的物理属性
三、语音的生理属性
四、语音的心理属性
五、语音的社会属性

第二节　语音学和音素

一、什么是语音学
二、音素及其类别
三、音标和国际音标
四、元音的分类及其描写
五、辅音的分类及其描写

第三节　音系学和音位

一、什么是音系学
二、什么是音位
三、归纳音位的原则和方法
四、音位和音位变体
五、音质音位和非音质音位
六、区别性特征和音位聚合

第四节　音位的组合

一、音节及其划分

二、音节的基本结构类型
三、音节结构的分析
四、复元音和复辅音
五、语音流变
第五节　韵律特征
一、什么是韵律特征
二、长短音
三、声调
四、轻重音
五、语调
第三章　词　汇
教学课时：2 周，共 4 课时
教学内容：
第一节　词汇的性质
一、什么是词汇
二、词汇的性质和特点
三、词汇和词汇学
第二节　词汇的类聚系统
一、词和固定短语
二、词的分类
二、固定短语的分类
第三节　词汇的构造形式
一、语素的性质
二、语素的类型
三、词的构造
四、固定短语的构造
五、词语和词组的区别
第四章　语　义
教学课时：2 周，共 4 课时
教学内容：
第一节　语义的内涵及性质
一、什么是语义
二、语义的性质

第二节　语义单位及其分析方法

一、语义单位

二、义素分析法

第三节　词义的聚合

一、单义现象和多义现象

二、同义现象

三、反义现象

四、语义场

第四节　句　义

一、句义的构成

二、句子的语义结构

三、蕴含和预设

四、歧义

第五章　语　法

教学课时：3 周，共 6 课时

教学内容：

第一节　语法的定义、属性及其他

一、什么是语法

二、语法的属性

三、语法同语音、词汇、修辞、语境、逻辑的关系

第二节　语法学的内部切分、种类和语法单位

一、语法学的内部切分

二、语法学的种类

三、语法单位

第三节　语法形式和语法意义

一、语法形式和语法意义的关系

二、语法形式的类别——语法手段

三、语法意义的类别——语法范畴

第四节　语法单位的聚合和组合

一、词和句子在语法结构中的地位

二、词的聚合——词类

三、词的组合——词组

四、句子的聚合——句类

五、句子的组合——句组

第六章 语 用

教学课时：2 周，共 4 课时

教学内容：

第一节 什么是语用

一、语用的内涵

二、语用学中的意义和语境

三、语用学的起源和发展

第二节 指 示

一、指示的内涵

二、指示词语的不同用法

三、指示的分类

第三节 言语行为理论

一、什么是言语行为理论

二、施为句理论

三、言语行为三分模式

四、间接言语行为

第四节 会话含义理论

一、什么是会话含义理论

二、合作原则

三、会话含义

第七章 文 字

教学课时：2 周，共 4 课时

教学内容：

第一节 文字的性质和起源

一、文字的性质

二、文字的起源

三、汉字的起源、构造和发展

第二节 字符类型和文字类型

一、字符及其类型

二、文字类型

第三节 文字的创制和改革

一、文字的创制

二、文字改革

第四节 文字和语言

一、文字和语言的本质区别

二、文字和语言的相互影响

第八章 语言的起源、发展及类型

教学课时：3 周，共 6 课时

教学内容：

第一节 语言的起源

一、关于语言起源的诸种旧学说

二、现代科学关于语言起源的解说

第二节 语言的发展

一、语言发展的动因

二、语言发展的特点

三、语言发展的具体表现

第三节 语言的分化和统一

一、地域方言

二、社会方言

三、共同语、国语和标准语

第四节 语言的接触

一、语言成分的借用

二、双语现象、双语制和双言现象

三、语言转用

四、语言的混合："洋泾浜" 和克里奥耳语

第五节 语言的类型

一、世界上的语言

二、语言的谱系分类

三、语言的类型分类

第六节 语言规划和语言政策

一、语言规划

二、官方语言的选择

三、语言的规范化

四、民族语言政策

第九章 语言和心理

教学课时：1 周，共 2 课时

教学内容：

第一节 语言和思维的关系

一、先有思维还是先有语言

二、语言和思维的对应性问题
三、语言和思维的地位问题
第二节　语言能力和语言获得
一、语言能力问题和语言获得问题
二、大脑的构造和人的语言能力
三、儿童语言获得的过程和原因
第三节　语言与认知活动及民族社会心理
一、语言与认知活动
二、语言与民族文化意识
第十章　计算语言学
教学课时：1 周，共 2 课时
教学内容：
第一节　计算语言学发展概述
一、计算语言学的诞生
二、计算语言学的发展
三、大规模真实文本的处理：计算语言学的繁荣
第二节　计算语言学的研究范围
第三节　计算语言学的应用领域
第四节　计算语言学前瞻
一、利用计算语言学对语言演化进行研究
二、将万维网（WWW）升级为语义网（Semantic Web）
三、从结构到意义

建议阅读书目（按学习内容先后顺序排列）：

1. ［瑞士］费尔迪南·德·索绪尔著，高名凯译：《普通语言学教程》，商务印书馆 1980 年版。

2. 刘润清编著：《西方语言学流派》，外语教学与研究出版社 1995 年版。

3. ［英］R. H. 罗宾斯著，上海外国语学院外国语言文学研究所译：《语言学简史》，安徽教育出版社 1987 年版。

4. ［苏］H. A. 康德拉绍夫著，杨余森译：《语言学说史》，武汉大学出版社 1985 年版。

5. 何九盈：《中国古代语言学史》，广东教育出版社 2000 年版。

6. ［英］罗亨·罗宾斯著，李振麟、胡伟民译：《普通语言学概论》，上海译文出版社 1986 年版。

7. 罗常培、王均编著：《普通语音学纲要》，商务印书馆 1981 年版。

8. ［捷］伊·克拉姆斯基著，李振麟等译：《音位学概论》，上海译文出版社 1993 年版。

9. 戚雨村等编：《语言学引论》，上海外语教育出版社 1985 年版。

10. 张永言：《词汇学简论》，华中工学院出版社 1982 年版。

11. 刘叔新：《汉语描写词汇学》，商务印书馆 1990 年版。

12. 符淮青：《现代汉语词汇》（增订本），北京大学出版社 2004 年版。

13. 曹炜：《现代汉语词汇研究》，北京大学出版社 2004 年版。

14. 周荐：《汉语词汇结构论》，上海辞书出版社 2004 年版。

15. 温端政：《汉语语汇学》，商务印书馆 2005 年版。

16. ［英］杰弗里·N. 利奇著，李瑞华等译：《语义学》，上海外语教育出版社 1987 年版。

17. 徐烈炯：《语义学》，语文出版社 1990 年版。

18. 伍谦光编著：《语义学导论》，湖南教育出版社 1988 年版。

19. 张志毅、张庆云：《词汇语义学》，商务印书馆 2001 年版。

20. 贾彦德：《汉语语义学》，北京大学出版社 1999 年版。

21. 曹炜：《现代汉语词义学》（修订本），暨南大学出版社 2009 年版。

22. 马清华：《文化语义学》，江西人民出版社 2000 年版。

23. ［美］布龙菲尔德著，袁家骅等译：《语言论》，商务印书馆 2004 年版。

24. ［美］霍凯特著，索振羽、叶蜚声译：《现代语言学教程》（上、下），北京大学出版社 1986 年版。

25. 赵元任著，吕叔湘译：《汉语口语语法》，商务印书馆 1979 年版。

26. 朱德熙：《语法讲义》，商务印书馆 1982 年版。

27. 张斌：《汉语语法学》，上海教育出版社 1998 年版。

28. 陆俭明：《现代汉语语法研究教程》（第四版），北京大学出版社 2013 年版。

29. Austin, J. L.. *How to Do Things with Words. 2nd ed.* Oxford University, 1975.

30. Halliday, M. A. K. & Hasan, R.. *Cohesion in English.* Longman, 1976.

31. Grice, P.. *Studies in the Way of Words.* Foreign Language and Research Press, 2002.

32. 何兆熊主编：《新编语用学概要》，上海外语教育出版社 2000 年版。

33. 索振羽编著：《语用学教程》，北京大学出版社 2000 年版。

34. 姜望琪：《当代语用学》，北京大学出版社 2003 年版。

35. 冉永平编著：《语用学：现象与分析》，北京大学出版社 2006 年版。

36. 钱冠连：《汉语文化语用学》，清华大学出版社 1997 年版。

37. 周有光：《比较文字学初探》，语文出版社 1998 年版。

38. 王元鹿：《普通文字学概论》，贵州人民出版社 1996 年版。

39. 裘锡圭：《文字学概要》，商务印书馆 1988 年版。

40. 陈炜湛、唐钰明：《古文字学纲要》中山大学出版社 2009 年版。

41. ［德］威廉·冯·洪堡特著，姚小平译：《论人类语言结构的差异及其对人类精神发展的影响》，商务印书馆 1997 年版。

42. ［英］R. A. 赫德森著，卢德平译：《社会语言学》，华夏出版社 1989 年版。

43. 肯尼斯·卡兹纳著，林书武译：《世界的语言》，北京出版社 1980 年版。

44. 李赋宁：《英语史》，商务印书馆 1999 年版。

45. 徐通锵：《历史语言学》，商务印书馆 1991 年版。

46. 陈保亚：《语言接触与语言联盟》，语文出版社 1996 年版。

47. 郭熙：《中国社会语言学》（增订本），浙江大学出版社 2004 年版。

48. 游汝杰：《汉语方言学导论》，上海教育出版社 1992 年版。

49. 李宇明：《中国语言规划论》，东北师范大学出版社 2006 年版。

50. ［美］爱德华·萨丕尔：《萨丕尔论语言、文化与人格》，商务印书馆 2011 年版。

51. ［苏］A. P. 卢利亚著，卫志强、赵吉生译：《神经语言学》，北京大学出版社 1987 年版。

52. 朱曼殊主编：《心理语言学》，华东师范大学出版社 1990 年版。

53. 王初明编著：《应用心理语言学》，湖南教育出版社 1990 年版。

54. 吴旭东编著：《第二语言习得研究》，上海外语教育出版社 2006 年版。

55. 赵艳芳：《认知语言学概论》，上海外语教育出版社 2001 年版。

56. 冯志伟：《计算语言学基础》，商务印书馆 2001 年版。

57. 俞士汶、黄居仁主编：《计算语言学前瞻》，商务印书馆 2005 年版。

58. 张政主编：《计算语言学与机器翻译导论》，外语教学与研究出版社 2010 年版。

59. 吴军：《数学之美》，人民邮电出版社 2012 年版。

60. ［英］米特科夫：《牛津计算语言学手册》，外语教学与研究出版社、牛津大学出版社 2012 年版。

附录二：　　　课程考试大纲

第一章　语言学导论

一、基本要求

通过本章的学习，了解语言学的历史；理解语言的性质，区分语言和言语，了解语言是一种符号、一个系统，认识语言是人类最重要的交际工具和思维工具，理解语言是一种特殊的社会现象；了解语言的两种客观存在形式，认识口语和书面语的关系，认识语言和民族、语言和种族的关系，明确语言学的研究对象；认识语言学的分支和类别。

二、考核目标和考核要求

第一节　语言学的历史

（一）识记：

1. 语文学；2. 历史比较语言学；3. 结构主义语言学；4. 布拉格学派；5. 哥本哈根学派；6. 美国描写语言学派；7. “发现”程序；8. 转换生成语法学。

（二）领会：

1. 语文学时期三大派系的主要成就；2. 历史比较语言学的基本观点；3. 索绪尔结构主义语言学的主要贡献；4. 结构主义语言学三大后学支脉的代表人物和主要成就；5. 转换生成语法学与结构主义语言学的区别。

（三）思考：

1. 语文学时期语言研究的特点是什么？2. 历史比较语言学的主要建树有哪些？3. 索绪尔《普通语言学教程》在语言学史上具有怎样的意义？4. 乔姆斯基的转换生成语言学具有怎样的创新特点？

第二节　语言的性质

（一）识记：

1. 符号；2. 能指；3. 所指；4. 组合关系；5. 聚合关系。

（二）领会：

1. 语言和言语的区别和联系；2. 任何符号，包括语言符号，都是形式和意义的统一体，符号不同于征候；3. 语言符号具有任意性、强制性和可变性；4. 语言符号有离散特征和线性特征；5. 语言是一个系统；6. 语言系统的各个子系统的系统性是不平衡的；7. 语言系统具有相对的封闭性和自主性；8. 语言系统的层次性；9. 组合关系的含义：10. 聚合关系的含义：11. 组合关系和聚合关系的关系；12. 语言是人类最重要的交际工具；13. 动物“语言”和人类语言的差别；14. 语言是一种特殊的社会现象。

（三）思考：

1. 区分语言和言语有什么意义？2. 为什么说语言是一种符号系统？3. 应该如何理解语言符号的任意性？4. 语言符号的离散特征和线性特征对语言的结构特点有什么重大意义？

第三节　语言和语言学

（一）识记：

1. 口语；2. 书面语。

（二）领会：

1. 言语交际是一个编码和解码的过程；2. 书面语和口语的主要差别和联系；3. 书面语产生的社会意义；4. 语言和民族的关系；5. 语言和种族的关系；6. 语言与各个领域的社会活动都有着密切的联系，在这种情况下，语言学必须明确自己的研究对象，才能成为一门现代意义上的科学。

（三）思考：

1. 什么是语言的客观存在形式？2. 为什么说语言的客观存在形式跟语言学家研究的语言不完全一样？3. 应该如何理解口语是第一性的，书面语是第二性的？4. 为什么说语言虽然是民族的重要标志，但并不是最可靠的标志？5. 为什么不能单凭“相互理解程度”来区分语言和方言？

第四节　语言学的分支和类别

（一）识记：

1. 语言学；2. 语音学；3. 语义学；4. 语法学；5. 语用学；6. 理论语言学；7. 应用语言学。

（二）领会：

1. 语言学的四大分支学科；2. 理论语言学的分类；3. 应用语言学的学科分支。

（三）思考：

1. 为什么尽管语言是客观存在的，可是以语言为研究对象的语言学却存在着不同的理论、学说和观点？2. 语言研究可以有哪些不同的角度？3. 语言学具有哪些子学科？各有什么特点？4. 什么是描写语言学？什么是历史语言学？两者各有什么特点？

第五节　“语言学概论”课程设置的意义及目的（略）

第二章　语　音

一、基本要求

通过本章的学习，理解语音的各种属性；了解语音学、音素、音标等基本概念，了解元音和辅音的分类和描写；认识音系学的研究内容，理解音位学的基本理论，归纳及分析音位的基本原则和方法，了解音位组合和韵律特征的基本形式，提高认识语音现象的能力。

二、考核目标和考核要求

第一节　语音的性质

（一）识记：

1. 语音；2. 声音的四要素；3. 音高；4. 音强；5. 音长；6. 音质；7. 响度；8. 噪音；9. 乐音；10. 基音；11. 陪音；12. 基频；13. 纯音；14. 语音的生理基础；15. 声门下系统；16. 声门系统；17. 声门上系统；18. 齿龈；19. 硬腭；20. 软腭；21. 舌尖；22. 舌叶；23. 舌面；24. 舌根；25. 口音；26. 鼻音；27. 鼻化音；28. 主动的发音器官；29. 被动的发音器官；30. 语音的心理属性；31. 语音的社会属性。

（二）领会：

1. 语音在语言中的作用；2. 语音和一般声音的本质区别；3. 声音的形成；4. 音高与发音体振动频率的关系；5. 音高在语言中的作用；6. 音强与发音体振幅的关系；7. 音强和响度关系密切，但两者不同；8. 音强在语言中的作用；9. 音长在语言中的作用；10. 对语言来说，重要的、能起区别意义作用的是相对的音高、音强和音长；11. 音质不同的原因；12. 音质在语言中的作用；13. 乐音和噪音的区别；14. 基音和陪音的关系；15. 人类发音器官的构造及其功能；16. 语音的心理属性的具体表现；17. 语音具有社会属性的原因；18. 语音的社会属性是其本质属性，地位高于自然属性。

（三）思考：

1. 语音中的不同音质是如何形成的？2. 什么是基音？什么是陪音？什么是纯音？三者有何关系？3. 为什么说语音本质上是一种社会现象？4. 语音的心理属性表现在哪些方面？5. 为什么说社会属性是语音的本质属性？

第二节　语音学和音素

（一）识记：

1. 语音学；2. 音素；3. 元音；4. 辅音；5. 音标；6. 国际音标；7. 国际音标的制定原则；8. 严式标音；9. 宽式标音；10. 舌面元音；11. 舌尖元音；12. 卷舌元音；13. 前元音；14. 后元音；15. 央元音；16. 高元音；17. 低元音；18. 圆唇元音；19. 不圆唇元音；20. 口元音；

21. 鼻化元音；22. 标准元音；23. [i] [y] [e] [ɛ] [æ] [a] [u] [ɣ] [o] [ʌ] [ɒ] [ə] [a] [A] [ɿ] [ʅ] 等元音的发音特征；24. 唇音；25. 唇齿音；26，齿间音；27. 舌尖前音；28. 舌尖后音；29. 舌叶音；30. 舌面前音；31. 舌面中音；32. 舌面后音；33. 小舌音；34. 喉音；35. 塞音；36. 擦音；37. 塞擦音；38. 边音；39. 颤音；40. 闪音；41. 半元音；42. 清音；43. 浊音；44. 送气音；45. 不送气音；46. [P] [Pʰ] [b] [m] [w] [f] [v] [θ] [ð] [t] [tʰ] [d] [ts] [tsʰ] [n] [r] [l] [s] [z] [tʂ] [tʂʰ] [ʂ] [ʐ] [tʃ] [dʒ] [ʃ] [ʒ] [k] [kʰ] [g] [ŋ] [x] [h] 等辅音的发音特征。.

（二）领会：

1. 语音研究的内容和历史；2. 现代语音学的分类；3. 元音和辅音的区别；4. 国际音标的优点；5. 元音音质的不同主要取决于口腔共鸣器的形状；6. 口腔共鸣器的形状取决于舌头活动的位置和唇形的变化；7. 舌头起作用的部位、舌位前后、舌位高低和嘴唇的圆展在元音发音中的作用；8. 舌面元音舌位图；9. 辅音的发音过程可以分为成阻、持阻、除阻三个阶段。

（三）思考：

1. 元音和辅音有什么区别？2. 元音可以有哪些类别？3. 辅音可以有哪些类别？

第三节　音系学和音位

（一）识记：

1. 音系学；2. 布拉格学派；3. 音位；4. 音位变体；5. 音位的自由变体；6. 音位的条件变体；7. 音质音位；8. 非音质音位；9. 区别性特征；10. 音位聚合。

（二）领会：

1. 音位是具有辨义功能的最小语音单位；2. 音位是属于特定的语言或方言的；3. 归纳音位的原则和方法；4. 音位和音位变体的关系；5. 自由变体和条件变体的差异；6. 非音质音位的类别；7. 音质音位和非音质音位的区别；8. 音位可以定义为一组区别性特征的集合；9. 音位的区别性特征通常表现为二项对立；10. 区别性特征与音位的聚合。

（三）思考：

1. 如何理解音位和音素的区别？2. 归纳音位应该遵循哪些原则？3. 为什么说一个音位具有什么样的区别特征是由特定的音位系统决定的？4. 什么是音位的区别性特征？区别性特征有何特点？5. 为什么说音位是属于特定的语言或方言的？6. 什么是非音质音位？非音质音位有哪些？举例说明。

第四节　音位的组合

（一）识记：

1. 音节；2. 肌肉紧张度说；3. 音渡；4. 开音节；5. 闭音节；6. 元辅音分析法；7. 声韵调分析法；8. 声母；9. 韵母；10. 声调；11. 韵头；12. 韵腹；13. 韵尾；14. 四呼；15. 复元音；16. 二合元音；17. 三合元音；18. 前响复元音；19. 后响复元音；20. 中响复元音；21. 复辅音；22. 语流音变；23. 同化；24. 顺同化；25. 逆同化；26. 异化；27. 顺异化；28. 逆异化；29. 弱化；30. 脱落；31. 增音。

（二）领会：

1. “肌肉紧张度说”的内容；2. 音渡在确定音节界限上的作用；3. 语音的社会性对音节划分的影响；4. 音节（以元音为核心的）的基本结构类型；5. 汉语音节的声韵调分析；6. 复元音和几个相连的单元音的区别；7. 复元音的类型；8. 复辅音与几个相连的单辅音的区别；9. 复辅音不同于复元音的特点；10. 常见的语流音变现象。

（三）思考：

1. 音节的划分应该考虑哪些因素？2. 不同语言在音节结构方面的差别主要表现在哪些方面？3. 汉语普通话音节结构有哪些主要特点？4. 元辅音分析法和声韵调分析法有什么区别和联系？5. 什么是复元音？什么是复辅音？两者有何异同？6. 什么叫语流音变？常见的语流音变现象有哪些？

第五节　韵律特征

（一）识记：

1. 韵律特征；2. 长短音；3. 声调语言；4. 非声调语言；5. 调值；6. 绝对音高；7. 相对音高；8. 五度标调法；9. 调类；10. 连续变调；11. 重音；12. 词重音；13. 句重音；14. 固定重音；15. 自由重音；16. 主重音；17. 次重音；18. 轻音；19. 语调；20. 节律重音；21. 强调重音；22. 节拍群。

（二）领会：

1. 韵律特征在不同语音层次上的表现；2. 韵律特征的特点；3. 长短音的作用；4. 调值的特点；5. 调类是根据调值来划分的，但是调类的名称却不一定是由调值决定的；6. 连续变调有的涉及整个调类，有的只涉及个别的词；7. 重音的类型；8. 孤立的单个音节无所谓重音或轻音；9. 轻音的作用；10. 语调的构成同音强、音长、音高等因素有关；11. 语调的高低升降变化虽然是贯穿全句的，但在从最末一个重读音节算起的句终部分最为明显；12. 语调高低的两种情况。

（三）思考：

1．什么是韵律特征？它有哪些特点？2．音节的音高变化在声调语言和非声调语言中的作用有什么不同？3．简述汉语与英语在音节上的不同特点。4．声调语言与非声调语言在语调音高形式上的明显差异是什么？5．为什么说重音和轻音通常都是由音强、音高、音长、音质等多方面的因素综合在一起来表现的，而不是仅仅同音强的增加或减弱有关？6．为什么自由重音可以有区别意义的作用，而固定重音却没有这种作用？7．语调的构成和哪些因素有关？8．节律重音和强调重音有哪些区别？

第三章　词　汇

一、基本要求

了解词汇的性质和特点，明确词和固定短语的分类，了解词的构造形式及固定短语的结构特点；掌握词汇的范围、类别和构造等知识，具有辨识词语类别形式和构造形式的能力，能正确地使用汉语和所学外语的词语。

二、考核目标和考核要求

第一节　词汇的性质

（一）识记：

1．词汇的定义；2．词汇的性质；3．词汇的特点；4．词汇学的内涵。

（二）领会：

1．词汇是一个集合概念；2．词汇的音义关系既具有任意性又具有理据性；3．词汇对客观事物概念的反映既具有普遍性又具有民族性；4．词汇在发展变化中既具有活跃性又具有稳定性；5．词汇也是语言结构系统的要素。

（三）思考：

1．为什么说词汇既具有任意性又具有理据性？2．为什么说词汇既具有普遍性又具有民族性？3．为什么说词汇既具有活跃性又具有稳定性？4．语音、词汇、语法作为语言结构系统的三要素是怎么回事？5．语音、语义、语法作为语言结构系统的三要素又是怎么回事？6．为什么可以把语音、词汇、语义、语法均看作语言结构系统的要素？7．词汇学的范围和内容是什么？

第二节　词汇的类聚系统

（一）识记：

1．单纯词和单音节词、联绵词、叠音词等；2．合成词；3．同音词；4．同形词；5．基本词汇和非基本词汇（一般词汇）；6．常用词汇和非常用词汇；7．通用词汇和专用词汇（非通用词汇）；8．专有名称；9．成语；10．惯用语；11．谚语；12．歇后语；13．缩略语；14．新造词；15．古语词；16．方言词；17．外来词；18．科技术语；19．行业用语。

（二）领会：

1. 单纯词、合成词与单音节词、多音节词的关系；2. 同音词和同形词的关系；3. 基本词汇的特点和主要类别；4. 非基本词汇（一般词汇）的特点和主要类别；5. 怎样区别常用词汇和非常用词汇；6. 怎样区别通用词汇和专用词汇；7. 新造词的定义和分类；8. 古语词的定义和分类；9. 方言词的定义和分类；10. 外来词的定义和分类；11. 科技术语的特点；12. 行业用语的特点；13. 专有名称的特点和分类；14. 惯用语的特点和分类；15. 谚语的特点和分类；16. 成语的特点和分类；17. 歇后语的特点和分类；18. 缩略语的特点和分类。

（三）思考：

1. 词和固定短语有哪些异同？2. 单纯词可以分为哪些类别？3. 基本词汇具有哪些特点？4. 非基本词汇可以分为哪些类别？5. 同音词产生的原因是什么？6. 常用词汇和基本词汇是什么关系？7. 通用词汇和基本词汇是什么关系？8. 通用词汇和常用词汇是什么关系？9. 外来词可以分为哪些类型？10. 外来词的汉化有哪些具体表现？举例说明。11. 科技术语和行业用语有什么异同？12. 成语和惯用语有什么异同？13. 缩略语可以分为哪些类别？14. 歇后语可以分为哪些类别？

第三节　词汇的构造形式

（一）识记：

1. 语素；2. 自由语素；3. 不自由语素；4. 成词语素；5. 不成词语素；6. 定位语素；7. 不定位语素；8. 词根语素；9. 词缀语素；10. 词尾语素；11. 直接成词；12. 转化成词；13. 变性成词；14. 变形成词；15. 复合构词；16. 附加构词；17. 重叠构词；18. 语法构词；19. 离合词；20. 词组词。

（二）领会：

1. 语素是最小的语言单位；2. 语素是音义结合体；3. 汉语语素同外语语素的差异；4. 自由语素、不定位语素、词根语素等之间的交叉关系；5. 不自由语素、定位语素和词缀语素等之间的交叉关系；6. 变形成词的类别；7. 变性成词的类别；8. 复合词的类别；9. 派生词的类别；10. 重叠词的类型；11. 语素义的组合；12. 语素的组合；13. 复杂合成词的结构层次；14. 狭义的构形和广义的构形；15. 固定短语的意义特点和结构特点；16. 词语和词组的区别。

（三）思考：

1. 语素与音节、字符是什么关系？2. 语素可以有哪些类型？3. 语素与词如何区分？4. 词根语素有哪些形式和作用？5. 重叠词与叠音词如何区别？6. 重叠词与构形中的重叠形式如何区别？7. 词缀语素有哪些形式？8. 词尾语素有哪些形式？9. 词和词组如何区分？

第四章　语　义

一、基本要求

通过本章的学习，理解语义的性质；了解词义的构成和结构，掌握义素分析法；了解单义、多义、同义、反义等词义聚合的特点，理解语义场的性质和特点；了解句义的构成和结构，了解并能够分析句义间的蕴含、预设关系，了解并能够分析各类歧义的形成原因。

二、考核目标和考核要求

第一节　语义的内涵及性质

（一）识记：

1. 语义；2. 词汇意义；3. 语法意义；4. 理性意义；5. 非理性意义；6. 语言意义；7. 语境意义。

（二）领会：

1. 语义的概括性是语义最本质的属性；2. 语义的模糊性的内涵及表现；3. 语义民族性的内涵及表现；4. 语言意义和语境意义的差异。

（三）思考：

1. 理性意义同非理性意义有何差异？2. 语言意义同语境意义有何差异？3. 什么是语义的模糊性？语义为什么会有模糊性？4. 语义的民族性有哪些具体的表现？

第二节　语义单位及其分析方法

（一）识记：

1. 义素；2. 义位；3. 义项；4. 词的理性意义；5. 词的非理性意义；6. 词的通俗意义；7. 词的科学意义；8. 感情色彩；9. 语体色彩；10. 形象色彩；11. 义素分析法；12. 语义特征分析法；13. 义丛；14. 义句；15. 言语作品义。

（二）领会：

1. 词的理性意义的构成；2. 词的非理性意义的构成；3. 感情色彩的含义及主要类型；4. 语体色彩的含义及主要类型；5. 形象色彩的含义；6. 义位既包括词的理性意义，也包括附着在理性意义之上的非理性意义；7. 义位的概括性；8. 义素是理论分析的结果；9. 义素分析的基本方法是对比法；10. 义素分析的步骤；11. 义素分析的要求；12. 义素分析的作用；13. 义素分析存在的问题。

（三）思考：

1．词的通俗意义和科学意义有什么不同？2．义位与义项有何异同？3．义素有对应的语音形式吗？4．义素分析有什么作用？5．义素分析有什么局限？6．义素分析法和语义特征分析法有什么联系和区别？

第三节　词义的聚合

（一）识记：

1．单义词；2．多义词；3．本义；4 派生义；5．基本义；6．引申式派生；7．修辞式派生；8．比喻式派生；9．同义现象；10．同义词；11．等义词；12．近义词；13．反义现象；14．反义词；15．绝对反义词；16．相对反义词；17．语义场；18．上义词；19．下义词。

（二）领会：

1．本义和基本义的关系；2．派生义的产生途径；3．多义词在交际中会呈现单义性；4．借代义和比喻义的区别；5．同义词的类型；6．一个多义词可能在不同的义项上和不同的词构成同义关系；7．反义词的基本特点；8．反义词的类型；9．一个多义词可以在不同义项上和几个不同的词互为反义词；10．反义词的作用；11．上下义词和语义场的关系；12．语义场的特点。

（三）思考：

1．词为什么会由单义发展为多义？2．应该如何理解“同义词”的含义？3．为什么等义词在语言中大多不能长期并存？4．近义词之间的差别主要体现在哪些方面？5．应该如何理解“反义词”的含义？6．应如何看待语义场的系统性？7．语义场研究有哪些意义？8．什么是上下义词？什么是类义词？它们有何不同？

第四节　句　义

（一）识记：

1．句义的构成；2．关系意义；3．语法关系意义；4．语义关系意义；5．语气意义；6．述谓结构；7．变元；8．语义角色；9．语义指向；10．蕴含；11．预设；12．歧义。

（二）领会：

1．关系意义和词汇意义的区别；2．语法关系意义和语义关系意义的区别；3．语气意义的内容及其表达形式；4．述谓结构的构成；5．常见的语义角色；6．述谓结构的类型；7．简单述谓结构和复合述谓结构的区别；8．从属述谓结构和降级述谓结构的区别；9．语义指向和句法结构关系；10．蕴含一般都发生在有上下义关系或整体和局部关系的句义之间；11．语义学研究的蕴含关系是指就话语本身所表达的意义而言的蕴含关系；12．预设具有不被否定的特点；13. 歧义以语言符号序列的同形为前提条件；14. 影响歧义难度的因素；15. 歧义的类型。

（三）思考：

1. 为什么说语法关系意义是句义的重要组成部分？2. 为什么说语义关系意义是句义的重要组成部分？3. 为什么说语气意义是句义的重要组成部分？4. 为什么说在述谓结构中谓词是处于支配地位的核心成分？5. 什么是预设？预设具有怎样的特点？6. 为什么一个具体句子的意义可以看作一组命题？7. 歧义与语义模糊有什么区别？8. 歧义与语义笼统的有什么区别？

第五章　语　法

一、基本要求

了解语法的性质和特点，了解语法研究的内容、语法现象的分类和语法成分的单位，了解语法形式与语法意义的关系，基本掌握语法形式的主要手段和语法意义的主要范畴，基本掌握语法单位的聚合规则与组合规则，特别是词类、词组、句类、句组等知识，初步具有观察、辨识和分析语法现象的能力。

二、考核目标和考核要求

第一节　语法的定义、属性及其他

（一）识记：

1. 传统语法观；2. 结构主义语法观；3. 语法的多种含义。

（二）领会：

1. 语法的高度抽象性；2. 语法的系统性；3. 语法的稳定性；4. 语法的递归性；5. 语法同语音、词汇、修辞、语境、逻辑的关系。

（三）思考：

1. 为什么说语法具有高度的抽象性？2. 为什么说语法具有严密的系统性？3. 为什么说语法具有相对的稳定性？4. 为什么说语法具有强大的递归性？

第二节　语法学的内部切分、种类和语法单位

（一）识记：

1. 词法（形态学）和句法（造句法）；2. 组合规则和聚合规则；3. 核心语法（小语法）和外围语法（大语法）；4. 历时语法和共时语法；5. 教学语法和面向信息处理的语法；6. 普遍语法和个别语法；7. 语法单位。

（二）领会：

1. 词法规则与句法规则的区别；2. 组合规则与聚合规则的关系；3. 核心语法与外围语法的区别；4. 历时语法与共时语法的区别；5. 教学语法与面向信息处理的语法的区别；6. 普遍语法与个别语法的区别；7. 语法单位之间的组成关系；8. 语法单位之间的形成关系。

（三）思考：

1. 如何理解语法的多解性？2. 汉语语法与西方诸语言语法相比具有怎样的特点？3. 历时语法与共时语法有怎样的联系与区别？4. 如何理解普遍语法与个别语法的联系与区别？5. 如何理解各种语法单位之间的关系？

第三节　语法形式与语法意义

（一）识记：

1. 语法形式；2. 语法意义；3. 语法手段；4. 语法范畴；5. 词法手段；6. 附加；7. 异根；8. 屈折；9. 零形式；10. 重叠；11. 句法手段；12. 虚词；13. 语序；14. 语调；15. 语类选择；16. 词法范畴；17. 体词性范畴；18. 谓词性范畴；19. 句法范畴；20. 类别范畴；21. 关系范畴；22. 性范畴；23. 数范畴；24. 格范畴；25. 有定范畴和无定范畴；26. 时范畴；27. 体范畴；28. 态范畴；29. 人称范畴；30. 综合性手段和分析性手段。

（二）领会：

1. 语法形式和语法意义的关系；2. 语法形式和语法手段的关系；3. 词法手段和综合性手段的关系；4. 句法手段和分析性手段的关系；5. 内部屈折和外部屈折的区别；6. 附加和虚词的差异；7. 重叠和零形式的差异；8. 语序的类别；9. 语类选择的作用；10. 语法意义和语法范畴的关系；11. 体词性范畴的成员；12. 谓词性范畴的成员；13. 类别范畴的表现形式；14. 关系范畴的表现形式。

（三）思考：

1. 语法形式和语法意义有怎样的关系？2. 语法手段和语言的类型有什么关系？3. 常见的词法手段有哪些？举例说明。4. 常见的句法手段有哪些？举例说明。5. 常见的词法范畴有哪些？举例说明。6. 常见的句法范畴有哪些？举例说明。7. 为什么不同的语言有不同的语类选择形式？8. 各种语言中虚词的存在状况一致或近似吗？为什么？

第四节　语法单位的聚合和组合

（一）识记：

1. 词类；2. 词组；3. 体词；4. 谓词；5. 实词；6. 虚词；7. 简单词组；8. 基本词组；9. 特殊词组；10. 主谓词组；11. 动宾词组；12. 偏正词组；13. 动补词组；14. 联合词组；15. 介词词组；16. 数量词组；17. “的”字词组；18. 冠词词组；19. 助词词组；20. 方位词组；21. 体词性词组；22. 谓词性词组；23. 向心词组；24. 离心词组；25. 句类；26. 句组；27. 完全主谓句；28. 不完全主谓句；29. 非主谓句；30. 移位句；31. 删略句；32. 添加句；33. 替换句；34. 陈述句；35. 疑问句；36. 祈使

句；37. 感叹句；38. 单句；39. 复句；40. 多重复句。

（二）领会：

1. 词类划分的标准；2. 词的兼类；3. 不同语言的共同词类和特殊小类；4. 词组的结构类别和功能类别；5. 词组分析的方法；6. 直接成分分析法的操作程序；7. 直接成分分析的三个原则；8. 主句、小句和从句；9. 基本句和省略句；10. 主谓句和变换句式；11. 句型的特点和类别；12. 句式的特点和类别；13. 动词谓语句及其下位句型；14. 不完全主谓句和省略句的差异；15. 非主谓句和独词句；16. 复杂结构单句的特点；17. 复谓结构单句的特点；18. 多重复句的分析。

（三）思考：

1. 各级语法单位在语法结构中的地位平等吗？为什么？2. 划分词类可以有哪些不同的标准？它们各有什么优缺点？3. 为什么不同的语言有不同的词类数量和类型？4. 为什么不同的语言有不同的词组数量和类型？5. 词组分析的方法有哪些？它们各有什么优缺点？6. 如何进行直接成分分析？7. 复杂结构单句、复谓结构单句与复句有什么区别？8. 多重复句与句组有什么区别？

第六章　语　用

一、基本要求

通过对本章内容的学习，能大致掌握语用学的基本理论，明确指示的内涵、用法和分类；了解言语行为理论、会话含义理论的基本内容，了解意义、语境、指示、含义等术语在语用学领域的内涵。

二、考核目标和考核要求

第一节　什么是语用

（一）识记：

1. 语用学；2. 意义；3. 语境；4. 情景语境；5. 文化语境；6. 心理语境。

（二）领会：

1. 如果要全面准确地理解实际使用中的语言，只考虑语句在段落、篇章中的位置是不够的；2. 语言外语境的范围语境对意义的作用。

（三）思考：

1. 语用学所谈的语境具体有哪些？2. 语用学是如何起源并发展的？3. 语用学与传统的修辞学有何差异？

第二节　指　示

（一）识记：

1. 指示；2. 身势用法；3. 象征用法；4. 照应用法；5. 非照应用法；

6. 人称指示；7. 时间指示；8. 方位指示；9. 语篇指示；10. 社交指示。

（二）领会：

1. 使用和理解指示词语必须有一个明确的参照点；2. 指示词语的指示用法和非指示用法；3. 指示的分类。

（三）思考：

1. 时间指示与非指示性的时间表达有什么区别？2. 空间指示与时间指示有什么区别？3. 社交指示能反映的信息有哪些？

第三节　言语行为理论

（一）识记：

1. 言语行为理论的主旨；2. 表述句；3. 施为句；4. 言内行为；5. 言外行为；6. 言后行为；7. 间接言语行为；8. 间接指令；9. 文化语境；10. 心理语境。

（二）领会：

1. 表述句和施为句的区别；2. 施为句区别于表述句的语法特征；3. 言语行为三分模式；4. 言外行为的分类；5. 间接指令的分类。

（三）思考：

1. 施为句中的行为成功实施必须满足哪三个"恰当条件"？2. 言外行为的成功实施需要满足哪些条件？3. 言外行为的分类经历了一个怎样的演变过程？

第四节　会话含义理论

（一）识记：

1. 会话含义理论的主旨；2. 合作原则；3. 会话含义和非会话含义；4. 规约含义和非规约含义；5. 一般会话含义和特殊会话含义。

（二）领会：

1. 合作原则的具体准则；2. 会话含义的特点；3. 推导会话含义的过程和必要条件；4. 会话含义的上级归属和下级分类。

（三）思考：

1. 怎样理解违反会话含义原则的"特殊会话含义"？2. 非自然意义的两个特征是什么？3. "非自然意义理论"图式是怎样的？

第七章　文　字

一、基本要求

通过本章的学习，了解文字的性质、作用和类型，正确理解文字和语言的关系，了解文字起源和发展演变的过程，正确认识文字的创制和改革的意义以及应注意的问题。

二、考核目标和考核要求

第一节　文字的性质和起源

（一）识记：

1. 文字；2. 古埃及文字；3. 古苏美尔文字；4. 古汉字；5. 甲骨文字；6. 象形字；7. 指事字；8. 会意字；9. 独体字；10. 合体字；11. 偏旁；12. “六书”理论；13. 腓尼基字母。

（二）领会：

1. 文字是语言的书写符号系统；2. 文字起源于图画和契刻；3. 古苏美尔文字的基本特点；4. 古埃及文字的基本特点；5. 腓尼基人借用古埃及文字创造了辅音文字；6. 已知的所有自源文字都是意音文字或词语文字，已知的所有表音文字都是他源文字；7. 由于汉字字形的变化和简化，声旁和形旁的作用已不那么明显了；8. 汉字的形旁跟表意字符的区别；9. 汉字的声旁跟表音字符的区别；10. 汉字字体的演变。

（三）思考：

1. 文字是如何产生的？如何看待文字产生之前的所有记事方式？2. 古埃及文字有哪些形式？它是一种什么样的文字？3. 古苏美尔文字是一种什么样的文字？4. 古汉字是如何起源的？甲骨文是不是最古老的汉字？5. “隶定”在汉字形体演变史上具有怎样的意义？6. 为什么不能把草书看作汉字形体演变史上的一个环节？7. 应该如何看待“文字发展三阶段论”？8. 如何看待“六书理论”？9. 腓尼基字母是如何产生的？它具有什么特点？后来又是怎样传播和演变的？

第二节　字符类型和文字类型

（一）识记：

1. 字符；2. 音符；3. 意符；4. 记号；5. 复合字符；6. 单纯字符；7. 音位文字；8. 音节文字；9. 语素文字；10. 词语文字；11. 表音文字；12. 表意文字；13. 意音文字。

（二）领会：

1. 字符的类型：意符、音符和记号，单纯字符和复合字符；2. 音符最初都是由已有的意符转化而来的；3. 单纯字符和复合字符的区别；4. 字符的组合规则；5. 文字的类型。

（三）思考：

1. 根据字符同语言中什么样的单位相联系的标准，文字可以分为哪些类别？2. 根据字符同语言单位的语音还是语义相联系的标准，文字可以分为哪些类别？3. 关于汉字的类型归属有哪些学说？汉字是一种什么类型的文字？

第三节 文字的创制和改革

（一）识记：

1. 正字法改革；2. 字符类型改革；3. 文字类型改革。

（二）领会：

1. “文字创制”的含义；2. 非洲一些新兴国家创制文字的情况；3. 新中国为少数民族语言创制文字的情况；4. 文字改革的类型：正字法的改革、字符类型的改革、文字类型的改革。

（三）思考：

1. 文字的创制工作中有哪些值得注意的问题？2. 如何看待文字的改革？

第四节 文字和语言

（一）领会：

1. 语言的特点对文字的特点是有影响的，但不能把这种影响绝对化；2. 文字也会影响语言，但无限夸大文字对语言的影响是没有根据的。

（二）思考：

1. 为什么说文字和语言关系密切，但两者又不能画等号？2. 字符的长度与语言的精练有关系吗？3. 常用字数量少意味着语言的贫乏吗？4. 文字能让语言更为丰富吗？

第八章 语言的起源、发展及类型

一、基本要求

通过本章的学习，了解语言起源的条件和语言发展的社会根源及特点，了解语言分化的社会根源及过程，了解地域方言、亲属语言和社会方言的特点以及相互间的区别，了解语言统一的原因和方式，了解语言接触可能产生的各种结果，认识各种社会语言对策的内容及其作用。

二、考核目标和考核要求

第一节 语言的起源

（一）领会：

1. “神授说”的内容及评价；2. “摹声说”的内容及评价；3. “感叹说”的内容及评价；4. “劳动叫喊说”的内容及评价；5. “社会契约说”的内容及评价；6. “手势说”的内容及评价；7. 恩格斯的“劳动创造语言说”的内容及评价；8. 语言起源必须具备的基本条件。

（二）思考：

1. 关于语言起源的“人创说”主要有哪些说法？2. 语言起源的基本条件有哪些？3. 现代科学关于语言的起源有怎样的解说？

第二节 语言的发展

（一）领会

1．语言发展的动因；2．语言发展的特点；3．语言发展的具体表现。

（二）思考

1．语言发展的动因有哪些？2．语言发展的特点有哪些？3．语言的发展有哪些具体的表现？

第三节 语言的分化和统一

（一）识记：

1．地域方言；2．社会方言；3．隐语；4．黑话；5．共同语；6．通用语；7．基础方言；8．标准语；9．国语。

（二）领会：

1．语音差异是方言分区的主要依据；2．地域方言之间既有差别，又有明显的共同点；3．一种语言或方言内部还存在着社会方言的分歧；4．阶级和阶层对语言的影响；5．职业差别对语言的影响；6．年龄差别对语言的影响；7．性别的不同对语言的影响；8．文化程度对语言的影响；9．宗教信仰对语言的影响；10．隐语和一般社会方言的区别；11．通用语和共同语的区别；12．基础方言的选择和共同语的形成。

（三）思考：

1．地域方言是如何产生的？2．基础方言的选择必须考虑哪些因素？3．社会方言是如何产生的？4．地域方言和社会方言有什么差异？5．通用语、共同语、标准语同国语有什么联系与区别？

第四节 语言的接触

（一）识记：

1．借词；2．音译词；3．仿译词；4．借形词；5．双语现象；6．双言现象；7．语言转用；8．语言混合；9．洋泾浜；10．克里奥耳语；11．过分克里奥耳化；12．非克里奥耳化。

（二）领会：

1．借词与意译词、仿译词的区别；2．语音成分借用的类型；3．语法成分借用的类型；4．双语制国家不一定是双语现象的高发地区；5．中国是双言现象的典型高发地区；6．语言转用的条件；7．语言转用的过程；8．语言转用的类型；9．洋泾浜的产生和特点；10．克里奥耳语的特点；11．克里奥耳语和洋泾浜的区别。

（三）思考：

1．除了词汇的借用外，语言接触过程中还有哪些借用现象？2．双语现象、双语制、双言现象分别指的是什么？3．双语现象是在什么条件下产生的？4．双语现象和双语制是一回事吗？5．语言转用需要具备哪些条件？6．语言转用有几种不同的情形？7．语言转用一般经历怎样的过程？8．中国历史上出现过几次比较重要的语言转用现象？9．洋泾浜在语音、词汇、语法等方面具有怎样的特点？10．克里奥耳语和洋泾浜有着怎样的差异？

第五节　语言的类型

（一）识记

1．语言的谱系分类；2．亲属语言；3．原始基础语；4．语系、语族和语支；5．汉藏语系；6．印欧语系；7．语言的类型分类；8．孤立语；9．粘着语；10．屈折语；11．复综语；12．分析性语言；13．综合性语言；14．SVO型语言；15．SOV 型语言；16．VSO 型语言。

（二）领会

1．语言的谱系分类是从发生学角度对语言所作的一种分类；2．世界语言的“九大语系”之说；3．语言的类型分类是从所采用的语法手段的角度对语言所作的一种分类；4．屈折语与孤立语的区别；5．屈折语与粘着语的区别；6．孤立语与粘着语的区别；7．复综语的特点；8．SVO 型语与 SOV 型语言的差异。

（三）思考

1．语言的谱系分类中常说的“九大语系”是指什么？2．中国境内分布有哪些语系的语言？3．汉藏语系的语言与印欧语系的语言的主要差异在哪里？4．粘着语与屈折语有什么差异？5．孤立语与屈折语有什么差异？6．分析性语言与综合性语言有什么差异？

第六节　语言规划和语言政策

（一）识记：

1．语言规划；2．语言政策；3．语言规范化；4．民族语言政策。

（二）领会：

1．语言规划的主要内容；2．语言规划的主要特点；3．官方语言的选择条件；4．语言规范化一般不是一个强制性的过程；5．语言规范化是一个不断更新和调整的过程；6．民族语言政策的主要内容。

（三）思考：

1．语言规划有哪些主要特点？2．为什么要进行语言规范化？3．语言规范化应该遵循什么样的原则？

第九章　语言和心理

一、基本要求

了解语言在思维中的作用和语言与思维的复杂关系，了解人类语言能力与大脑构造的联系，了解儿童语言获得的过程和原因，了解语言在人的认知活动中的作用和对民族社会心理的影响，同时了解在上述问题讨论中的一些不同看法。

二、考核目标和考核要求

第一节 语言和思维的关系

（一）领会：

1. 语言与思维的关系；2. “思维和语言各自发生说”；3. “语言和思维同时发生说”；4. “思维先于语言发生说”；5. 目前关于思维和语言的产生问题的倾向性意见；6. 思维的三种类型；7. 语言与抽象思维的联系；8. 语言与非抽象思维的联系；9. 目前关于思维和语言对应性问题的倾向性观点；10. “萨丕尔—沃尔夫假说”的主要内容；11. 关于思维决定语言的观点。

（二）思考：

1. 先有思维还是先有语言？2. 语言和思维是否相互对应？3. 思维可以分为哪些类型？4. 为什么说“语言与抽象思维是对应的，与抽象思维以外的思维是不对应的”不能绝对化？5. 为什么说“承认抽象思维是使用语言进行的思维，并不意味着将两者等同起来”？6. “萨丕尔—沃尔夫假说”揭示了语言与思维的何种关系？7. 为什么说不是语言决定思维，而更主要是思维决定语言？

第二节 语言能力和语言获得

（一）识记：

1. 语言能力；2. 语言获得；3. 大脑的单侧化现象；4. 大脑左半球分区；5. 语言遗传机制；6. 大脑语言功能的临界期。

（二）领会：

1. 大脑的单侧化现象及实验证明；2. 大脑左半球的分区及实验证明；3. 失语症及失语症的各种类型；4. 大脑的语言遗传机制及科学证明；5. 大脑中的两类语言知识：语言能力知识（先天的本能知识）和语言运用知识（后天非本能知识）；6. 大脑语言功能的临界期及实验证明；7. 人的大脑构造的独特性及实验证明；8. 儿童语言获得的过程：非自控阶段，咿呀学语阶段，单词阶段，双词阶段，简单句阶段，复杂句阶段；9. 儿童语言获得的原因：“模仿说”“强化说”“天赋说”“认知说”；10. 目前关于儿童语言获得原因的倾向性看法。

（三）思考：

1. 为什么说人的大脑构造是人有语言能力的主要原因？2. 关于大脑构造与人的语言能力关系的研究有哪些主要成果？3. 为什么说人的语言能力有一部分是先天就具有的？4. 儿童语言获得的过程是怎样的？5. 儿童语言获得的

原因是什么？

第三节　语言与认知活动和民族社会心理

（一）领会：

1. 语言可以帮助人类实现认知过程；2. 语言可以储存人的认知成果；3. 语言可以提高人类的认知能力；4. 语言是重要的民族标志，可以体现民族的精神；5. 语言有鲜明的民族特点，可以反映民族的文化。

（二）思考：

1. 语言在人类的认知活动中具有哪些作用？2. 为什么说语言是重要的民族标志？3. 什么是文化语言学、语言文化学？两者有何差异？

第十章　计算语言学

一、基本要求

初步理解计算语言学这一新兴语言学分支学科的发展历史、研究内容及方法，认识计算语言学的应用领域，了解计算语言学的发展前景。

二、考核目标和考核要求

第一节　计算语言学发展概述

（一）识记

1. 计算语言学；2. 二元模型。

（二）领会

1. 计算语言学的发展过程；2. 基于统计的机器翻译原理；3. 隐马尔科夫模型。

（三）思考

1. 乔姆斯基的“上下文无关语法”有何长处和缺陷？2. 二元模型的工作原理是什么？

第二节　计算语言学的研究范围

（一）识记

1. 文本切分；2. 词类标注；3. 句法剖析；4. 词义消歧；5. 回指消解；6. 自然语言生成；7. 语音识别；8. 文本—语音合成；9. 有限状态技术；10. 统计方法；11. 机器学习；12. 词汇知识的获取；13. 测评；14. 子语言和可控语言；15. 语料库语言学；16. 知识本体。

（二）领会

1. 回指和预指的区别；2. 自然语言生成的分类；3. 语料库的分类；4. 知识本体的分类。

（三）思考

1. 为什么说语言学本身有着跨学科的基因？2. 计算语言学研究的方面主

要有哪些？

第三节　计算语言学的应用领域

（一）识记

1. 机器翻译；2. 信息检索；3. 信息抽取；4. 问答系统；5. 自动文摘；6. 术语抽取和自动索引；7. 文本数据挖掘；8. 自然语言接口；9. 多模态和多媒体系统中的自然语言；10. 计算机辅助语言教学中的自然语言处理；11. 多语言的在线自然语言处理。

（二）领会

1. 机器翻译的主要方法是给予隐马尔科夫模型，语料库主要是双语平行语料库；2. 自动文摘的过程。

（三）思考

计算语言学的主要应用领域有哪些？

第四节　计算语言学前瞻

（一）领会

1. 计算语言学发展的四个特点；2. 利用计算语言学对语言演化进行研究；3. 将万维网升级为语义网；4. 从结构到意义。

（三）思考

目前计算语言学研究主要在哪些国度开展？

附录三：　　课程样卷（Ⅰ）

一、名词解释（每题2分，共12分）

1. 语文学
2. 布龙菲尔德
3. 圣书字
4. 词干
5. 聚合关系
6. 亲属语言

二、判断正误并说明理由（每题2分，共20分）

1. 施莱赫尔《论印度人的语言与智慧》的发表标志着历史比较语言学的发轫。
2. 在构成乐音的纯音中频率最低的那个叫作“陪音”。
3. 语音传递意义的功能是语言学家赋予的。
4. “了、呢、吗”等既是粘着语素又是成词语素。
5. 汉语中指代男性用“他”，指代女性用“她”，可见汉语语法中有性范畴。
6. 双语现象也叫“双言现象”，或“双语制”。
7. 同其他语义单位一样，义素也有相应的语音形式。
8. 社会方言间的差异主要表现在语音上。
9. “他们成功了”“比较儒雅”均属向心结构。
10. “一碗牛奶里”在层次分析上的失误多半是违背了功能原则。

三、分析题（共32分）

1. 描写下列音素的发音部位和发音方法。（每题1分，共10分）

[a] [o] [y] [æ] [i] [v] [z] [r] [d] [n]

2. 指出下列词中的词尾和词缀。（每题2分，共10分）

displaying、questionable、uneducated、泛神论者、老师们

3. 用层次分析法分析下列短语。（每题 3 分，共 12 分）
（1）被战士们从废墟中救出来的那个小男孩。
（2）这部电影把同学们带到了黑暗无比的西方中世纪。
（3）这位过路人的提醒让大妈回想起了她来到这里的全过程。
（4）送他这本签上了自己名字的书的是该书的作者著名作家王蒙。

四、问答题（每题 6 分，共 36 分）

1. 举例说明人类语言与动物“语言”的本质区别。
2. 什么叫语流音变？常见的语流音变现象有哪些？举例说明。
3. 什么是语法手段？常见的语法手段有哪些？举例说明。
4. 什么是地域方言？地域方言是如何形成的？举例说明。
5. 什么是语言转用？语言转用的条件有哪些？语言转用有哪几种类型？
6. 什么是洋泾浜？什么是克里奥耳语？两者有什么联系和区别？

课程样卷（Ⅱ）

一、名词解释（每题 3 分，共 18 分）

1. 索绪尔
2. 聚合关系
3. 音位变体
4. 向心结构
5. 粘着语
6. 亲属语言

二、判断正误并说明理由（每题 2 分，共 20 分）

1. 人们把历史比较语言学以前的语言研究称为“语文学”。
2. 语音最本质的属性是它的物理属性。
3. 按照发音时气流的强弱可把辅音分为清音和浊音两类。
4. 非成词语素从另一个角度看均为粘着语素。
5. 语法中的性范畴反映的是事物的自然属性。
6. 社会方言往往可以进一步发展为独立的语言。
7. 实行双语制的国家必然是双语现象的高发地区。
8. 基本词汇中的成员不一定均具有能产性。
9. “洗衣服”“饿极了”均属离心结构。
10. “很有意见”在层次分析上的失误多半是违背了结构原则。

三、分析题（共 22 分）

1. 指出下列音素的发音部位和发音方法。（每题 1 分，共 10 分）
[p] [θ] [ʃ] [n] [z] [k] [d] [r] [x] [v]
2. 指出下列词中的词根、词缀、词尾和词干。（每题 2 分，共 12 分）
bookshelves、disagreeable、retelling、蒜头、流浪者、老师们

四、问答题（每题8分，共40分）

1. 举例说明语言与言语的联系和区别。

2. 什么叫超音段音位？超音段音位有哪些类型？举例说明。

3. 什么是语法范畴？常见的语法范畴有哪些？举例说明。

4. 什么是社会方言？社会方言是如何形成的？社会方言与地域方言有什么区别？

5. 历史上词类划分的标准有哪些？目前比较通行的标准是哪种标准？举例分析这种标准的优缺点。

后 记

大半辈子过去了，去年教师节我已被授予了从教30周年的荣誉证书，用我在课堂讲授接近下课时时常说的话就是“大势已去了”。

我在上大学的时候，喜好的是古代汉语。大学四年中，我几乎将苏州大学图书馆馆藏的所有音韵学、文字学、训诂学及讨论古代汉语语法、词汇的书籍读了个遍，付出的是所有暑期和几乎所有寒假均留在学校宿舍苦读的代价。大一时，为了能让我学好古代汉语，我的中学语文老师、原昆山市教育局局长倪鼎金先生还专程到苏州引领我去登门拜见他大学时代的老师王迈（字摩庢）教授，于是我便有了一个可以时时请教的老师。大学毕业时的学士学位论文也是由王迈教授和蔡镜浩教授共同指导的，现在看来，还真有点不胜荣幸。论文题目也是王迈教授定的——“王念孙《读书杂志》和汉语语法学”。

大学毕业后，我去了一所高校中文系任教，组织分配给我的教学任务是同系主任搭档给中文系大三学生讲授古代文学史，系主任讲授先秦两汉南北朝文学，我则讲授唐宋元明清文学。组织给我的解释是：这古代文学同我喜欢的古代汉语差不多。于是，我就以古代文学史的讲授开始了我的高校教学生涯。

好景不长，两年后，有一门叫作“现代汉语”的课程颇不受学生欢迎，老师们抢着上古代汉语课，而不太愿意上现代汉语课。于是，组织又找到我，让我去讲授现代汉语课。组织此番给我的解释是：这现代汉语同我喜欢的古代汉语差不多。于是我又由讲授古代文学史改为讲授现代汉语。

待我讲授“语言学概论”课程之时，我已经回到了苏州大学任教。讲授语言学概论课的情形与改教现代汉语课的情形有点相似，当时学生们对这门课程的评价都不高，意见一大堆；所不同的是前番改教是组织安排，此番则是我自告奋勇，我想知道学生为什么不喜欢这门课，想当年我第一次阅读高名凯、石安石主编的《语言学概论》时可是有一种茅塞顿开的快感的。随着走进这门课程，我便喜欢上了这门课程，也喜欢上了所使用的教材——叶蜚声、徐通锵两位先生所著的《语言学纲要》。但随着时间的推移，《语言学纲要》的总体框架显得有些陈旧了，不少新的东西没能及时吸收进来；尤其是在一些总学时为80学时乃至120学时的班级讲授“语言学概论”课程时，《语言学纲要》的教学内容就显得单薄了，这时就需要补充许多相关的教学内容，而且越补越多。于是，我就有了自己编一本“语言学概论”课程教材的想法。

第一次如愿以偿是应北京大学出版社之邀，编写出版了一本《语言学概论导学》，它曾一度替代了《语言学纲要》作为苏州大学部分班级的“语言学概论”课程教材。后来，苏州大学教务处又督促各学院进行重点课程建设和重点教材建设，“语言学概论”课程便忝列其中。这样，就逼迫我在《语言学概论导学》的基础上更进一步，不断完善教材的总体框架和内容安排。在这个过程中，还真有一些硬仗值得说道。如增设的“语用”这一章，在深度及广度的把握上颇费周折，在我设立了基本章节之后，我指导的硕士研究生刘艺晨还是花了半年多时间，阅读了大量的语用学的书籍，才完成了初稿。又如增设的“计算语言学”这一章，难度极大，我指导的硕士研究生张超远也同样花了半年多时间，阅读了大量的相关文献，才完成了初稿的写作。像本教材这样详尽讨论语用学和计算语言学的，别的语言学概论教材中还真是罕有。

教材好不好使，还有待于教学实践的检验。未来的几年，我们已做好了心理准备，将不断听取广大使用者的建议和意见，不断进行总体框架及具体内容的调整和修订，真正使这部教材成为一部精品教材。

曹炜

于苏州市学士街学士花园寓所

2015年6月